Janneke van Mens-Verhulst / Karlein Schreurs /
Liesbeth Woertman (Hrsg.)

Töchter und Mütter: Weibliche Identität, Sexualität und Individualität

*Mit einem Vorwort von Wolfgang Mertens
und Christa Rohde-Dachser*

Verlag W. Kohlhammer
Stuttgart Berlin Köln

Die Deutsche Bibliothek – CIP-Einheitsaufnahme

Töchter und Mütter: weibliche Identität, Sexualität und
Individualität / Janneke van Mens-Verhulst ... (Hrsg.).
Mit einem Vorw. von Wolfgang Mertens und Christa Rohde-Dachser.
[Aus dem Engl. übers. von Petra Holler]. - Stuttgart ;
Berlin ; Köln : Kohlhammer, 1996
Einheitssacht.: Daughtering and mothering ‹dt.›
ISBN 3-17-013595-3
NE: Mens-Verhulst, Janneke van [Hrsg.]; EST

Aus dem Englischen übersetzt von
Petra Holler

Englische Originalausgabe:
Daughtering and Mothering – Female Subjectivity Reanalysed
Routledge, London und New York

Alle Rechte vorbehalten
Copyright © Janneke van Mens-Verhulst, Karlein Schreurs und Liesbeth Woertman, 1993

First published 1993
by Routledge
11 New Fetter Lane, London EC4P 4EE

Für die deutsche Ausgabe:
© 1996 W. Kohlhammer GmbH
Stuttgart Berlin Köln
Verlagsort: Stuttgart
Gesamtherstellung:
W. Kohlhammer Druckerei GmbH + Co. Stuttgart
Printed in Germany

Inhalt

Vorwort 7

Danksagung 9

Einführung 11
Janneke van Mens-Verhulst

TEIL I TÖCHTER

Töchter 17
Entwicklungslinien weiblicher Subjektivität
Karlein Schreurs

Ein Körper für sich allein 23
Sexuelle Entwicklungen und körperliche Weiblichkeit in der Mutter-Tochter-Beziehung
Karin Flaake

Töchter auf der Suche 33
Rotkäppchen, Antigone und der Ödipuskomplex
Nina Lykke

Töchterliche Lebensentwürfe 47
„Später, wenn ich groß bin, werde ich Papa - dann haben wir auch einen Vater
im Haus." (Hannah, vier Jahre)
Ruth de Kanter

Adoleszente Töchter über ihre Mütter 59
Mieke de Waal

Zur Frage der Geschlechterdifferenz 71
Weibliche Subjektivität und ihre Veränderung im Generationenkontext
Harriet Bjerrum Nielsen und Monica Rudberg

TEIL II MÜTTER

Weibliche Subjektivität und äußere Realität 87
Liesbeth Woertman

Mütterliche und phallische Macht 93
Phantasie und Symbol
Janet Sayers

**Weibliche Subjektivität, Gegenübertragung
und Mutter-Tochter-Beziehung** 103
Susie Orbach und Luise Eichenbaum

Mutterschaft im Mythos 121
Halldis Leira und Madelien Krips

Die Mutter-Tochter-Beziehung - der „schwarze Kontinent"   139
Ist eine multikulturelle Zukunft möglich?
Martine Groen

TEIL III TÖCHTER UND MÜTTER

Töchter und Mütter   153
Eine Neubewertung weiblicher Subjektivität
Janneke van Mens-Verhulst

Die Mutter-Tochter-Beziehung   159
Psychotherapeutische Aspekte
Janet Surrey

Mütter und Töchter   175
Paradigmenwechsel in der Psychologie
Carol Gilligan und Annie Rogers

Das Beziehungsselbst   189
Ein Modell weiblicher Entwicklung
Judith Jordan

Mütter und Töchter im Diskurs   203
Jane Flax

TEIL IV RÜCKBLICK UND AUSBLICK

Mütter und Töchter: Was kommt danach?   221
Janneke van Mens-Verhulst

Die Autorinnen   229

Sach- und Personenregister   233

Vorwort

In den letzten Jahren widmeten Psychoanalytikerinnen, Soziologinnen und Psychologinnen der Mutter-Tochter-Beziehung verstärkt Aufmerksamkeit. Am bekanntesten wurden hierbei die These von Nancy Chodorow über die "Dominanz des Mutterns" und die sich aus der Geschlechtsgleichheit von Mutter und Tochter ergebenden Konsequenzen für die weibliche Entwicklung, die Hervorhebung einer "anderen Stimme" von Carol Gilligan, d.h. die Berücksichtigung einer spezifischen weiblichen Moral und Beziehungsgestaltung, oder z.B. auch das von Judith Jordan und Janet Surrey entworfene Konzept eines weiblichen "Selbst-in-Beziehung". Damit wurden wichtige Wege in das bisherige Dunkel einer geschlechtsspezifischen Perspektive der frühen Mutter-Kind-Beziehung beschritten. Wenn auch PsychoanalytikerInnen in den zurückliegenden Jahrzehnten die präödipale Beziehung zum Dreh- und Angelpunkt für das Verständnis psychopathologischer Erscheinungen erklärt haben, so ist doch häufig die Unterschiedlichkeit der Sozialisation von Mädchen und Jungen nicht ausreichend berücksichtigt worden.

In dem vorliegenden Band wird nun aber nicht nur auf die geschlechtsspezifische Besonderheit der Mutter-Tochter-Beziehung hingewiesen, sondern es wird auch auf eine Blickverengung in vielen objektbeziehungstheoretischen und selbstpsychologischen Arbeiten aufmerksam gemacht. Die Betonung der Wichtigkeit der frühen Mutter-Kind-Beziehung hat nämlich bei manchen PsychoanalytikerInnen zu der Einseitigkeit geführt, Probleme der Autonomie, Individuation und Selbstwertentwicklung bei erwachsenen Frauen ausschließlich und somit auch reduktionistisch auf ungelöste Konflikte in den ersten zwei Lebensjahren zurückzuführen.

Gestörte Symbiose, mangelnde Spiegelung und unvollkommenes Affekt-Attunement, mißlungene Loslassung, übermäßig starke Wiederannäherungskrise, beeinträchtigte Autonomieentwicklung waren derartige Formeln, die zur Erklärung von Selbstwertproblemen, Beziehungsstörungen, schizoiden, depressiven und narzißtischen Persönlichkeitsstörungen herangezogen wurden. So taucht in der klinischen Psychologie bei der Diskussion von Störungen und deren möglicher Ätiologie sehr schnell das Bild der Beziehung von Mutter und Kleinkind auf; sehr selten hingegen wird bedacht, daß ein weiblicher Säugling sich weiterentwickelt, zu einem wachen und selbstbewußten Mädchen der ödipalen Zeit wird und eine lange Phase der Adoleszenz durchläuft, die viele Krisen, aber auch Entwicklungschancen aufweist. Revidiert wird aber auch die bei vielen PsychoanalytikerInnen vorherrschende Doktrin, daß das Mädchen die erotische Erwekkung nur von seinem Vater erfährt. Mit der Enttabuisierung weiblicher Sinnlichkeit muß auch die eminent sinnliche Interaktion zwischen einer Mutter und ihrer kleinen Tochter eine Neueinschätzung erfahren. Die sinnlichen Erlebnisse zwischen Mutter und Tochter sind das Fundament der ersten großen Liebesbeziehung im Leben eines Mädchens - und keineswegs nur die Vorbereitungszeit (praödipal!) für das eigentliche sinnliche Erleben des ödipalen Dramas in der heterosexuellen Hinwendung zum Vater.

Die Arbeiten der Autorinnen tragen zu einem besseren Verständnis der Beziehungsdynamik zwischen Müttern und Töchtern bei; weg von einer motherblaming Perspektive, in der die Verantwortung für das Schicksal der Töchter ausschließlich den Müttern zugeschrieben wird, hin zu einer Betrachtungsweise, die den aktiven Teil der Töchter an der Gestaltung der Beziehung zu ihren Müttern hervorhebt. Die Autorinnen zeigen immer wieder auf, wie sehr patriarchalische Normen zu normativen Entwicklungskonzepten führen, z.B in Hinblick auf die Forderung einer Ent-Identifizierung oder einer (übertriebenen) Trennungsnotwendigkeit und Autonomieentwicklung. Dieser männliche Bias muß aber selbst für die Entwicklung des Jungen neu überdacht werden. Auf keinen Fall kann er als normative Entwicklungsvorstellung eingeklagt werden.

So manche Argumentation der in diesem Band zur Sprache kommenden Autorinnen mag den (nicht nur männlichen) Leser überfordern, Widerstand und Ärger auslösen. Einige Gedankengänge und ideologiekritische Reflexionen wirken überspitzt, selbst ideologisch. Und dennoch ist es wichtig, über das als für selbstverständlich und naturnotwendig Gehaltene immer wieder hinauszudenken. Braucht es wirklich den Vater zur gelungenen Triangulierung? In welchem Umfang hat der Phallofetischismus eine den tatsächlichen Gegebenheiten angemessene psychoanalytische Weiblichkeitstheorie bislang verhindert? Daß im Bereich der Geschlechterfragen besonders schnell Aversionen gegen Neuerungen entstehen, weil hierbei tiefverwurzelte körperliche und geschlechtsgebundene Aspekte unseres Selbstverständnisses angesprochen werden, verwundert nicht. Will man aber den wertvollen Gehalt psychoanalytischen Wahrnehmens und Theoretisierens erhalten, tut dieses Weiterdenken not.

Wolfgang Mertens und Christa Rohde-Dachser, im Oktober 1995

Danksagung

Die Geschichte dieses Bandes geht zurück auf die Vorbereitungen zur 355-Jahrfeier der Universität Utrecht. Der Vorschlag Janneke van Mens-Verhulsts, einen Teil der Feierlichkeiten als internationales Symposium zum Thema „Daughtering and Mothering" zu gestalten, stieß in der Abteilung für Klinische Psychologie und Gesundheitspsychologie der Universität Utrecht auf ein positives Echo. Professor Cohen sowie Professor Dijkhuis gebührt hier unser ganz besonderer Dank.

Der finanziellen Unterstützung des National Fund for Mental Health und des Institute for Courses on Women's Health Care sowie der Zusammenarbeit mit dem De Maan Women's Mental Health Care Project ist es zu verdanken, daß das Symposium als sogenannte Loodsrecht Conference im September 1991 tatsächlich stattfinden und 29 Wissenschaftlerinnen aus acht Ländern als Teilnehmerinnen gewinnen konnte: Rosi Braidotti, Kathy Davis, Luise Eichenbaum, Mary Fischer, Karin Flaake, Jane Flax, Ingrid Foeken, Helmi Goudswaard, Martine Groen, Judith Jordan, Thea Heddes, Ruth de Kanter, Myra de Keizer, Patricia Klein Frithiof, Madelien Krips, Halldis Leira, Nina Lykke, Janneke van Mens-Verhulst, Anja Meulenbelt, Susie Orbach, Georgie Oudemans-MacLean, Ine van Oijen, Renée Römkens, Monica Rudberg, Janet Sayers, Karlein Schreurs, Selma Sevenhuijsen, Janet Surrey und Mieke de Waal.

Ihre Gedanken, Einsichten und Anregungen bilden die Grundlage des vorliegenden Bandes, für den wir neben zahlreichen Kongreßteilnehmerinnen auch Harriet Bjerrum Nielsen, Carol Gilligan, Annie Rogers und Liesbeth Woertman als Beiträgerinnen gewinnen konnten.

Kathy Davis für ihre Unterstützung möchten wir ebenso danken wie dem Springer Verlag, der gestattete, die Kurzfassung eines Aufsatzes von Judith Jordan als Beitrag mitaufzunehmen.

Einführung

Janneke van Mens-Verhulst

In den siebziger Jahren waren es die „Schwestern", die das Bild von Frauen und ihrer Beziehung untereinander prägten. Nicht nur im Rahmen der Frauenbewegung, auch in pädagogischen Einrichtungen und in Therapiezentren begegneten sich Frauen als „Schwestern". Reale Mütter gehörten einer seltenen Spezies an - oder mußten so tun, als sei dies der Fall - wenn sie dazugehören wollten. Die Rolle von Müttern war in erster Linie symbolisch, beschränkt auf die Couch in der analytischen Praxis oder auf Frauen-Therapiegruppen.

In den neunziger Jahren ist es nun die Beziehung zwischen Müttern und ihren Töchtern, die im Mittelpunkt eines wiedererwachten Interesses steht. Zweifellos ist diese Wiederentdeckung an die wachsende Bereitschaft geknüpft, individuelle Unterschiede zwischen Frauen - insbesondere was Alter und Einflußmöglichkeiten angeht - als Teil ihres beruflichen und privaten Alltags wahrzunehmen. Den Pionierinnen von damals steht heute eine Generation junger Frauen gegenüber, die dem Alter nach ihre Töchter sein könnten. Diese wenden sich an die Älteren und Erfahreneren mit der Bitte um Aufmerksamkeit, Verständnis und Rat, so daß sich Lehrerinnen, Therapeutinnen und Arbeitgeberinnen in ihrer Rolle als symbolische Mütter aufgefordert sehen, ein Gleiches oder gar ein Mehr an Zuwendung und Schutz zu geben, als es den realen Müttern je möglich war. Häufig überfordert es „Wahlmütter", die Abhängigkeit der jungen Frauen in In(ter)dependenz zu verwandeln oder mit den damit einhergehenden Gefühlen angemessen umzugehen. Je nachdem, wie auf die Forderungen der jungen Frauen eingegangen wird, werden Vorwürfe des Versagens einerseits und der Undankbarkeit andererseits laut. Allerdings ist sich die heutige Generation junger Frauen ihrer Rolle als symbolische Töchter nicht immer bewußt, und es gelingt ihnen ebensowenig, das emotionale und soziale Geflecht, in dem sie gefangen sind, zu entwirren. Das gemeinsame Versinken in Gefühlen der Depression, Hilf- und Machtlosigkeit, gegenseitigen Vorwürfe und Kritik können die Folge sein, ebenso wie mangelndes Einfühlungsvermögen und emotionale Dickfälligkeit, resultierend aus dem gegenseitigen Bemühen, Konflikte zu vermeiden.

Ein besseres Verständnis der Mutter-Tochter-Dynamik kann zu einem besseren Verständnis der Dynamik zwischen Frauen im allgemeinen führen; dies schließt den Kontext von Familie, Erziehung, Beruf und Therapie mit ein. Die Beziehung zwischen Müttern und Töchtern wird als Archetyp realer und symbolischer Generationsunterschiede zwischen Frauen betrachtet. Allerdings dürfen wir nicht übersehen, daß die Metapher der Mutter-Tochter-Beziehung - durchaus nützlich, um Einsichten zu gewinnen und mit den daraus resultierenden emotionalen Schwierigkeiten umzugehen - mit zahlreichen theoretischen Limitierungen und Auslassungen zu kämpfen hat. Bis noch vor wenigen Jahren wurden Beziehungen zwischen Frauen in der Regel aus „männlicher" Perspektive beschrieben. Dies impliziert die nachdrückliche Betonung von Heterosexualität, die Vermittlerfunktion des Vaters sowie den nahezu uneingeschränkten Glauben an Autonomie als zu erreichendes Entwicklungsziel. Auf der Strecke blieb das Verständnis für lesbische Lebensentwürfe, die vermittelnde Funktion der Mutter, die Unvermeidbarkeit menschlicher Interdependenz sowie die Freude am Bezogensein auf andere. Ähnlich einseitig ist die theoretische Darstellung der Mutter-Tochter-Beziehung: Auf seiten der Mütter wird der aktive, intervenierende Part der Beziehung unterstrichen, die Position der Töchter ist gekennzeichnet durch Passivität und Unterwürfigkeit; somit wird am Bild einer Erwachsenen-Kind-Beziehung, wenn nicht gar Täter-Opfer-Beziehung festgehalten. In der Regel wird den Problemen der Töchter mehr Verständnis entgegengebracht als den Schwierigkeiten der Mütter.

Zahlreiche Aspekte der Mutter-Tochter-Beziehung, die bisher vernachlässigt oder ignoriert wurden, sollen im vorliegenden Band zur Sprache kommen. Dem liegt die Annahme zugrunde, daß sowohl Mütter als auch Töchter aktiv an der Ausformung ihrer Beziehung beteiligt sind.* Töchter sind eingebunden in eine ursprünglich durch Abhängigkeit charkterisierte Beziehung, in der erwachsene und mächtigere Pflegepersonen sich um sie kümmern. Gleichwohl sagt dies nichts darüber aus, wie Töchter aktiv auf das Bemuttern reagieren: Heißen sie die Mutter in ihren Bemühungen willkommen, genießen sie sie in vollen Zügen, wollen sie das Gleiche zurückgeben oder weisen sie sie ab? Die Betonung der aktiven Seite töchterlichen Erlebens und Verhaltens erleichtert die Beschreibung der Schwierigkeiten, mit denen Mütter ihrerseits zu kämpfen haben. Der Frage nach

---

* Anm.d.Ü.: Die Autorinnen verwenden hier im Original die ins Deutsche nicht adäquat zu übertragenden Begriffe des „daughtering" und „mothering" („muttern" /"tochtern"), um den Aspekt des Aktiv-Seins zu unterstreichen. Sie lehnen sich hierbei an Nancy Chodorows bekannten Titel „The Reproduction of Mothering" an („Das Erbe der Mütter", 1985. München: Frauenoffensive).

unmittelbaren Entwicklungsmöglichkeiten weiblicher Subjektivität wird die Frage nach einer mehr oder weniger bewußten Intervention von außen seitens eigenständiger weiblicher Subjekte gegenübergestellt.

Schließlich soll das psychologische Paradigma, das den theoretischen Konstrukten zur Entwicklung weiblicher Subjektivität zugrunde liegt, einer kritischen Neubewertung unterzogen werden; daran ist der Versuch geknüpft - siehe vor allem den Beitrag von Judith Jordan -, Verbindungen zu allgemeinpsychologischen theoretischen Entwürfen zur Subjektwerdung herzustellen.

Der vorliegende Band ist eine interdisziplinäre Zusammenstellung von Aufsätzen aus den Fachbereichen Klinische Psychologie, Entwicklungs- und Sozialpsychologie sowie Kulturanthropologie, die das Thema - die Entwicklung weiblicher Subjektivität - im Kontext familiärer Strukturen, therapeutischer sowie pädagogischer Praxis untersuchen und diskutieren.

Eine Diskursebene ist die sexuelle Dimension weiblicher Subjektivität und die darin zum Tragen kommende Rolle der Mutter. Der Auffassung, daß die Sexualität des kleinen Mädchens in der ödipalen Phase erwacht und sie den Vater als erstes sexuelles Liebesobjekt wählt, wird widersprochen. Tatsächlich ist es die Mutter - so Lykke in ihrem Beitrag -, die die ersten sexuellen Empfindungen ihrer kleinen Tochter auf sich zieht. Dieser Ausblendung erotischer Gefühle des kleinen Mädchens für ihre Mutter liege ein auf der Homosexualität lastendes Tabu zugrunde. Wie Flaake und Sayers aufzeigen, spielen die Mütter eine ganz entscheidende Rolle, wie junge Mädchen und Frauen in der Adoleszenz und im Erwachsenenalter Körper und Sexualität erleben. Für Flax ist die Entwicklung einer sexuellen Identität ein kontinuierlicher, die gesammte Lebensspanne umfassender Entwicklungsprozeß.

Ein zweiter Diskussionsrahmen beschäftigt sich mit den kontextuellen Einflüssen, die Frauen und Mädchen in ihrer aktiven Rolle als Mütter und Töchter erfahren. Die Kernfrage zielt hier auf das sogenannte „Dritte Prinzip": Wer oder was bekommt jene unverzichtbare Funktion übertragen, die in der Theorie postulierte Symbiose zwischen Mutter und Tochter zu beenden und die Tochter in die Welt „einzuführen"? Ist es ein Außenstehender, ein Mann, ein kritischer Augenblick wie etwa der der Entdeckung des Geschlechtsunterschiedes? Oder sind es die Frauen selbst, die diese Aufgabe erfüllen, als Mütter, Freundinnen, Lehrerinnen und Therapeutinnen? De Kanter, de Waal, Bjerrum Nielsen und Rudberg, Gilligan und Rogers, Orbach und Eichenbaum gehen in ihren Analysen dieser interessanten Frage nach.

Auf einer dritten Ebene werden vorherrschende Phantasien und Vorstellungen zu Mutterschaft und erwachsenem Frau-Sein thematisiert. Begriffe wie der einer „guten" Mutter oder Konzepte des „good-enough-mothering" werden in Frage gestellt. Dem Ideal des Mutterns ist zu mißtrauen, da es kindliche Phantasie am Leben erhält und Herrschaftsbeziehungen zwischen unterschiedlichen Klassen, ethnischen Gruppen und Kulturen untermauert. Die Beiträge von Sayers, Krips, Groen, aber auch Gilligan, Surrey und Flax beschäftigen sich mit diesem Problem verborgener Funktionen mütterlichen Verhaltens.

Vor dem Hintergrund dieser drei Diskussionsebenen wird die Frage aufgeworfen, inwieweit die theoretische Reflexion über Mütter und Töchter nicht auch mit Unangemessenheiten der Sprache zu kämpfen hat. Hierzu werden neue Konzepte - teils explizit, teils implizit - vorgestellt.

Schließlich geht es um das Problem vorschneller und unangemessener theoretischer Attribuierungen, die auf dem Hintergrund einer weißen, nordeuropäischen und anglo-amerikanischen Sichtweise vorgenommen werden. Auch wenn die Autorinnen jeglichen geographischen und kulturellen Zentrismus in ihren theoretischen Überlegungen vermeiden, so ist doch kein Beitrag frei von soziokulturellen Einflüssen und Schattierungen. Bei den Autorinnen handelt es sich um eine Gruppe von weißen, berufstätigen Frauen zwischen 30 und 52 Jahren. Davon sind 13 „reale" - leibliche und nicht leibliche - Mütter, sowohl hetero- und/oder homosexuell orientiert, mit insgesamt neun Töchtern zwischen zwei und zwanzig Jahren und zahlreichen Söhnen.

TEIL I
Töchter

Töchter

Entwicklungslinien weiblicher Subjektivität

Karlein Schreurs

Zahlreiche Studenten in den Sozialwissenschaften (immerhin zwei Drittel davon sind Frauen) scheinen vor der Auseinandersetzung mit einer explizit feministischen Wissenschaftskritik sowie den Ansätzen feministischer Therapiekonzepte zurückzuschrecken. Sie rechtfertigen diese Haltung mit dem Argument, daß die Emanzipation der Frau erreicht sei, daß Chancengleichheit zwischen den Geschlechtern bestehe und von einer Diskriminierung der Frau in unserer Gesellschaft keine Rede mehr sein könne. Leider handelt es sich bei diesen Aussagen um Wunschdenken. Die Studentinnen an unseren Universitäten hoffen, mit jenen schwierigen Wahlentscheidungen und Ambivalenzen, die ihr bloßes Frausein mit sich bringt, nicht konfrontiert zu werden. Es ist unbestritten, daß Frauen heutzutage über mehr Möglichkeiten und Entscheidungsfreiheit verfügen, ihr Leben nach eigenen Vorstellungen zu gestalten. Das heißt jedoch nicht, daß nicht subtilere Diskriminierungsmechanismen nach wie vor das Geschlechterverhältnis bestimmen.

Zahlenmäßige Unterschiede zwischen den Geschlechtern im Bereich Schule und Ausbildung bestehen nicht mehr. Mädchen und Jungen erhalten heute gleichermaßen eine Schulausbildung, und an den Hochschulen studieren etwa gleich viel Frauen wie Männer. Allerdings sind in den naturwissenschaftlichen Fächern männliche Studenten überrepräsentiert, während in den Humanwissenschaften die Mehrzahl der Studierenden Frauen sind. Jungen lassen sich in ihrer Berufswahl eher von marktwirtschaftlichen Überlegungen leiten, wohingegen die Entscheidungen von Mädchen stärker von der Bezogenheit auf andere geprägt sind. Grundlegendes scheint sich verändert zu haben und bestimmt auf den ersten Blick das Bild. Bei näherer Betrachtung jedoch wird deutlich, daß Veränderungen nur sehr langsam alle Schichten unseres Bewußtseins zu durchdringen vermögen. Vieles verändert sich, manches jedoch nur scheinbar; unsere psychischen

Anpassungs- und Verarbeitungsmechanismen können mit dem rapiden Wandel, dem die Geschlechtsrollendefinitionen und -erwartungen in unserer Gesellschaft unterworfen sind, nicht Schritt halten. Wenn wir also jene Entwicklungslinien nachzeichnen wollen, die Frauen zur Bestimmung ihrer Weiblichkeit führen, so muß unser Diskurs zum einen nach den konstanten Einflußgrößen fragen, die das Leben von Frauen bestimmen, zum anderen diejenigen Variablen umfassen, die einen eindeutigen Wandel erfahren haben.

Nancy Chodorows (1978) objektbeziehungstheoretischer Entwurf zur Geschlechterdifferenz bietet einen Erklärungsansatz für die Existenz konstanter Größen intrapsychischen Erlebens bei Frauen. Einige wesentliche Thesen ihrer Theorie sollen hier kurz zusammengefaßt werden. Chodorow geht davon aus, daß es immer und überall Frauen sind, die „muttern"; dieses „Muttern" wird von Frauen reproduziert und im Gefüge der Generationenkette an die nächste Generation von Frauen weitergegeben. Weil es Frauen sind, die „muttern", steht am Anfang des Lebens für Jungen und Mädchen die Beziehung zu einer Frau. Da in unserer Kultur dem Geschlecht eine ganz besondere Bedeutung zukommt, spielt das Prinzip der (geschlechtlichen) Verschiedenheit und Andersartigkeit vor allem für Jungen und Männer eine wichtige Rolle. Das Erleben von Mädchen und Frauen ist dagegen eher vom Aspekt der Ähnlichkeit geprägt. Um Mann werden zu können, muß sich der kleine Junge von seiner Mutter lösen und sich mit dem Vater identifizieren, der jedoch in der Regel die meiste Zeit abwesend ist. Dies führt zu starren Ich-Grenzen und einer über Verneinung definierten Identität, d.h., männlich wird gleichgesetzt mit „nicht weiblich". Da uns hier jedoch vorrangig die Entstehungsgeschichte weiblicher Identität aus der Perspektive des kleinen Mädchens bzw. der Tocher interessieren soll, wollen wir im folgenden die Entwicklung des Jungen vernachlässigen.

In der Mutter-Tochter-Beziehung fehlt diese strikte Grenzziehung; das kleine Mädchen muß sich weder so radikal und abrupt aus der Beziehung zur Mutter lösen wie der kleine Junge, noch muß die mit dieser primären Beziehung einhergehende Gefühls- und Phantasiewelt der Verdrängung preisgegeben werden. Im Vergleich zum Jungen entwickelt das Mädchen durchlässigere Ich-Grenzen. Als Frau ist ihr Erleben im wesentlichen von Gefühlen der Bezogenheit und Verbundenheit geprägt; weibliche Identität ist demnach eine über die Beziehung zu anderen definierte Identität. Diese Aspekte von Weiblichkeit veranlassen Mädchen dazu, den größten Anteil des „Mutterns" zu übernehmen und sich in ihrer Berufswahl zu jenen Aufgabenbereichen hingezogen zu fühlen, in denen Beziehungskompetenz und versorgende Fähigkeiten gefragt sind.

Nancy Chodorows theoretischer Entwurf vermag zahlreiche Konstanten im (Er)Leben von Frauen zu erklären. Wenn wir uns jedoch auf die unabänderlichen

Einflußgrößen psychischen Erlebens beschränken, bleibt die Frage nach Entwicklung und Veränderung unbeantwortet. Eine starre und unflexible Interpretation ihres Konstrukts hieße unweigerlich, die Tradition des „Mutterns" theoretisch festzuschreiben und Frauen und zukünftige Mütter der Vorstellung zu berauben, diese Tradition aus eigener Kraft durchbrechen zu können. Weiterentwicklung wäre demnach nur noch als Interventionen von außen denkbar, etwa in Form veränderter Erziehungspraktiken.

Unabänderlichkeit und Stabilität auf der einen Seite, Wandel und Entwicklung auf der anderen sind das Leitmotiv, das den ersten Teil des vorliegenden Bandes durchzieht. Von einigen Autorinnen der folgenden Beiträge wird der Versuch einer differenzierteren Neuformulierung des Objektbeziehungsparadigmas unternommen, andere wiederum bieten theoretische Alternativen zu den bekannten Objektbeziehungstheorien.

Welche Rolle spielen Körper und körperliches Erleben in der Mutter-Tochter-Beziehung? Dies ist eine Frage, die die Objektbeziehungstheorien unbeantwortet lassen. Bedeutsame Aspekte spezifisch weiblichen Erlebens von Körperlichkeit, Erotik und Sexualität bleiben somit von einem tieferen Verständnis ausgeschlossen. Objektbeziehungstheoretiker und -theoretikerinnen unterscheiden die prädipale von der ödipalen Phase. In der prädipalen Phase ist die Beziehung zur Mutter von zentralem Stellenwert, während sich eine enge Bindung zum Vater erst in der ödipalen Phase entwickelt. Diesen beiden in den Objektbeziehungstheorien differenzierten Phasen werden die orale, anale und phallische Phase, wie sie das triebtheoretische Paradigma unterscheidet, an die Seite gestellt (Tyson & Tyson 1990). Die ersten Erfahrungen genitaler Lust finden während der ödipalen Phase statt, in der der Rolle des Vaters zentrale Bedeutung zugeschrieben wird. Wie jedoch aus den Ergebnissen der Säuglingsbeobachtung und Kleinkindforschung hervorgeht, entdecken weibliche Säuglinge ihre Genitalien nicht erst während der ödipalen Phase, sondern masturbieren bereits sehr viel früher (Galenson 1990). Was passiert bei der täglichen Säuglingspflege? Das kleine Mädchen wird von der Mutter gestillt, der Körper, an den sie sich anlehnt, ist der der Mutter, beim Windeln, Waschen und Pudern berührt die Mutter die Genitalien ihrer kleinen Tochter. Väter beteiligen sich zwar zunehmend an der täglichen Pflege ihrer Säuglinge, übernehmen dafür aber in den seltensten Fällen die alleinige Verantwortung. Wie sollten Mütter demnach nicht genitale Körperempfindungen in ihren kleinen Töchtern „auslösen" und somit zwangsläufig zum ersten Objekt genitaler Lustempfindungen für das kleine Mädchen werden? Dieser Frage geht Nina Lykke in ihrem Beitrag nach. Die Autorin spricht von der sogenannten „Antigone-Phase" als einem in der Entwicklung des kleinen Mädchens gesondert zu unterscheidenden Abschnitt, in dem die erwachenden sexuellen Empfindungen des Mädchens auf die Mutter gerichtet sind.

Wenn wir davon ausgehen, daß Mütter im sinnlich-erotischen Erleben ihrer Töchter eine bedeutsame Rolle spielen, so müssen wir uns fragen, ob und inwieweit diese lustvoll-sexuellen Empfindungen mütterliche Bestätigung erfahren und von den Töchtern als zur eigenen Identität und Sexualität gehörend erlebt werden dürfen. Von Vätern kennen wir zärtliche Äußerungen wie etwa „Schau an, wie mein kleines Mädchen schon flirten kann". Das Tabu, mit dem homosexuelle Gefühle und Bestrebungen behaftet sind, verbietet es Müttern, auf ähnliche Weise auf ihre Töchter zu reagieren.

In diesem Kontext steht jedoch noch mehr auf dem Spiel, wie Karin Flaake in ihrem Beitrag aufzuzeigen versucht. In unserer Kultur werden Schönheit und Attraktivität des weiblichen Körpers über den männlichen Blick definiert und somit auf eine rein objekthafte Position innerhalb männlicher Lusterfahrung reduziert. Auf der anderen Seite sind jene mit der Fortpflanzung verbundenen Körperprozesse, wie etwa die Menstruation, mit negativen Konnotationen verbunden. Den meisten Frauen fehlt es somit an einem sicheren Empfinden dafür, ihren Körper tatsächlich zu bewohnen. Sie entwickeln ein negatives Körperbild, das - so Flaake, in Anlehnung an die Objektbeziehungstheorien - von den Müttern an ihre Töchter weitergegeben wird. Diese Kette kann nur durchbrochen werden, wenn die Mütter selbst ein positives Körperbild zu entwickeln und ihre Sexualität positiv zu erleben vermögen. Im allgemeinen ist eine Psychotherapie notwendig, um dieses Ziel zu erreichen. In Flaakes Beitrag spiegelt sich erneut der starke Einfluß der Objektbeziehungstheorien wider, mit deren Hilfe konstante Größen weiblicher Entwicklung nachgezeichnet und erklärt werden. Veränderung in diesem Sinne wird demnach nur durch Intervention von außen herbeigeführt. Aber ist Therapie tatsächlich die einzige uns zur Verfügung stehende Möglichkeit? Oder sind wir zu sehr im objektbeziehungstheoretischen Denken gefangen und blind gegenüber Alternativen?

Eine zweite Möglichkeit, Veränderung und Stabilität als Variablen der weiblichen Entwicklung zu integrieren, liegt in der Kontextualisierung der Position der Mutter als auch der der Tochter. Töchter trennen sich von ihren Müttern. In ihrem Beitrag kritisiert Ruth de Kanter die Vorstellung einer Mutter-Tochter-Beziehung als universelles Band, unabhängig vom jeweiligen sozialen Kontext. Mütter und Töchter sind in ihrer Beziehung immer auch in kulturelle und soziale Bezüge eingebettet. Die Trennung einer Tochter von ihrer Mutter ist Teil jener Aufgabe, innerhalb eines bestimmten sozialen und kulturellen Gefüges zur Frau zu werden. Eine Tochter muß ihre Mutter in all ihren verschiedenen Rollen, Positionen und sozialen Bezügen wahrnehmen, um sich - von der Mutter innerlich getrennt und abgegrenzt - „niederlassen" zu können.

Wie man die Beziehungen zwischen Müttern und Töchtern in einen angemessenen sozialen Rahmen stellen kann, zeigt de Waal in ihrem Beitrag auf. Sie unterstreicht die verschiedenen sozialen Arrangements, in denen Mütter und Töchter interagieren. Entsprechend der allgemeinen Informalisierung sozialer Bezüge ähneln diese Interaktionsformen eher einem Prozeß des Aushandelns unter Gleichgestellten als einer Verhaltensdisziplinierung durch eine Autorität. Aber - so de Waal - selbst unter diesen „demokratischen" Bedingungen scheinen Mütter noch immer das letzte Wort zu haben. Die Töchter ihrerseits antworten mit ihren eigenen Strategien.

De Waal greift bestimmte Konstanten und Variablen in der weiblichen Entwicklung heraus und betrachtet sie unter einer Mehrgenerationenperspektive. Bjerrum Nielsen und Rudberg führen dieses Thema noch weiter aus. Sie unterscheiden zwischen Geschlechtsidentität und geschlechtsgebundener Identität bzw. Subjektivität. Geschlechtsgebundene Subjektivität meint die geschlechtsspezifische Art und Weise, sich auf die Welt und sich selbst zu beziehen. Unter Geschlechtsidentität hingegen wird jene Bedeutung verstanden, die Mädchen und Frauen der Tatsache zuschreiben, biologisch dem weiblichen Geschlecht anzugehören. Den beiden Autorinnen zufolge gehen Veränderungen in der geschlechtsgebundenen Subjektivität von Frauen nicht gleichzeitig mit Veränderungen in der Geschlechtsidentität einher. Aus diesem Grund haben die einzelnen Generationen von Frauen, Großmütter, Mütter, Töchter und Enkeltöchter mit unterschiedlichen Konflikten zu kämpfen. Die Unterscheidung zwischen Geschlechtsidentität und geschlechtsgebundener Subjektivität ermöglicht die Betrachtung der Mutter-Tochter-Beziehung in einem chronologischen Kontext.

Es wird also im ersten Teil dieses Buches auf verschiedene Art und Weise auf die Objektbeziehungstheorien als Rahmentheorie Bezug genommen. Karin Flaake und Nina Lykke untersuchen als erstes die Bedeutung der Körperlichkeit in der Mutter-Tochter-Beziehung sowie die Rolle der Mutter in der Entwicklung der Sexualität des kleinen Mädchens. Im Anschluß daran unterstreicht Ruth de Kanter die Notwendigkeit einer angemessenen Kontextualisierung der Mutter-Tochter-Beziehung. Mieke de Waal, Harriet Bjerrum Nielsen und Monica Rudberg stellen zum Schluß eine zu objektbeziehungstheoretischen Überlegungen alternative Herangehensweise vor, um die Beziehungen zwischen Müttern und ihren adoleszenten Töchtern genauer untersuchen zu können. Während der erste Teil des Buches sich auf die Seite der Töchter konzentriert, soll im zweiten Abschnitt die Position der Mütter mit Hilfe objektbeziehungstheoretischer Entwürfe genauer untersucht werden.

Literatur

Chodorow, N. (1978): Das Erbe der Mütter. Psychoanalyse und Soziologie der Geschlechter. München (Frauenoffensive) 1985.

Galenson, E. (1990): Observation of early infantile sexual and erotic development. In: M. E. Perry (Hg.): Handbook of sexology, VII. New York (Elesevier).

Tyson, Ph. und R. L. Tyson (1990): Psychoanalytic theories of development: an integration. New Haven (Yale Univ. Press). (deutsch i. Vorb. 1996, Stuttgart (Kohlhammer)).

Ein Körper für sich allein

Sexuelle Entwicklungen und körperliche Weiblichkeit in der Mutter-Tochter-Beziehung

Karin Flaake

Ich möchte mich auf einen Aspekt der Mutter-Tochter-Beziehung konzentrieren, der in feministischen Analysen bisher wenig thematisiert worden ist: auf die Bedeutung sexueller Entwicklungen und das Verhältnis zur körperlichen Weiblichkeit in der Mutter-Tochter-Beziehung.

In der psychoanalytischen Literatur wird in der Regel davon ausgegangen, daß es der Vater ist, der die Tochter in ihrer Weiblichkeit bestätigt. Auslöser für die Hinwendung der Tochter zum Vater ist für die meisten AutorInnen ein Mangel der Mutter. Bei Freud und den in seiner Tradition argumentierenden TheoretikerInnen ist es ihre organische Minderausstattung, das Fehlen eines als wertvoll angesehenen Geschlechtsorgans, das die Tochter in der ödipalen Phase zum Vater treibt, sie dort das bei der Mutter Vermißte suchen läßt und sie eine passive Rolle ihm gegenüber bringt: Nur die symbolische Partizipation an seinem Penis - etwa in Gestalt eines Kindes - kann der Weiblichkeit der Tochter Wert verleihen (vgl. Freud 1925, S. 27f.; 1931, S. 522 ff.). Die Geringschätzung der eigenen körperlichen Geschlechtlichkeit führt zudem dazu, daß dem Mädchen die Lust an sich selbst genommen wird: Die lustvollen Berührungen der Klitoris werden - so Freud und die in seiner Tradition stehenden TheoretikerInnen - aufgegeben, denn sie erinnern durch den Vergleich mit dem Penis lediglich an einen kränkenden Mangel, sie betreffen ein „Nichts" und werden damit zunichte gemacht (vgl. Freud 1920; 1931). So ist weibliche Abhängigkeit von Männern festgeschrieben: Weder die Mutter noch das Mädchen selbst können der körperlichen Weiblichkeit Wert verleihen, können sie lustvoll besetzen und zur Quelle eigener Befriedigung machen.

Ähnlich argumentiert die französische Psychoanalytikerin Christiane Olivier (1984). Auch für sie ist die Mutter-Tochter-Beziehung durch einen Mangel gekennzeichnet. Sie geht davon aus, daß es den Müttern nicht möglich ist, den Körper ihrer Tochter erotisch zu besetzen und der Tochter so ein positives Gefühl für ihre körperliche Weiblichkeit zu vermitteln. Eine solche Bestätigung des Weiblichen kann für Olivier nur von Männern kommen. Eine Wertschätzung körperlicher Weiblichkeit durch Frauen und eine entsprechende Gestaltung der Mutter-Tochter-Beziehung ist auch hier undenkbar und die Abhängigkeit von Männern deshalb unvermeidbar.[1]

Psychoanalytische Ansätze, die sich - wie der von Nancy Chodorow (1978) - in feministischer Absicht an der Objektbeziehungstheorie orientieren, unterscheiden sich von den genannten insofern, als sie die Mutter-Tochter-Beziehung nicht durch einen Mangel gekennzeichnet sehen, sondern ihr, im Gegenteil, große emotionale Bedeutung beimessen, der gegenüber die des Vaters nur sekundär ist. Körperlichkeit und Sexualität werden hier jedoch kaum thematisiert, im Vordergrund stehen soziale und intrapsychische Beziehungssituationen, in die die sexuelle Entwicklung eingebettet ist.[2] Insofern vermeiden diese theoretischen Ansätze die Konfrontation mit einer besonders problematischen Dimension weiblicher Entwicklung: mit dem Verhältnis zu körperlicher Weiblichkeit und Sexualität und der Bedeutung der Mutter-Kind-Beziehung darin.

Theoretische Ansätze, die von einem Mangel in der Mutter-Tochter-Beziehung ausgehen und diesen Mangel als treibende Kraft für die Orientierung an Männern und den Verzicht auf eine eigene Lust am Körper sehen, können als - wenn auch unproblematisierte - Widerspiegelung einer problematischen Realität verstanden werden: einer Realität, in der Frauen sich ihren Körper nicht selbst lustvoll anzueignen vermögen; einer Realität, in der der weibliche Körper von Männern definiertes und besetztes Gebiet ist; einer Realität, in der Frauen sich häufig ihrer Sexualität und Genitalität nicht als eigenständige Quelle von Kraft, Kreativität und Lust bewußt sind, sondern sich an männlichen Bestimmungen weiblicher Sexualität orientieren.[3] Unter den Bedingungen dieser sozialen Realität scheint in der Mutter-Tochter-Beziehung keine Möglichkeit zu bestehen, weibliche Körperlichkeit wertzuschätzen. Deshalb bezieht Weibliches nicht aus sich selbst seinen Wert, aus dem mit der Mutter geteilten Stolz auf den Körper und seine Orte der Lust, sondern wird in seiner Bestätigung abhängig von männlichen Wertschätzungen: Fällt nur dem Vater die Aufgabe zu, die Weiblichkeit seiner Tochter zu bestätigen, so ist es nur der fremde, der Blick des anderen Geschlechts, der dem Weiblichen seine Bedeutung verleiht.

Diese Strukturen sind nicht unvermeidbar. Sie sind das Ergebnis einer auf männlicher Vorherrschaft basierenden sozialen Realität. Um diese Realität zu transzendieren, ist es wichtig, die Mechanismen zu verstehen, über die die Abwertung von Weiblichkeit von einer Generation an die nächste weitergegeben wird. Im vorliegenden Aufsatz möchte ich die Bedingungen diskutieren, unter denen Frauen eine lustvolle Aneignung ihres Körpers möglich sein kann, ohne dabei auf männliche Anerkennung angewiesen zu sein; was für Mütter wiederum Voraussetzung dafür ist, Körperlichkeit und Sexualität ihrer Töchter positiv zu bestätigen.

Töchter, Mütter und Sexualität

Die lustvolle Aneignung des eigenen sexuellen Körpers und die damit verbundene erste Herausbildung eines Körperbildes, das auch die Genitalien umfaßt, beginnt nach neueren entwicklungspsychologischen Studien im zweiten Lebensjahr (Chehrazi 1988; Galenson & Roiphe 1977; Glover & Mendell 1982; Heigl-Evers & Weidenhammer 1988; Kleeman 1977). Ab dem 15./16. Lebensmonat entdeckt das Mädchen seine äußeren Genitalien und seine Vagina, es lernt die Klitoris als erregendes Organ kennen und genießt die Lust, sich selbst zu berühren. Diese ersten Erfahrungen mit dem eigenen sexuellen Körper bilden ein Fundament, durch das die Möglichkeiten zur positiven Aneignung der eigenen Körperlichkeit in späteren Entwicklungsphasen wesentlich bestimmt werden. Diese ersten wichtigen Selbsterforschungen der Tochter scheinen bei Müttern jedoch häufig auf Barrieren zu treffen, die verhindern, daß das Mädchen in seiner weiblichen Körperlichkeit und seiner Lust von ihr bestätigt wird und über eine solche Bestätigung ein inneres Bild seiner Genitalien erwerben kann. Kinderbeobachtungen wie die von Stern (zit. nach Bell 1991, S. 120) zeigen, daß die lustvolle Selbsterforschung ihrer kleinen Töchter für Mütter mit besonderen Irritationen verbunden ist, die zum Beispiel dazu führen, daß sie versuchen, solche Aktivitäten zu ignorieren oder auch zu verhindern. Harriet E. Lerner (1977) hat zudem auf die Sprachlosigkeit der Mütter hingewiesen, wenn es um eine differenzierte Benennung der weiblichen Genitalien geht. Diese Sprachlosigkeit und das Ignorieren oder Verhindern autoerotischer Aktivitäten kann für die Tochter die unbewußte Botschaft enthalten, daß sexuelle Lust für sie nicht existent sein darf, sie ihr als selbstbezogene und von ihr selbst verursachte nicht zusteht.[4]

Ulrike Schmauch (1987) hat in ihrer psychoanalytisch orientierten Studie, die auf Beobachtungen in einer westdeutschen Krabbelstube beruht, anschaulich beschrieben, wie problematisch für Mütter die Entwicklungen ihrer kleinen Töchter in der Loslösungs- und Individuationsphase sein können. Während die Beziehung zwischen Mutter und Tochter in den ersten beiden Jahren relativ harmonisch und unbeeinträchtigt zu sein scheint, wird sie zu der Zeit konfliktreich, in der die Mädchen zu eigenständigen und sexuellen Wesen werden, die ihre wachsende Autonomie und die erotische Ausstrahlung ihres Körpers genießen. Viele Mütter konnten sich über diese Entwicklungen nicht freuen, sondern wandten sich vorübergehend von ihren Töchtern ab. Schmauch beschreibt anschaulich, wie die kleinen Mädchen die Ursache für die Abwendung der Mutter bei sich selbst und in ihrem Körper suchten, Bewegung, Nacktheit und sexuelle Selbsterforschung nicht mehr genossen und ihre erotische Ausstrahlung verloren. Die Mädchen zogen sich auf eine vorsexuelle Phase der Entwicklung zurück: Ihre sichtbar gewordene Sexualität, die Möglichkeit zu aktiver erotischer Objektwahl und zur Rivalität um den Vater waren vorübergehend wieder verschwunden. Darin sieht Schmauch ein von den Müttern unbewußt angestrebtes Ziel ihres Verhaltens: Sie vermutet einen unbewußt wirkenden Neid der Mütter, der den kleinen Töchtern mehr Lust und Autonomie, als sie selbst leben können, nicht zugestehen kann. Zugleich bleiben die Töchter auf diese Weise an die Mütter gebunden und für deren Bedürfnisse verfügbar.

Die beschriebenen Strukturen der Mutter-Tochter-Beziehung können sich ähnlich auch in der Adoleszenz wiederholen. Die Gespräche zwischen Müttern und Töchtern über körperliche Veränderungen, die Bedeutung der Menstruation und über Sexualität scheinen sich meist auf die Vermittlung sachlicher Informationen zu beschränken: auf Probleme des körperlichen Funktionierens, der Hygiene und der Empfängnisverhütung. Ausgespart bleiben die an die körperlichen Veränderungen gebundenen Affekte: Ängste, Wünsche und Phantasien, Scham und Stolz auf den eigenen Körper, das Erleben des Körperinneren während der Menstruation und Wünsche, den sich verändernden Körper zu erkunden und so die eigenen sexuellen Vorlieben zu entdecken (Apter 1990; Burger & Seidenspinner 1988; Haase 1992; Waldeck 1988; 1992).

Ruth Waldeck (1988) weist in ihrer Studie über die Menstruation auf die gesellschaftlich nahegelegten Verführungen hin, die eigenen begrenzten Entfaltungsmöglichkeiten als Frau an die Tochter weiterzugeben. Was junge Mädchen körperlich zur Frau macht, nämlich die erste Menstruation, ist kaum etwas, das gesellschaftlich positiv bewertet wird und von den Mädchen stolz hergezeigt werden kann. Neidgefühle der Mutter auf die Jugend ihrer Tochter und die ihr noch offenstehenden Möglichkeiten können sich mit den kulturell vorgegebenen Ansichten über die Menstruation verbinden und zu Verhaltensweisen führen, die der Tochter die Botschaft vermitteln: Du hast dein Leben noch vor dir, und du bist jung und schön, aber das, was dich zur Frau macht, ist schmutzig, und du mußt es verstecken (Waldeck 1988, S. 342f.). Damit wird es dem Mädchen schwergemacht, auf seinen Körper stolz zu sein und ihn zu einem positiv besetzten Zentrum seiner weiblichen Identität zu machen.

Die körperlichen Entwicklungen der Tochter konfrontieren die Mutter mit der bevorstehenden Ablösung der Tochter von ihr und mit dem eigenen Älterwerden. Sie berühren das eigene Verhältnis zur Sexualität und zu den Wünschen nach einem selbstbestimmten Leben, sie aktualisieren das Verhältnis zur eigenen Weiblichkeit und die damit verbundenen Erfahrungen und Bewertungen. Daß die Tochter zur Frau wird und ihr erwachsenes Leben noch vor sich hat, kann für die Mutter Anlaß sein, ihr bisheriges Leben zu reflektieren: frühere Hoffnungen und Enttäuschungen, Befriedigendes und als einengend und begrenzend Empfundenes. Wie eine solche Bilanz ausfällt, welche Perspektiven Mütter für ihr weiteres Leben haben und wie sie ihre eigene Weiblichkeit und Sexualität bewerten, bestimmt auch das Verhältnis zur heranwachsenden Tochter.

Ein möglicher Ausweg

Die Schweizer Psychoanalytikerin Andrea Hettlage-Varjas (1987) weist auf einen Ausweg aus solchen Strukturen der Mutter-Tochter-Beziehung hin, in der Verzicht, Leiden und Selbstbeschränkung von einer Generation an die nächste weitergegeben werden: Sie betont die Notwendigkeit einer inneren Abgrenzung der Mutter von der Tochter, die sich zugleich auch als innere Abgrenzung der Tochter in der Mutter von ihrer eigenen Mutter formulieren läßt. Eine solche innere Abgrenzung läßt Frauen der Versuchung widerstehen, ihre eigenen Versagungen, die Erfahrung eigener Unterdrückung über ihre Töchter kompensieren zu wollen (s. auch den Aufsatz von Orbach & Eichenbaum im vorliegenden Band).

„Wenn wir in der Lage (sind) zu realisieren, daß wir allein sind, werden wir unsere eigene Abhängigkeit an dem Ort, wo wir gerade stehen, betrauern. Wir konfrontieren uns dann mit unserem eigenen Leid, anstatt die Lücken mit den eigenen Töchtern zu füllen"

(Hettlage-Varjas 1987, S. 25)

Zu einer solchen inneren Abgrenzung von der Mutter, die für viele Frauen ein das ganze Leben begleitender Prozeß ist, gehört auch, sich den eigenen Körper, die eigene Sexualität lustvoll anzueignen. Maria Torok (1964) sowie Laufer und Laufer (1984) haben an Fallbeispielen aus ihrer therapeutischen Praxis anschaulich gezeigt, daß die Hemmung vieler Frauen, ihren eigenen Körper lustvoll zu berühren, mit Phantasien zusammenhängt, die den Körper der Tochter und den Körper der Mutter nicht als getrennt erscheinen lassen.[5] Torok sieht in der lustvollen Aneignung des eigenen Körpers durch die Aufarbeitung und Überwindung mütterlicher Lust- und Autonomieverbote ein wesentliches Ziel psychoanalytischer Therapien. „Es ist, als hätten Sie mir eine Macht übertragen" (Torok 1964, S. 207), zitiert sie eine Patientin, die sich zum ersten Mal lustvoll selbst berühren konnte, eine Macht, die zugleich mit „Vertrauen in die eigenen Fähigkeiten und die eigene Zukunft" (ebd.) verbunden ist. Erst auf der Basis eines solchen körperlich verankerten weiblichen Selbstbewußtseins wird es möglich, daß nicht mehr nur dem anderen Geschlecht die Aufgabe zufällt, Weiblichem Wert zu verleihen: Auch Mütter können dann ihre Töchter in ihrer Sexualität bestätigen, können eine Wertschätzung weiblicher Körperlichkeit vermitteln, indem sie der Tochter die lustvolle Aneignung ihres Körpers als Quelle eigener Befriedigung zugestehen.

Ein solch körperlich verankertes weibliches Selbstbewußtsein ist zugleich auch die Voraussetzung dafür, daß Mütter gegenüber ihren Töchtern jene Balance zwischen Zuwendung und Abgrenzung, Nähe und Distanz aufrechterhalten können, die für die Anerkennung der autoerotischen Aktivitäten der Tochter wichtig ist: Die Tochter kann dann auch in jenen Bestrebungen bestätigt werden, mit denen sie sich von der Mutter trennt, indem sie sich selbst und unabhängig von ihr Lust verschafft.[6] Beides ist dann aufgehoben in der Mutter-Tochter-Beziehung: Verbundenheit und innere Trennung, Gemeinsamkeit und die Anerkennung von Unterschieden.[7] Auf dieser Basis kann die Botschaft der Mutter an die Tochter lauten: Dein Körper, der wie meiner weiblich ist, ist gut und wertvoll, und du darfst mit deinem Körper eine von mir unabhängige Lust und Sexualität haben. Damit kann das Mädchen seine Weiblichkeit als eigenständige Quelle von Lust und Kreativität erfahren und sich mit diesem Fundament selbstbewußt dem anderen Geschlecht zuwenden, weil seine Bestätigung als sexuelles Subjekt nunmehr nicht nur abhängig von männlichen Wertschätzungen ist.

Unter den bestehenden gesellschaftlichen Verhältnissen sind wohl nur wenige Frauen mit Müttern aufgewachsen, die ihr Leben auch außerhalb der Beziehung zur Tochter so befriedigend gestalten und ihre körperliche Weiblichkeit so positiv besetzen können, daß sie ihrer Tochter eine Wertschätzung des Weiblichen bei gleichzeitiger Erlaubnis, sie unabhängig von ihr zu verwirklichen, vermitteln. Therapeutinnen können hier wichtige Möglichkeiten einer nachholenden Sozialisation bieten. Karin Bell (1991) beschreibt anhand von Fallbeispielen aus ihrer Praxis sehr anschaulich Wünsche ihrer Patientinnen, von der Mutter in der erotischen Besetzung des Körpers bestätigt und auf diese Weise in die Sexualität „eingeführt" zu werden. In der Übertragung äußern sich solche Wünsche oft als homosexuelle Phantasien, die Bell als „notwendige Entwicklungsschritte in Richtung weiblicher Identität" interpretiert. Zugleich wird die Art der Erwartungen an die Mutter deutlich: in ihr eine weibliche Bezugsperson zu haben, von der die Tochter „sich einerseits unabhängig fühlen, aber auch in ihrer sexuellen Entfaltung orientieren" (ebd., S. 121) kann. Um Patientinnen solche Möglichkeiten einer nachholenden Erfahrung von sexueller Bestätigung und Anerkennung als erotischem Subjekt bieten zu können, müssen Therapeutinnen sich mit ihren homosexuellen Wünschen und Ängsten auseinandergesetzt haben.

Nicht nur therapeutische Zusammenhänge können die Möglichkeit einer nachholenden Sozialisation für Frauen bieten. Die Chance dazu besteht überall, wo Frauen mit Frauen zu tun haben und zugleich in der Lage sind, traditionelle Muster der Mutter-Tochter-Beziehung, die oft auch die Strukturen in Beziehungen unter erwachsenen Frauen prägen, zu überwinden: wo Frauen sich wechselseitig nicht nur über den Mangel, über als ungenügend Empfundenes wahrnehmen, sondern auch in dem, was sie sich - jenseits aller Differenzen - zu geben haben. Dazu gehört auch die wechselseitige Unterstützung bei dem Bemühen um Aneignung des eigenen Körpers, der Entdeckung der eigenen Lust.

Anmerkungen

1 Widersprüchlicher, aber die Betonung der Männer für die Entfaltung weiblicher Sexualität und die Bestätigung weiblicher Körperlichkeit ähnlich betonend, argumentieren Annelise Heigl-Evers und Brigitte Weidenhammer (1988) bei ihrem Versuch, auf der Basis der Freudschen Theorie der Weiblichkeit weiterzudenken.

2 Erotische Besetzungen scheinen auch bei Chodorow eher in der Vater-Tochter- als in der Mutter-Tochter-Beziehung möglich zu sein. So schreibt sie zum weiblichen Ödipuskonflikt: „Falls es im Objektwechsel eine absolute Komponente gibt, so höchstens die der Konzentration genitaler und erotischer Besetzung auf den Vater. Aber ein Mädchen gibt die Mutter nie als inneres und äußeres Liebesobjekt auf, selbst dann nicht, wenn sie heterosexuell wird" (ebd., S. 166).

3 Wie stark auch heute noch unter Frauen eine solche Orientierung an männlichen Wünschen verbreitet ist, zeigen die von Constanze Lawrenz und Patricia Orzegowski (1988) aufgezeichneten Gespräche mit Frauen zwischen 21 und 32 Jahren über ihre sexuellen Phantasien.

4 Sehr anschaulich beschreibt Simone de Beauvoir in ihren Memoiren einer Tochter aus gutem Hause (1948) das Ignorieren sexueller Lust durch die Mutter. Mit sieben oder acht Jahren erzählt sie ihrer Mutter von einer „sonderbaren Reizung zwischen den Beinen" und berichtet ihr, was sie „empfunden hatte". Die Reaktion der Mutter darauf wird so geschildert: „Mit gleichgültiger Miene sprach sie von etwas anderem, und ich glaubte, eine jener überflüssigen Bemerkungen gemacht zu haben, die einfach keiner Antwort bedürfen" (S. 39). So bleibt an Stelle der empfundenen Lust eine Leerstelle: „Ich war nicht erfinderisch genug, um den Versuch zu machen, das ...erlebte Vergnügen noch einmal herbeizuführen" (S. 56).

5 Laufer & Laufer (1984, S. 75 ff.) beschreiben dabei zwei Aspekte: Wird die eigene Hand, die sich selbst lustvoll berührt, als die Hand der Mutter erlebt, so fürchtet das Mädchen, sich passiv der Befriedigung durch die Mutter zu überlassen und sich ihr auf diese Weise auszuliefern. Wird das eigene Genital unbewußt mit dem Genital der Mutter gleichgesetzt, fürchtet das Mädchen, die Aggressionen, die der Mutter gelten, gegen sich selbst zu richten. Beide Probleme machen deutlich, wie wichtig es ist, daß sich das Mädchen innerlich von der Mutter löst. Torok sieht „die Wirkung des Masturbationsverbotes ...darin, das Kind an den Körper der Mutter zu ketten und seinen eigenen vitalen Plänen Fesseln anzulegen" (1964, S. 205). Denn das lustvolle Sich-Berühren des Mädchens ist zu verstehen als Abgrenzung von der Mutter, als Schritt aus der Abhängigkeitsbeziehung zu ihr.

6 Hettlage-Varjas (1987) betont in diesem Zusammenhang die von Winnicott beschriebene Fähigkeit zum Alleinsein, die sich nur dann entfalten kann, wenn eine beschützende Umwelt vorhanden ist. Jessica Benjamin (1988) sieht diese Spannung zwischen Selbstbehauptung und Anerkennung, Autonomie und Abhängigkeit als ein die Sozialisation generell prägendes Strukturprinzip.

7 Benjamin (1988) betont, daß Mütter diese Spannung nur dann aufrechterhalten können, wenn sie sich selbst nicht nur als Mütter, sondern als Frauen, als sexuelle Wesen mit Bedürfnissen und Interessen auch außerhalb der Beziehung zum Kind sehen.

8 Einen produktiven Umgang mit homosexueller Verführung in therapeutischen Situationen beschreibt Louise Schmidt-Honsberg (1989) sehr anschaulich.

Literatur

Apter, T. (1990): Altered Loves. Mothers and Daughters during Adolescence. New York (Harvester Wheatsheef Pr.).

Beauvoir, S. de (1948): Memoiren einer Tochter aus gutem Hause. Reinbek (Rowohlt) 1968.

Bell, K. (1991): Aspekte weiblicher Entwicklung. Forum der Psychoanalyse, 7, 111-126.

Benjamin, J. (1988): Die Fesseln der Liebe. Psychoanalyse, Feminismus und das Problem der Macht. Frankfurt/Basel (Stroemfeld/Roter Stern) 1990.

Brückner, M. (1990): Zwischen Kühnheit und Selbstbeschränkung. Von der Schwierigkeit weiblichen Begehrens. Zeitschrift für Sexualforschung, 3, 195-217.

Burger, A. und G. Seidenspinner (1988): Töchter und Mütter. Ablösung als Konflikt und Chance. Opladen (Budrich und Leske).

Chehrazi, S. (1988): Zur Psychologie der Weiblichkeit. Psyche, 42, 307-327.

Chodorow, N. (1978): Das Erbe der Mütter. Psychoanalyse und Soziologie der Geschlechter. München (Frauenoffensive) 1985.

Dinnerstein, D. (1976): Das Arrangement der Geschlechter. Stuttgart (Deutsche Verlagsanstalt) 1979.

Flaake, K. (1990a): Geschlechterverhältnisse, geschlechtsspezifische Identität und Adoleszenz. Zeitschrift für Sozialisationsforschung und Erziehungssoziologie, 1, 2-13.

Flaake, K. (1990b): Erst der männliche Blick macht attraktiv. Psychologie heute, H. 12, 48-53.

Freud, S. (1920): Über die Psychogenese eines Falles von weiblicher Homosexualität. G.W. XII, 271-302.

Freud, S. (1925): Einige psychische Folgen des anatomischen Geschlechtsunterschieds. G.W.XIV, 17-30.

Freud, S. (1931): Über die weibliche Sexualität. G.W. XIV, 515-537.

Galenson, E. und H. Roiphe (1977): Some suggested revisions concerning early female development. In: H. P. Blum (Hg.): Female psychology. Contemporary psychoanalytic views. New York (Int. Univ. Pr.), 29-57.

Glover, L. und D. Mendell (1982): A suggested developmental sequence for a preoedipal genital phase. In: D. Mendell (Hg.): Early female development. Lancaster (MTP).

Haase, H. (1992): Die Preisgabe. Überlegungen zur Bedeutung der Menstruation in der Mutter-Tochter-Beziehung. In: K. Flaake und V. King (Hg.): Weibliche Adoleszenz. Beiträge zur Sozialisation junger Frauen. Frankfurt/New York (Campus).

Heigl-Evers, A. und B. Weidenhammer (1988): Der Körper als Bedeutungslandschaft. Die unbewußte Organisation der weiblichen Geschlechtsidentität. Bern/Stuttgart/Toronto (Huber).

Hettlage-Varjas, A. (1987): Frauen zwischen Wunsch, Angst und Tröstungen. Neuere psychoanalytische Aspekte zur weiblichen Emanzipation und Sexualität. In: M. Simmel (Hg.): Weibliche Sexualität. Von den Grenzen der Aufklärung und der Suche nach weiblicher Identität. Braunschweig (G. J. Holtzmeyer), 18-30.

Kleeman, J. A. (1977): Freud's views on early female sexuality in the light of direct child observation. In H. P. Blum: Female Psychology. New York (Int. Univ. Pr.), 3-28.

Laufer, M. und E. Laufer (1984): Adoleszenz und Entwicklungskrise. Stuttgart (Klett-Cotta) 1989.

Lawrenz, C. und P. Orzegowski (1988): Das kann ich keinem erzählen. Gespräche mit Frauen über ihre sexuellen Phantasien. Frankfurt (Luchterhand).

Lerner, H. E. (1977): Elterliche Fehlbenennung der weiblichen Genitalien als Faktor bei der Erzeugung von „Penisneid" und Lernhemmungen. Psyche, 34, 1094-1104.

Olivier, C. (1980): Jokastes Kinder. Die Psyche der Frau im Schatten der Mutter. Düsseldorf (Claassen) 1984.

Poluda-Korte, E. S. (1988): Brief an eine Freundin. In: C. Gehrke (Hg.): Mein heimliches Auge III. Berlin (Konkursbuch).

Rohde-Dachser, C. (1990): Das Geschlechterverhältnis in Theorie und Praxis der Psychoanalyse. In: H. Brandes und C. Franke (Hg.): Geschlechterverhältnisse in Gesellschaft und Therapie. Münster (Lit. Verlag), 5-21.

Rohde-Dachser, C. (1991): Expedition in den dunklen Kontinent. Weiblichkeit im Diskurs der Psychoanalyse. Berlin/Heidelberg/New York (Springer).

Roiphe, H. (1979): Outlines of pre-oedipal sexual development. Iss. Ego-Psychol., 2, 16-21.

Schmauch, U. (1987): Anatomie und Schicksal. Zur Psychoanalyse der frühen Geschlechtersozialisation. Frankfurt (Fischer).

Schmidt-Honsberg, L. (1989): Gedanken zur weiblichen Homosexualität. Psyche, 43, 238-255.

Torok, M. (1964): Die Bedeutung des „Penisneides" bei der Frau. In: J. Chasseguet-Smirgel (Hg.): Psychoanalyse der weiblichen Sexualität. Frankfurt (Suhrkamp) 1974, 192-232.

Waldeck, R. (1988): Der rote Fleck im dunklen Kontinent. Zeitschrift für Sexualforschung, 1 und 2, 189-205, 337-350.

Waldeck, R (1992): Die Frau ohne Hände. Über Sexualität und Selbstständigkeit. In: K. Flaake und V. King (Hg.): Weibliche Adoleszenz. Beiträge zur Sozialisation junger Frauen. Frankfurt/New York (Campus).

Töchter auf der Suche

Rotkäppchen, Antigone und der Ödipuskomplex

Nina Lykke

Geschichten über Mütter und Töchter sind ein beliebtes Thema in Märchen. Die Suche der Tochter nach der archaischen Mutter und die Grenzen, die ihr dabei von der patriarchalischen Gesellschaft gesetzt werden - in zahlreichen Märchenerzählungen begegnet uns dieses Bild. So auch im Märchen vom Rotkäppchen. Sie ist auf der Suche, eine aktive Heldin, deren Vorhaben, im Wald Blumen für die Großmutter zu finden, auf symbolischer Ebene von den erotischen Wünschen aus der frühen Mutter-Tochter-Beziehung durchdrungen ist. Rotkäppchen ist aber auch eine leidende Heldin. Sie kann ihre Suche zu keinem erfolgreichen Ende bringen. Stattdessen wird sie vom Wolf verschlungen und so von einem aktiven Subjekt in ein passives Objekt verwandelt.

In dieser Doppelrolle - aktiv suchend, passiv erduldend - könnte Rotkäppchen die Entstehung weiblicher Subjektivität symbolisieren, wie sie von der klassischen Psychoanalyse gelehrt wird, d.h. als die Geschichte des kleinen Mädchens, das sich aus dem mütterlichen Raum, in dem sie ihre sexuellen Ziele aktiv verfolgen kann, in den väterlichen Bereich entwickelt, der von der passiven Sexualität der Tochter bestimmt wird.

Bereits als solches ist das Märchen vom Rotkäppchen nicht sehr ermutigend. Die Art und Weise, wie es von der klassischen Psychoanalyse erzählt wird, kann erst recht als frauenfeindlich bezeichnet werden. Und doch bin ich, wie viele andere feministische Forscherinnen auch, der Ansicht, daß gerade diese Geschichte uns Aufschluß geben kann über den Diskurs der Beziehung zwischen Mutter, Tochter und Vater, wie er unsere patriarchale Gesellschaft bestimmt. Aus diesem Grund greife ich in diesem Aufsatz, wie auch in meinen beiden letzten Veröffentlichungen (Lykke 1989, 1992) auf das Märchen vom Rotkäppchen zurück.

Mein besonderes Augenmerk gilt einem ganz bestimmten Aspekt klassisch psychoanalytischer Weiblichkeitstheorie: dem Raum in der psychosexuellen

Entwicklung des kleinen Mädchens, der zwischen ihrer präödipalen Bindung an die Mutter und der heterosexuellen Bindung an den Vater, ihrem sogenannten passiven Ödipuskomplex, liegt.

Gerade diesen Raum hat die klassische Psychoanalyse mit sehr viel Zweideutigkeit und Ambivalenz behandelt. Im Gegensatz zu anderen Ambiguitäten der Freudschen Weiblichkeitstheorie wurde dieser Aspekt jedoch keiner kritischen Neubewertung durch die feministische Psychoanalyse unterzogen. Im Gegenteil, bedeutsame Stimmen innerhalb der feministischen Tradition haben die theoretische Bedeutung, die Freud der frühen Mutter-Tochter-Beziehung zuschrieb, begrüßt und seinen Überlegungen zur präödipalen Phase des kleinen Mädchens Nachdruck verliehen. Sie stimmten Freud vorschnell zu, der behauptet hatte, das Mädchen bleibe länger einer präödipalen Bindung und somit einem symbiotischen Zustand verhaftet als der kleine Junge - ohne die zweifelhafte Prämisse zu hinterfragen, auf der diese Annahme basierte.

Meiner Ansicht nach ist es wichtig für feministische Theoretikerinnen, auch diese Freudschen Ambiguitäten einer kritischen Prüfung zu unterziehen und nach der Angemessenheit der Bezeichnung „präödipal" für einen Abschnitt der psychosexuellen Entwicklung des Mädchens zu fragen. Freuds Art und Weise, diesen Abschnitt der „Präödipalität" des Mädchens zu definieren, ist, so meine ich, von seiner tiefgreifenden Angst geprägt, auch im Mädchen die Entstehung jener gefährlichen, nicht-symbiotischen, inzestuösen Gefühle für die Mutter anzuerkennen - Gefühle, deren Entdeckung im kleinen Jungen er als Ödipuskomplex gefeiert hatte. Diese Überlegungen haben mich zu dem Schluß geführt, den letzten Abschnitt der sogenannten Präödipalität des kleinen Mädchens als unabhängigen Raum zu betrachten, den ich als „Antigone-Phase" bezeichnen möchte (vgl. Lykke 1989; 1992).

Meine Absicht ist es aufzuzeigen, wie wir zu einem tieferen Verständnis für die Entstehung von Weiblichkeit gelangen können, wenn wir jene Qualitäten dieser Phase ins Blickfeld rücken, die nicht länger als präödipal gelten können: das Entstehen weiblicher Identität in einer Phase, in der wir den Geschlechterunterschied zwar wahrzunehmen und zu symbolisieren beginnen, dessen Bedeutung jedoch noch nicht symbolhaft-repressiv festgeschrieben ist. Eine eingehende Betrachtung dieser Phase ermöglicht es uns, bedeutsame nicht-symbiotische Aspekte der Vielzahl an erotischen Wünschen zu erhellen, wie sie der Mutter-Tochter-Beziehung innewohnen.

Den Ausgangspunkt meiner Argumentationslinie bildet die klassische psychoanalytische Theorie zur frühen „präödipalen" Mutter-Tochter-Beziehung. Die zweideutige Freudsche Auffassung des letzten Abschnitts in der sogenannten präödipalen Entwicklungsphase des Mädchens führt mich zu einer Neubewertung des klassischen Weiblichkeitskonzepts in der Psychoanalyse. Ich werde diesem mein Konzept der „Antigone-Phase"[1] gegenüberstellen. Im letzten Teil des Aufsatzes möchte ich noch einmal auf das Märchen vom Rotkäppchen zurückkommen, um Perspektiven und Möglichkeiten dieses Konzepts näher auszuführen.

Die „präödipale Vorzeit" des Mädchens

Freuds bekannte Ausführungen zur präödipalen Vorzeit des kleinen Mädchens bilden den Ausgangspunkt für mein Konzept der Antigone-Phase. Dieses Element in den theoretischen Überlegungen Freuds zur Weiblichkeitsentwicklung taucht zum ersten Mal in seinen Schriften aus den frühen dreißiger Jahren auf (Freud 1931; 1933). Wie ich aufzeigen werde, ist Freuds Art und Weise, diese „vorzeitlichen" Abschnitte unserer Lebensgeschichte zu bestimmen, vieldeutig. Zuvor möchte ich jedoch Freuds Hauptaussagen zur frühen Mutter-Tochter-Beziehung zusammenfassen.

In diesen späten Arbeiten erkennt Freud zum ersten Mal an, daß der starken Vaterbindung immer eine langanhaltende, intensive und exklusive Bindung an die Mutter vorangeht.[2] Diese Phase kann bis ins vierte oder fünfte Lebensjahr reichen.

Die Entdeckung dieser Phase intensiver Mutterbindung kam für Freud ganz offensichtlich äußerst überraschend, zumal sie bestimmte sexuelle Wünsche miteinschließt, deren Existenz er beim Mädchen so nicht erwartet hatte. Freuds neuen Einsichten zufolge fühlt sich das kleine Mädchen während dieser Phase sexuell ebenso zur Mutter hingezogen wie dies für den Jungen der Fall ist und besetzt sie auf vielfältige libidinöse Weise: „Die so überraschende sexuelle Aktivität des Mädchens gegen die Mutter äußerst sich der Zeitfolge nach in oralen, sadistischen und endlich selbst phallischen, auf die Mutter gerichteten Strebungen."(Freud 1931, S. 286) Zu Freuds unverhohlenem Erstaunen entwickeln auch kleine Mädchen bei der Ankunft eines Geschwisters die Phantasie, daß sie es waren, die „der Mutter dies neue Kind gemacht haben" (Freud 1931, S. 288). Der Vater erscheint auf dieser Stufe der psychosexuellen Entwicklung des Mädchens in deren Phantasie als „nicht viel anderes als ein lästiger Rivale" (Freud 1931, S. 276). Mit diesen Aussagen zur „präödipalen Vorzeit" des Mädchens rückt Freud die frühe Mutter-Tochter-Beziehung in den Blickpunkt - und schreibt ihr somit für die Entwicklung von Weiblichkeit eine theoretische Bedeutsamkeit zu, die nicht überschätzt werden kann. Dies ist auch der Hauptgrund dafür, warum das Konzept der „präödipalen Phase" innerhalb der feministischen Psychoanalyse auf so großes Interesse stieß. [3]

Mehrdeutigkeit in der Freudschen Theorie

Die bedeutsame Ambiguität in der Freudschen Version der frühen Mutter-Tochter-Beziehung kann eindeutig an jenem theoretischen Dialog nachgezeichnet werden, den Freud, seinen Aufsatz von 1931 eingeschlossen, mit Jeanne Lampl-de-Groot über die Verwendung der Begriffe „präödipal" und „ödipal" führte. Jeanne Lampl-de-Groot hatte durch ihre Arbeiten zu diesem Thema Freud dazu angeregt, jene langandauernde Phase in der Entwicklungsgeschichte des kleinen Mädchens zu erforschen, die dem Eintritt in die passiv ödipale Vaterbindung im Alter von vier bis fünf Jahren vorangeht (vgl. Lampl-de-Groot 1927).

Die Freudsche Ambiguität bezieht sich auf die Bezeichnung für diesen neu entdeckten Raum in der Entwicklung des kleinen Mädchens. Lampl-de-Groot nennt ihn „negativen Ödipuskomplex", eine Bezeichnung, die sie eindeutig mit der Besetzung der Mutter während der „phallischen Phase" in Verbindung bringt. Ihrer Meinung nach handelt es sich hier um eine Entwicklungsstufe, auf der das Mädchen die Fähigkeit zur Objektliebe entwickelt hat und in der Lage ist, die Mutter als getrennte Andere wahrzunehmen, die sich einem anderen Freier um ihre Liebe zuwenden kann oder diesem gehört: dem Vater. Dieser wird dann für das Mädchen zum Rivalen oder Feind. Lampl-de-Groots Konzept des „negativen Ödipuskomplexes" bezieht sich also auf genau jenen Zeitraum, der dem Eintritt in die passive ödipale Vaterbindung vorangeht.

Freud spricht nicht von „negativem Ödipuskomplex", sondern von „präödipaler Bindung an die Mutter". Er bezieht sich nicht, wie bereits erwähnt, auf eine spezifische Besetzung der Mutter und Libidoorganisation wie Jeanne Lampl-de-Groot. Ganz im Gegenteil, seinem Konzept zufolge ist die Besetzung der Mutter undifferenziert und dauert mehr oder weniger vom Zeitpunkt der Geburt bis ins vierte oder fünfte Lebensjahr, wobei nacheinander die verschiedenen Stadien früher Libidoorganisation (oral, anal-sadistisch, phallisch) durchlaufen werden. Allerdings schließt Freud in seinem Konzept die Vorstellung des Vaters als lästigem Rivalen mit ein, eine Position, die er für gewöhnlich erst dem ödipalen Vater zuschreibt.

Freud hätte natürlich wissen müssen, daß zwischen seinem Konzept der „präödipalen Bindung an die Mutter" und Lampl-de-Groots spezifischer Entwicklungsphase des „negativen Ödipuskomplexes" ein großer Unterschied besteht. Er nimmt jedoch auf diese Mehrdeutigkeit nicht Bezug, sondern besteht auf seinem Terminus der „präödipalen Bindung an die Mutter", ohne auf den grundlegenden Definitionsunterschied zu Lampl-de-Groot hinzuweisen. In seiner Zusammenfassung jener Punkte, in denen er mit Jeanne Lampl-de-Groot übereinstimmt, spricht er explizit davon, wie „für die ganze Entwicklung die Formel geprägt" wird, „daß das Mädchen eine Phase des „negativen" Ödipuskomplexes durchmacht, ehe sie in den positiven eintreten kann" (Freud 1931, S. 535).

Freud sorgt jedoch für noch mehr Verwirrung. Auf der einen Seite stimmt er mit Lampl-de-Groot explizit darin überein, daß auch das kleine Mädchen all die Merkmale (Besetzung der Mutter in der phallischen Phase, Rivalität mit dem Vater usw.) aufweist, die er, fände man sie beim kleinen Jungen, ohne zu zögern als ödipal bezeichnen würde. Auf der anderen Seite spricht er dem Mädchen jegliche Form eines Ödipuskomplexes ab, der dem des Jungen voll und ganz vergleichbar wäre: "Unser Eindruck ist hier, daß unsere Aussagen über den Ödipuskomplex in voller Strenge nur für das männliche Kind passen ..." (Freud 1931, S. 278).

Was mag der Grund für Freud gewesen sein, Jeanne Lampl-de-Groots unzweideutige Ausführungen aus dem Jahr 1927 zu verwässern? Fürchtete er unbewußt den Raum, den Lampl-de-Groots Arbeit, zumindest in groben Zügen, eröffnete? Einen Raum, in dem die Tochter tatsächlich, durch das Zeigen genuin ödipaler Wünsche an die Mutter, die privilegierte sexuelle Position des Vaters (und des väterlichen Analytikers!) anfechten konnte; Wünsche, die der Vater weder als bloß symbiotisch abtun, noch auf eine sekundäre Identifikation mit ihm selbst zurückführen konnte, was ihm jene Sicherheit geben würde, daß er (und sein Geschlecht) nach wie vor Herr und Meister über die Beziehung zur Mutter sind.

Natürlich können wir Freud nicht einfach nur den Vorwurf der Homophobie machen; ganz im Gegenteil, er war ein geschickter Analytiker homosexueller Wünsche bei Männern. Wie jedoch die anhaltende, nicht nur in feministischen Kreisen geführte Diskussion um den berühmten Fall Dora und ihre mißglückte Analyse zeigt, hatte Freud Schwierigkeiten, homosexuelle Wünsche bei Frauen zu analysieren. Zwischen seinem Aufsatz zum Fall Dora und den Schriften zur weiblichen Sexualität im Jahre 1931 liegen etwa dreißig Jahre. Die Ambivalenz und Mehrdeutigkeit, die in beiden Texten enthalten sind, sobald er auf das Phänomen zu sprechen kommt, das Lampl-de-Groot als negativen weiblichen Ödipuskomplex bezeichnet, sind jedoch zu auffällig, als daß man von einem bloßen Zufall ausgehen könnte.

Die Antigone-Phase

Für feministische Psychoanalytikerinnen ist es notwendig, sich nicht von Freuds verwirrender Unterscheidung zwischen den präödipalen und ödipalen Beziehungen des kleinen Mädchens in die Irre leiten zu lassen. Diese Verwirrung entspringt Freuds Beharren auf der Bezeichnung „präödipal", um damit sowohl die „genuin" präödipale Phase einer symbiotischen Mutter-Tochter-Beziehung zu kennzeichnen, als auch das trianguläre Drama zwischen Tochter, der von ihr begehrten Mutter und dem als Rivalen gefürchteten Vater, eben jenen von Lampl-de-Groot so beschriebenen negativen Ödipuskomplex. Ich möchte an dieser Stelle noch einmal auf Lampl-de-Groots Konzept zurückkommen, dessen Integration in Freuds Arbeiten solche Probleme bereitete.

Wir können aus Lampl-de-Groots Konzept des „negativen weiblichen Ödipuskomplexes" nicht den logischen Schluß ziehen, wie Freud dies tat, daß das Mädchen länger präödipal gebunden bleibt als der Junge. Eher gilt es, einen gesonderten Entwicklungsabschnitt zu definieren, in dem die Tochter die Mutter als Liebesobjekt begehrt und der Vater als Rivale um diese Liebe als bedeutsamer Dritter in der Phantasie existiert. Wir haben es also mit einer spezifischen Phase in der Entwicklung des Mädchens zu tun, in der die präödipale Zweierbeziehung zwischen Mutter und Tochter dem triangulären Drama des („negativen") Ödipuskomplexes Platz gemacht hat. Lampl-de-Groots Konzept impliziert, daß die Tochter während der „negativen ödipalen Phase" die Mutter als getrennte und unabhängige Andere wahrnimmt - getrennt im bedrohlichen als auch anziehenden Sinn, da sie die Fähigkeit besitzt, als unabhängiges Subjekt zu handeln: als Person, die sich, unabhängig von ihrer Tochter, einem Sexualpartner zuwenden (der Tochter oder dem Vater) oder von einem solchen erwählt werden kann. Die Erfahrung töchterlicher ödipaler Rivalität mit dem Vater, wie sie Lampl-de-Groot beschreibt, ist ohne diese Vorbedingungen nicht denkbar.

Lampl-de-Groots theoretischer Ansatz logisch weitergedacht führt uns also zu einem eindeutig abgrenzbaren Entwicklungsabschnitt, den ich als Ausgangspunkt für mein Konzept der Antigone-Phase heranziehen möchte. Allerdings erliegen Lampl-de-Groots Ausführungen, wie die gesamte klassische Freudsche Psychoanalyse, dem, was zuweilen als phallische Illusion bezeichnet wird - ein Phänomen, das ich als Phallofetischismus beschreiben möchte. Mit meinem Konzept der Antigone-Phase beabsichtige ich jedoch, über diese Art fetischistischer Betrachtungsweise hinauszugehen. Im folgenden werde ich kurz auf das theoretische Konstrukt des Phallofetischismus eingehen und aufzeigen, inwieweit dieser den klassischen psychoanalytischen Entwurf zur Entstehung von Weiblichkeit, Lampl-de-Groots Ansatz eingeschlossen, verändert.

Phallofetischismus

Das Konstrukt des Phallofetischismus bezieht sich hier nicht auf Freuds Konzept des sexuellen Fetischismus, sondern ist der feministisch orientierten, dialektisch-materialistischen Rahmentheorie entliehen, die meine Kollegin Mette Bryld und ich entworfen haben, um daran die grundlegenden Strukturen des kapitalistischen Patriarchats aufzuzeigen (vgl. Bryld & Lykke, 1983) - und auf der basierend ich meine Neubewertung der Freudschen Weiblichkeitstheorie vornehmen möchte.

Ein methodologisches Schlüsselkonzept dieses theoretischen Entwurfs ist der patriarchale Fetischismus. Er stellt eine geläufige Bewußtseinsform in patriarchalen Gesellschaften dar und beschreibt, wie patriarchale Strukturen als naturgegeben (basierend auf der unterschiedlichen Natur von Frauen und Männern) betrachtet werden, anstatt sie als Produkte spezifischer, historisch gewordener und veränderbarer gesellschaftlicher Verhältnisse zu begreifen. Er bezieht sich darauf, wie patriarchale Strukturen zum Fetisch werden, d.h. mit universeller Macht und Gültigkeit ausgestattet werden, die sie in Wirklichkeit nicht besitzen, und beschreibt die Ursachen für diese Form des Bewußtseins: gesellschaftlich gewordene Strukturen (etwa die patriarchale Arbeitsteilung nach Geschlecht) haben den Anschein von Naturgegebenem.

Phallofetischismus ist eine von vielen Ausdrucksformen patriarchalen Fetischismus und meint als solcher die Fetischisierung des Penis als Phallus, d.h. als das Geschlechtsorgan bzw. Organ sexueller Eroberung und Potenz schlechthin.

Meinem dialektisch-materialistischen Konzept des Fetischismus folgend, betrachte ich den Phallofetischismus als ein Phänomen, das unter den gegebenen historischen Bedingungen materielle Realität besitzt; das kapitalistische Patriarchat schreibt dem Penis einen speziellen Wert zu und läßt ihn als Phallus erscheinen. Gleichzeitig jedoch hat der fetischistische Glaube an den Phallus etwas grundlegend Unwirkliches. Nirgendwo kann vom Penis als einer Verkörperung spezifisch männlicher Libido die Rede sein, etwas, das die Loslösung männlicher sexueller Energie, Potenz und Möglichkeiten, ein sexuelles Objekt zu besitzen, von weiblichen sexuellen Bestrebungen erlauben würde. In meiner Lesart der Psychoanalyse - und darin stimme ich mit Freud überein - gibt es nur eine Form der Libido, unabhängig vom Geschlecht.[5]

Unter dem Konstrukt des Phallofetischismus verstehe ich eine spezifisch historische, unwirkliche Realität, die an den Stellenwert des Penis in einer patriarchalen Gesellschaft geknüpft ist. Daraus ergibt sich die Notwendigkeit, die psychoanalytische Weiblichkeitstheorie von den fetischistischen Verzerrungen ihrer Konstrukte zu befreien; diese in ihrer unwirklichen Realität aufzudecken, anstatt sie in der Verkleidung allgemeingültiger Charakteristika menschlicher Entwicklung zu belassen. Erst dann lassen sich die unleugbaren Einsichten der klassischen Psychoanalyse und meine Neubewertung der psychosexuellen Entwicklung der Frau miteinander vereinbaren. Die klassische psychoanalytische Weiblichkeitstheorie, und hierunter fällt auch Lampl-de-Groots theoretischer Beitrag, ist hoffnungslos im Phallofetischismus gefangen - der Überzeugung, daß der historisch bedingte Stellenwert des Penis als Phallus eine natürliche und universelle Conditio humana sei.

Die Auflösung fetischistischer Verzerrungen richtet sich vor allem an Konzepte wie „Phallische Phase" oder „Kastrationskomplex", wie sie die klassische psychoanalytische Theorie, Lampl-de-Groot eingeschlossen, für die Entwicklung von Weiblichkeit vorsieht. Beide sind eng verbunden mit meinem Konzept der Antigone-Phase, wie ich es aus Lampl-de-Groots „negativem Ödipuskomplex" abgeleitet habe. Die phallische Phase stimmt mit Lampl-de-Groots negativem Ödipuskomplex überein. Der Kastrationskomplex ist jenes psychische Ereignis, das die phallische Phase und die Objektliebe des kleinen Mädchens zur Mutter - ihren negativen Ödipuskomplex - beendet. Aufgrund dieser engen Verknüpfungspunkte zum Konstrukt der Antigone-Phase möchte ich die Auflösung der fetischistischen Verzerrungen in den Konzepten der phallischen Phase und des Kastrationskomplexes kurz nachzeichnen.

Mit Erreichen des Kastrationskomplexes offenbart sich dem kleinen Mädchen die unwirkliche Realität des Phallofetischismus der patriachalen Gesellschaft. Sie erlebt ihren penislosen Körper als kastriert, dem Phallus, seiner sexuellen Macht und der Fähigkeit, ein sexuelles Objekt zu besitzen, beraubt. An dieser Stelle wird besonders deutlich, welche schwerwiegenden Folgen entstehen, betrachtet man die Produkte bestimmer soziohistorischer Verhältnisse als naturgegeben.

In der psychosexuellen Entwicklung nach Freud folgt der Kastrationskomplex auf die phallische Phase. Wenn wir jedoch das Phänomen des Kastrationskomplexes wie oben definiert verstehen, dann müssen wir die Phallizität der „phallischen Phase" logischerweise in Frage stellen. Wenn wir die Entwicklung des Mädchens prospektiv betrachten, so erfolgt nach Durchlaufen der sogenannten „phallischen Phase" das Kastrationstrauma, das im Sinne des Phallofetischismus verinnerlicht wird. Die „phallische Phase" des Mädchens kann somit als präfetischistischer Abschnitt betrachtet werden, was natürlich die Bezeichnung „phallisch" als widersprüchlich erscheinen läßt. Konsequenterweise sollte man von klitoral-genitaler Phase sprechen (beim kleinen Jungen entsprechend von penis-genitaler, nicht aber phallischer Phase). Unter diesen Voraussetzungen kann sich die Bezeichnung „phallische Phase" nur auf die retrospektive Betrachtungsweise beziehen, d.h. auf jenen Blickwinkel, von dem aus ein Erwachsener auf die vergangene Kindheit zurückblickt. Für den hier behandelten Zusammenhang bedeutet dies eine gültige Beschreibung unserer Erfahrungen in einer patriarchalen Gesellschaft. Eine erwachsene Frau, die auf ihre Kindheit zurückblickt, hat natürlich die Unwirklichkeit fetischistischer Realität auch als intrapsychische Realität in sich abgebildet. Das bedeutet, daß die ursprünglich klitoral-genitale Entwicklungsstufe nun phallischen Charakter annehmen wird, da sie mit einem Gefühl der Macht sowie der Fähigkeit, sexuelle Objekte zu besitzen - vom fetischistischen Standpunkt aus betrachtet, phallische Qualitäten - verbunden war.

So unwahrscheinlich es ist, daß das Mädchen phallische Körper-Imagines ausbildet, bevor sie sich über den Kastrationskomplex mit dem phallischen Diskurs einer patriarchalen Gesellschaft konfrontiert sieht, desto wahrscheinlicher ist es, daß danach in ihren Augen jede machtvolle körperliche Aktivität als phallisch zu gelten hat (ihre früheren Aktivitäten miteingeschlossen), da diesem Diskurs zufolge „phallisch" und „sexuell potent" unauflösbar miteinander verwoben sind.

Die Antigone-Phase entspricht somit in mancherlei Hinsicht Lampl-de-Groots negativem Ödipuskomplex - und stimmt in der Hauptsache mit dem überein, was sie und Freud die phallische Phase des kleinen Mädchens genannt haben, d.h. mit dem Entwicklungsabschnitt, der mit dem Kastrationskomplex seinen Abschluß findet.[6] Der hier vorliegende Kontext behandelt jedoch die beiden Konstrukte „phallische Phase" und „Kastrationskomplex" nicht als grundlegende Entwicklungsbedingungen, sondern als Produkte des sogenannten Phallofetischismus - die patriachale Transformierung des Penis zum Phallus.

Der Antigone-Mythos

Warum der Name Antigone für jenen Raum in der weiblichen Psyche, auf den Lampl-de-Groot aufmerksam machte - und den Freud in der Folgezeit sowohl verleugnete als auch auf reichlich vieldeutige Art und Weise bestätigte?

Der antike griechische Mythos berichtet von Antigone als der Tochter Ödipus' und Jokastes, dessen Mutter-Gattin. Nach Ödipus' Tod kämpfen Antigones Brüder, Eteokles und Polyneikes, um die Herrschaft über ihre Vaterstadt Theben. In einer großen Schlacht finden beide Brüder den Tod. Kreon, Jokastes Bruder, und neuer König von Theben, untersagt die Bestattung des Polyneikes. Er beschuldigt ihn des Hochverrats, da er die rechtmäßige Thronfolge seines Bruders Eteokles, der ihn zuvor aus der Stadt verbannt hatte, nicht anzuerkennen bereit war. Antigone jedoch bestattet Polyneikes. Sie wird von Kreon zum Tode verurteilt und soll bei lebendigem Leib eingemauert werden. Trotz Todesdrohung unterwirft sich Antigone nicht. Sie widersetzt sich Kreons Willen und Befehl bis zum Schluß, als sie sich, als letztes Zeichen ihres Widerstandes, in ihrem Grab erhängt, bevor die Erdmassen sie ersticken.

Was hat der antike Mythos der Antigone mit jener Phase zu tun, die das kleine Mädchen zwischen der präödipalen Bindung an die Mutter und ihrem passiven, heterosexuellen Ödipuskomplex durchläuft? In der klassischen Literatur zum Matriarchat (Bachofen 1861) gelten die mythischen Dramen der Antigone und ihres Vater-Bruders Ödipus als Beispiele für den Kampf, der zwischen väterlichem und mütterlichem Recht entbrannt ist, d.h. zwischen dem abstrakten, patriarchalen Gesetz des Vaters - vertreten durch Kreon und seiner *raison d'état* - und dem konkreten mütterlichen Gesetz, das auf dem Prinzip beruht, daß der Ursprung aus gleichem Schoß über allem anderen stehe. Dies ist der Grund, warum Antigone Polyneikes' Leichnam begräbt. Wie sie selbst, wurde auch er von Jokaste geboren.

Folgen wir diesem Interpretationsstrang, so ließe sich vermuten, daß das, was Antigone in Kreons Augen schuldig werden läßt, eine zu enge - mit anderen Worten inzestuöse - Bindung an den Schoß der Mutter ist. Antigones Vergehen ist somit den Verbrechen des Ödipus vergleichbar - seiner inzestuösen Eheschließung und seinem Vatermord. Da Kreons Gesetz das Gesetz des Vaters repräsentiert, kommt Antigones Mißachtung dieses väterlichen Gesetzes einem symbolischen Vatermord gleich. Sie bestattet Polyneikes und setzt sich somit über das väterliche Gesetz hinweg. Als hätte er es auf die „ödipalen" Themen im Verhalten seiner Nichte Antigone abgesehen, beschließt Kreon, das Gesetz des Vaters (wieder)herzustellen, indem er anordnet, Antigone lebendig begraben und somit durch die Mutter - Erde - ersticken zu lassen. Auf symbolischer Ebene macht er deutlich, daß eine zu enge oder inzestuöse Bindung an die Mutter verhängnisvolle Folgen hat und daß er es ist, der entscheidet, welches die angemessene Entfernung zum Schoß der Mutter ist. Daß sowohl Antigone als auch die Bewohner Thebens diese symbolischen Verknüpfungen in Sophokles' Drama verstehen, wird an Bildern wie „Brautgemach" oder „Brautstatt" deutlich, mit denen Antigones Grab belegt wird.

Antigones „Vergehen" und die Bestrafung, die sie dafür erfährt, stimmen also mit jenen Verbrechen überein, derer sich ihr Vater Ödipus schuldig gemacht hatte. Aus diesem Grund habe ich genau diesen Mythos als Metapher für den intrapsychischen Raum herangezogen, den Lampl-de-Groot als den negativen Ödipuskomplex des kleinen Mädchens beschreibt. Die Metapher selbst rüttelt somit an jenem theoretischen Glaubenssatz, den ich hier in Frage stellen möchte - dem Dogma, demzufolge das Mädchen länger auf einer präödipalen Stufe gebunden bleibt als der Junge. Ausgehend von Lampl-de-Groots negativem weiblichen Ödipuskomplex und der Offenlegung der darin enthaltenen phallofetischistischen Verzerrungen stelle ich die Behauptung auf, daß die psychosexuelle Entwicklung bei Mädchen und Jungen kongruent verläuft, bis es aufgrund des Kastrationskomplexes und seines patriarchalen Unterbaus zu einer Trennung der Psychosexualität der Geschlechter kommt.

Offene Zuschreibungen der Geschlechtsidentität

Aus der angenommenen Kongruenz in der frühen Entwicklung bei Mädchen und Jungen läßt sich schließen, daß das Mädchen - wenn sie das Reich der Präödipalität und die Zeit einer noch nicht festgelegten Geschlechtsidentität verläßt - nicht unmittelbar in eine Entwicklungsphase eintritt, die durch „Kastration" bestimmt und definiert wird, d.h. durch symbolisch festgeschriebene Attribuierungen der Geschlechtsidentität, die den männlichen Körper mit Phallizität, den weiblichen mit Kastration gleichsetzen.

Während der Antigone-Phase beginnt sich die symbolische Bedeutung der Geschlechterdifferenz in der Wahrnehmung des Mädchens zu manifestieren: Die symbiotische präödipale Beziehung zwischen Mutter und Tochter wird durch den „Dritten", den Vater - d.h. eine Person, die ein anderes Geschlecht repräsentiert - beendet. Solange sich das Mädchen jedoch nicht mit der phallofetischistischen Realität konfrontiert sieht und der Kastrationskomplex nicht auch zur intrapsychischen Repräsentanz geworden ist, gibt es keine symbolisch festgelegte Bedeutung der Geschlechterdifferenz. Die Bedeutungsträger - weiblicher und männlicher Körper und Genitalien - sind in der Wahrnehmung des Mädchens noch nicht mit den kulturell festgelegten Zuschreibungen, kastriert versus phallisch, belegt.

Abschließend möchte ich diese Perspektive der Antigone-Phase näher beleuchten, was mich zu meinem ursprünglichen Ausgangspunkt zurückführt: dem Märchen vom Rotkäppchen und seiner Schlüsselszene, dem berühmten Dialog zwischen Rotkäppchen und dem Wolf im Bett der Großmutter. Wir können diese Szene als einen Machkampf zwischen Bedeutungsträgern begreifen. Ein Kampf, dem sich all jene ausgesetzt sehen können, die in einer patriarchalen Kultur aufwachsen, und in dem es um die Frage geht, wessen Genitalorgane für Macht und Stärke stehen? Die der Mutter? Oder die des Vaters? Im Märchen werden wir Zeuge dieser Machtfrage, als die Märchenheldin und der Wolf einen Dialog darüber führen, ob Rotkäppchens gesuchtes und begehrtes Liebesobjekt, jene nicht eindeutig zu erkennende - sowohl weibliche als auch männliche - Person in Großmutters Bett, kleine oder große Organe hat. Ein Dialog, der, in einer auf phallofetischistischen Mythen basierende Gesellschaft, mit der symbolischen Institutionalisierung eines großen und sichtbaren Organs als dem Bedeutungsträger sexueller Macht und Stärke schlechthin enden muß.

Diese Auseinandersetzung steht, wie bereits erwähnt, als Metapher für das, was sich im triangulären Drama der Antigone-Phase abspielt. Das heißt jedoch nicht, daß wir es hier mit einem Drama zu tun haben, in dessen Verlauf es zu einer Unterdrückung des weiblichen Diskurses durch eine Mystifizierung des Phallischen und seiner intrapsychischen Festschreibung im Mädchen kommen muß. Meine These einer kongruenten psychosexuellen Entwicklung von Mädchen und Jungen bis zum Auftreten des Kastrationskomplexes, impliziert, daß die Bedeutungszuschreibungen, mit der weibliche und männliche Genitalien während der Antigone-Phase belegt werden, für eine Vielzahl unterschiedlicher Interpretationsmöglichkeiten offen sind. Meiner Ansicht nach ist es genau diese Offenheit des Interpretationsrahmens, und nicht eine inhärente Weiblichkeit, die unterdrückt wird.

Natürlich gibt es ein Element in der psychosexuellen Entwicklung der Geschlechter, das wir nicht im Licht der Kongruenz begreifen können, und das ist die unterschiedliche Form der Genitalien von Mädchen und Jungen. Soweit es jedoch um den Kern der Psychosexualität geht, halte ich diesen äußeren Unterschied für unwesentlich und stimme mit Freud überein, daß es nur eine Form der Libido gibt, unabhängig vom Geschlecht; d.h. eine Libido, die sich über eine Vielzahl verschiedener Körperzonen, prägenital als auch genital, weiblich wie männlich, Ausdruck zu verschaffen weiß - ohne dabei ihrem Wesen nach in eine „andere" Libido umgewandelt zu werden. Der formale Unterschied zwischen weiblichen und männlichen Genitalien erhält seine kulturelle Bedeutung und Wichtigkeit über den Diskurs der Gesellschaft, nicht aufgrund angeborener Wesensheiten.

Ein Hauptgrund, das Konzept der Antigone-Phase - in der symbolische Attribuierungen, die auf bestimmte Geschlechtsrollenerwartungen zurückgehen, noch nicht festgeschrieben, sondern offen und verhandelbar sind - in die Theorie einzuführen, liegt im besseren Verständnis der ursprünglich gegebenen Offenheit unserer Geschlechtsidentität und den intrapsychischen Spuren, die diese in uns hinterläßt. Diese Spuren erinnern uns an die Möglichkeiten unserer psychosexuellen Entwicklung: mit einer Vielzahl an möglichen Geschlechtsidentitäten zu spielen und so möglicherweise das gewaltsam unterbrochene Spiel zwischen Rotkäppchen und seiner wölfischen Großmutter neu zu beginnen.

Anmerkungen

1 Siehe Lykke, 1989.
2 Den ersten Schritt in Richtung Anerkennung der frühen Bindung der Tochter an die Mutter unternimmt Freud in seinem Aufsatz „Einige psychischen Folgen des anatomischen Geschlechtsunterschieds" aus dem Jahr 1925.
3 Die präödipale Phase bei Mädchen wurde zum Beispiel von französischen Feministinnen wie Luce Irigaray, Hélène Cixous und Julia Kristeva erforscht - den Begründerinnen heute weitverbreiteter und bekannter Ansätze zur sogenannten „écriture féminine", einem schwärmerisch-experimentellen Schreibstil von Frauen, der seinen Ausgangspunkt in der präödipalen Mutter-Tochter Beziehung nimmt. Daneben sind die einflußreichen theoretischen Arbeiten der amerikanischen Soziologin Nancy Chodorow zu nennen, in denen sie vor allem unterstreicht, wie die präödipale Beziehung jede Weiterentwicklung des Mädchens so tiefgreifend beeinflußt, daß sie normalerweise, unter patriarchalen Bedingungen, niemals in der Lage sein wird, sich aus der präödipalen Symbiose mit der Mutter vollständig zu lösen und ein autonomes Selbst zu entwickeln, um mit anderen auf nicht-symbiotische Art und Weise in Beziehung zu treten.
4 Vgl. Freud, 1905, sowie die Diskussion des Falles „Dora" in Bernheimer und Kahane, 1985, und in Cixous und Clément, 1986.

5 Vgl. „Es gibt nur eine Libido, die in den Dienst der männlichen und weiblichen Sexualfunkti-
on gestellt wird. Wir können ihr selbst kein Geschlecht geben; " (Freud 1933, S. 141)
6 Siehe Lykke, 1989. In diesem Buch zeige ich auf, daß die Antigone-Phase in zwei Subphasen
unterteilt werden kann: eine aktive und eine passive. Sie werden aufgespalten durch das, was
ich als „Kastrationstrauma" bezeichnet habe, d.h. jenen Teil des Kastrationskomplexes, in
dessen Verlauf das kleine Mädchen die symbolische Transformierung ihres eigenen Körpers
infolge phallofetischistischer Mystifizierung wahrnimmt. Diese erste Kastrationserfahrung
beendet jedoch diese Phase nicht. Im klassischen Ansatz psychoanalytischer Weiblichkeitstheorie folgt auf dieses erste traumatische Ereignis eine zweite Stufe des Kastrationskomplexes: die „Entdeckung" der „kastrierten" Mutter. Anders ausgedrückt: die Umwandlung ihrer
Mutter-Imago in Übereinstimmung mit den historischen Gesetzen des Phallofetischismus,
demzufolge der weibliche Körper dem Zustand der „Kastration" gleichgesetzt wird. Diese
Unterteilung des Kastrationskomplexes in zwei getrennte traumatische Ereignisse macht es
notwendig, auch die Antigone-Phase in zwei Stufen zu unterteilen. Auf der einen Seite ist
dieser Entwicklungsabschnitt nicht durchlaufen, solange der Kastrationskomplex sich nicht
vollständig manifestiert hat und das Mädchen den eigenen Körper und den der Mutter wahrnimmt. Auf der anderen Seite hat die hier einsetzende Festschreibung der Wahrnehmung des
Mädchens in den patriarchalisch-fetischistischen Diskurs, der den eigenen Körper als
„kastriert" definiert, bedeutsame Folgen für ihre Psychosexualität und Wahrnehmung, nicht
nur des eigenen Körpers, sondern auch der äußeren Welt, den Körper der Mutter miteingeschlossen. Im zweiten Abschnitt der Antigone-Phase kann es zu einer Transformierung der
Mutter-Imago des Mädchens kommen. Während es sich im ersten Abschnitt um eine klitorale
und mächtige Mutterrepräsentanz handelt, ist diese im zweiten Abschnitt zwar immer noch
mächtig, nun aber phallisch.

Literatur

Bachofen, J. J. (1861): Das Mutterrecht. Frankfurt am Main (Suhrkamp) 1975.
Bernheimer, Ch. und C. Kahane (Hg.) (1985): In Dora's case. New York (Columbia Univ.
Press).
Bryld, M. und N. Lykke (1983): Towards a feminist science: on science and patriarchy. In: A.
Ravn, B. Slim und E. Langtved Larson (Hg.): Capitalism and patriarchy. Aalborg (Aalborg
Univ. Press).
Cixous, H. und C. Clément (1986): The newly born woman. Minnesota (Univ. of Minnesota
Press).
Freud, S. (1905): Bruchstück einer Hysterie-Analyse. G. W. V.
- (1925): Einige psychische Folgen des anatomischen Geschlechtsunterschieds. G. W. XIV.
- (1931): Über die weibliche Sexualität. G. W. XIV.
- (1933): Die Weiblichkeit. Neue Folge der Vorlesungen zur Einführung in die Psychoanalyse,
33. Vorlesung. G. W. XV.
Mack Brunswick, R. (1940): The pre-Oedipal phase of the libido development. Psychoanalytic
Quarterly, 9, 293-319.
Lampl-de-Groot, J. (1927): Zur Entwicklungsgeschichte des Ödipuskomplexes der Frau. Int Z
Psychoanal 13.
Lykke, N. (1989): Rotkäppchen und Ödipus. Wien (Passagen Verlag).
Lykke, N. (1992): Til doden os skiller. Et fragment af den feministiske Freud-receptions histo-
rie (Till death do us part. A fragment of the feminist reception of Freud). Odense (Odense
Univ. Press).

Töchterliche Lebensentwürfe

„Später, wenn ich groß bin, werde ich Papa - dann haben wir auch einen
Vater im Haus." (Hannah, vier Jahre)

Ruth de Kanter

Am Anfang der Entwicklung des Mädchen zum eigenständigen Subjekt steht die
frühe Mutter-Tochter-Beziehung. Individuation und Separation von der liebevoll-
versorgenden, aber auch mächtigen Beziehung zur Mutter gelten als notwendige
Schritte dieses Entwicklungsprozesses. Der physischen Geburt, gleichsam die
physische Trennung von Mutter und Tochter, folgt die psychische Geburt Jahre
und Jahrzehnte später. Im folgenden möchte ich aufzeigen, daß die zentrale Entwicklungsaufgabe der Tochter darin besteht, die Mutter als Frau/Mutter in ihrer
Eigenständigkeit anzuerkennen. Genauso muß die Mutter ihrerseits die Tochter
als eigenständige Person bzw. als „Frau-in-Entwicklung" anzuerkennen in der
Lage sein. Dieser Entwicklungsprozeß von Müttern und Töchtern soll anhand
von vier verschiedenen Aspekten diskutiert werden.

Als erstes möchte ich mich der Entwicklung der Geschlechtsidentität zuwenden. Anhand des Beispiels der Tochter einer lesbischen Mutter soll das Zusammenspiel lesbischer Familienbeziehungen sowie die Art und Weise illustriert
werden, wie eine Tochter zu einer Bestimmung ihrer eigenen Identität gelangt
und sich dabei heterosexueller Symbole aus dem vorherrschenden Sprachge-
brauch bedient und sie als Zeichen situationsgebundener Entwicklung der Geschlechtsidentität einsetzt. Daran anschließend werde ich die Frage aufwerfen, ob
die frühe, für gewöhnlich als dual betrachtete Mutter-Tochter-Beziehung nicht
schon von Geburt an triangulär aufzufassen ist. Die duale Beziehung - so
meine These - ist immer in den Kontext einer Mutter/Frau-Kind-Beziehung eingebettet. Im weiteren werde ich aufzeigen, daß Individuation und Separation von
Mutter und Tochter die Differenzierung der Mutter/Frau auf drei unterschiedlichen Ebenen manifest werden lassen. Das bedeutet, daß auch der Einfluß des sozialen Kontextes sowie Individuation und Separation selbst auf diesen drei Ebe-

nen zum Tragen kommen. Ich gehe davon aus, daß es sich hierbei um einen lebenslangen Entwicklungszyklus handelt. Als letzten Aspekt werde ich die besondere Bedeutung der Aggression als notwendigen Bestandteil für die Ausformung kontextgebundener weiblicher Identität beleuchten.

Die Entwicklung der Geschlechtsidentität der Tochter einer lesbischen Mutter

Ich betrachte Geschlechtsidentität als die Vorstellung, ein Mädchen/eine Frau oder ein Junge/Mann zu sein, verbunden mit den ensprechenden psychosozialen Konnotationen. Diese Betrachtungsweise geht über die Bedeutung von Geschlechtsidentität als dem bloßen subjektiven Bewußtsein, ein Mann oder eine Frau zu sein, hinaus.

Geschlechtsidentität verändert sich nicht nur in der individuellen Entwicklung, sondern auch in Abhängigkeit von unterschiedlichen sozialen Kontexten. Wenn etwa meine vierjährige Tochter erklärt: „Ruth, später, wenn ich groß bin, werde ich Papa, dann haben wir auch einen Vater im Haus", so belegt sie Geschlechtsidentität mit einer sozialen und psychologischen Bedeutung, die dem Rahmen heterosexueller Begrifflichkeiten entliehen ist. In ihrer Phantasie füllt sie die Lücke des fehlenden Unterschieds: Sie wird eine Andere werden als die Mutter. In ihrer Phantasie wird sie zu dem, was offensichtlich fehlt: einem Vater/Mann im Haus als dem „anderen" Elternteil, der sich von ihrer lesbischen Mutter und Mather[1] unterscheidet. Sie weiß, daß die meisten, wenn auch nicht alle Kinder Vater und Mutter zu Hause haben, und bedient sich in ihrer Phantasie dieser sozialen Realität und schafft somit eine Familienkonstellation, in der sie eine bedeutsame Rolle einnehmen kann. Ihre Phantasien zu diesem bestimmten Zeitpunkt betreffen eine Subjektstellung, die sich von der Position der Mutter unterscheidet, ihr aber gleichwertig ist. Sie konstruiert nicht nur ihre eigene Identität, sondern auch jene der leiblichen und sozialen Mutter. Zuweilen kommt der sozialen Mutter die Aufgabe zu, die Lücke zu füllen, und die Tochter macht sie zum „Papa". Ist aber die leibliche Mutter abwesend, wird Mather zur „Mama". Sie stellt sich und ihre Eltern in die heterosexuelle Sprache einer Kernfamilie und deren Beziehungen, da Bezeichnungen für die Stellung der Mitglieder in lesbischen Familien fehlen. Anhand sprachlicher Lösungen versucht sie, den unterschiedlichen Status der Familienmitglieder zu differenzieren. Zur Unterscheidung zwischen „Mama" und „Mutter" gelangte sie, um die leibliche Mutter von der sozialen abzugrenzen. Auf semiotischer Ebene ist es „Mama", auf symbolischer „Mutter" (Kristeva 1975, S. 142). Hannah verändert ihre Stellung innerhalb der Familienstruktur, sie wechselt ihre Identitäten und ist mal Vater, mal Mutter oder aber kleines Kind. Sie bedient sich akzeptierter sozialer Kategorien, trennt und stellt Einheiten her zwischen

Mutter und Kind, zwischen Vater und Mutter oder zwischen Mutter und Vater und Kind. Das Auffüllen der Lücke zwischen ihr und ihrer Mutter führt sie zum Spiel mit Identitäten. Ist sie wütend, wird die soziale Mutter zur „schlechten Mutter". Oder aber Mather ist die „gute Mutter" und Mama die „schlechte Mutter", wenn letztere ärgerlich ist oder nicht die gewünschte Aufmerksamkeit gewährt. In diesem zyklischen Prozeß der Subjektwerdung stellt sich die Tochter in den sozialen Kontext einer lesbischen Familie und bedient sich dabei bedeutsamer Anderer oder weist diese zurück. Sie entwickelt Vorstellungen ihrer selbst, wer sie ist und wer sie sein wird als Tochter lesbischer Mütter. Sie ist eine „Frau-in-Entwicklung", die sich beständig verändert, aber doch dieselbe Hannah bleibt.

Ist die Mutter-Kind-Beziehung dual oder triangulär?

Ein Beispiel für die Dekontextualisierung der Mutter-Tochter-Beziehung ist die Art und Weise, wie die Stellung der Mutter als Frau in den meisten theoretischen Arbeiten vernachlässigt wird. Ich möchte die Behauptung aufstellen, daß das Dritte Prinzip nicht außerhalb des Körpers, der Gefühle oder Gedanken der Mutter liegt, sondern im Frau-Sein der Mutter selbst zu suchen sein könnte. Die Freudsche oder Lacansche Theorie scheint jedoch nur Mütter zu kennen. Zwischen Mutter und Frau wird nicht unterschieden; nur die Mutter ist Teil der Symbolischen Ordnung. Für die Mutter ist das Kind der Phallus, das Lustobjekt; für das Kind wiederum ist die Mutter der Phallus. Der Phallus, als väterliche Metapher, vernachlässigt den Status als Frau. Es ist offenkundig, daß in der Theorie Lacans kein Platz ist für die Frau als Subjekt. Der Ausspruch „la femme n´existe pas" illustriert dies (Lacan 1966). Das Dritte Prinzip wird repräsentiert durch den „Vater" oder das „Gesetz des Vaters". Die Funktion des Vaters liegt in der Befreiung von Mutter und Kind und ihrer allumfassenden Liebe. Somit wird eine subjekthafte Stellung (für das männliche Kind) möglich.

Aus einem Interview mit einer Frau über ihre Erfahrungen der frühen Mutterschaft:

Während der Schwangerschaft hatte ich niemals das Gefühl, daß das Kind, das da in mir heranwuchs, ein Teil meiner selbst war. Ich habe den Fötus immer als etwas von mir Getrenntes erlebt; er gehörte nicht zu meinem eigenen Körper, obwohl mein Bauch offensichtlich größer wurde. Das, was da in mir war, war immer eine andere Person.

Diese Frau berichtet aus dem Blickwinkel der persönlich Betroffenen von ihrer Schwangerschaft als einer Erfahrung gespalter Einheit - im Gegensatz zum Körper der Frau als einem Ganzen, wie ihn Außenstehende wahrnehmen. Die Frage, ob Mutter und Kind eine dyadische oder trianguläre Beziehung haben, bezieht sich auf diesen Dualismus zwischen der Perspektive des erlebenden weiblichen Selbst und dem überwiegend männlich bestimmten Blick Außenstehender.

Wir müssen uns die Frage stellen, wer dieser Andere ist, der Außenstehende, der auf den schwangeren und stillenden Körper einer Frau blickt? Nicht nur männliche und weibliche Wissenschaftler betrachten als Außenstehende die Mutter-Kind-Beziehung von unterschiedlichen Blickwinkeln aus; auch Mütter und Töchter als persönlich Betroffene unterscheiden sich in ihren „Ansichten". Positionswechsel sind einfach; eine Mutter war immer selbst auch Tochter und kann die Beziehung von beiden Seiten aus betrachten. Da eine Mutter immer vom Standpunkt jener aus gesehen wird, die Ansprüche an sie stellen (Wright 1989, S. 145), ist es wichtig aufzudecken, welcher Blickwinkel die theoretische Arbeit von Wissenschaftlern, ob männlich oder weiblich, zum Thema „Mutterschaft" bestimmt. Als feministische Wissenschaftlerinnen ist es unsere Aufgabe, wissenschaftliche Theorien von ihrer männlichen Blickrichtung zu befreien und die Position des Frau-Seins als einem Dritten Prinzip in der Mutter-Kind-Beziehung zu unterstreichen und somit die Theorie der Mutter-Kind-Beziehung in einen angemessenen Kontext zu stellen. Die Frau kann heterosexuell oder lesbisch, verheiratet oder ledig, schwarz oder weiß, erwerbstätig oder nicht sein. Ihre Stellung als Frau setzt die Mutter in den Bereich des Symbolischen. Wenn wir anerkennen, daß eine Mutter niemals vollständig mit ihrem Kind verschmolzen ist, kann ihr Frau-Sein das Dyadische der Beziehung in ein Trianguläres verwandeln.

Im hier illustrierten Beispiel kontexualisiert die Tochter eines lesbischen Paares die Mutter-Tochter-Beziehung, indem sie den Begriff des Vaters als Unterscheidungsmarke heranzieht, selbst wenn es keinen Vater im Haus gibt. Meinem Verständnis nach bezieht sich das Wort „Vater" nicht notwendigerweise auf eine lebende oder reale Person innerhalb der Familie, sondern gibt Aufschluß darüber, wie sich das kleine Mädchen zu sprachlichen Zeichen in Beziehung setzt. Sie benützt die Sprache wie sie in Familienbeziehungen vorherrscht. An einem bestimmten Punkt ihrer Entwicklung identifiziert sie sich mit dem Symbol des Vaters, nicht nur, um sich selbst von ihren beiden Müttern abzugrenzen, sondern auch, um die beiden Frauen/Mütter voneinander zu unterscheiden. Der Gebrauch dieses Symbols ist reizvoll, da es mit Bedeutungen von Macht und Schutz belegt ist. Es erscheint mir einleuchtend, daß sich alle Kinder dieses Symbols bedienen, um sich innerhalb ihres gesellschaftlichen Umfeldes Platz und Achtung zu verschaffen. Hannnah löst somit die Dyade mit Hilfe symbolischer Sprache gängiger Familienmuster auf.

Lacanscher Tradition folgend, führt Kristeva die Idee der „Frau-Wirklichkeit" (woman-effect) ein, eine besondere Beziehung zu Macht und Sprache. Für Kristeva hat die Identität der Frau zwei Seiten - die „Frau-Wirklichkeit" und die

Mutter-Funktion. Wenn die Tochter während ihrer Entwicklung zur Heterosexualität für immer aus dem Reich der Mutter verbannt wird, könnte man dies als Kastration auffassen (Kristeva 1975, S. 149). Kristeva bezieht sich auf ein männliches Symbol, um die Mutter-Kind-Beziehung zu durchbrechen. Gleichzeitig stellt sie jedoch die Behauptung auf, daß die archaische Beziehung zur Mutter während der präödipalen Phase eine kreative und revolutionäre Kraft ist, die nicht unterdrückt oder zum Schweigen gebracht werden darf. In dieser imaginären Beziehung zu der archaischen Mutter existiert kein Unterschied zwischen Bedürfnissen, Fragen und Begehren; es gibt kein Drittes Prinzip (Kristeva 1975).

In unserem Fall wird das kleine Mädchen nicht nur durch die Intervention von Sprache und Kultur aus dem Reich der Mutter verbannt, sondern auch durch das Eingreifen einer sozialen Realität, in der Kernfamilien dominieren. Das muß jedoch nicht bedeuten, daß sie gleichzeitig das Reich der Frauen verlassen muß, denn die andere, die soziale Mutter, wird nicht zum Schweigen gebracht oder unterdrückt. Die andere Frau und deren Weiblichkeit sind weiterhin als wichtige psychische Positionen präsent, auf die sich das Mädchen beziehen kann. Selbst wenn Kastration Verbannung aus dem Reich der Mutter bedeutet, das Reich der Frauen bleibt unversehrt. Das Mädchen hat die Möglichkeit, sich an die andere Frau um Bestätigung ihrer weiblichen Identität zu wenden. Die Folge davon wäre, daß Töchter lesbischer Mütter in der Entwicklung ihrer weiblichen Identität nicht von der Bestätigung durch den Vater abhängig wären. Die Tochter phantasiert sich nicht nur als zukünftiger Vater, sondern auch als Schwangere. Auf diese Art und Weise verbindet sie Mutter und Vater in sich und stellt sich selbst sowohl in den lesbischen als auch heterosexuellen Kontext familiärer Bindungen.

Im objektbeziehungstheoretischen Ansatz Nancy Chodorows leitet die Mutter den Differenzierungsprozeß zwischen sich und ihrem männlichen Kind ein und setzt via Primäridentifikation die Primärobjektbeziehung mit ihrer Tochter fort. In der Beziehung zu ihrer Tochter erlebt sich die Mutter wieder als Tochter. Durch einfühlsames Eingehen auf die Bedürfnisse ihres Kindes scheint die Mutter in der Lage, auf ihre frühere Position als Baby/kleines Mädchen zu „regredieren" (Chodorow 1978). Ich verstehe Chodorow dahingehend, daß es nicht die Mutter, sondern das Frau-Sein der Mutter ist, durch das Differenzierungsprozesse eingeleitet oder vernachlässigt werden, ob in Beziehung zu ihrem Sohn oder ihrer Tochter. Ist nicht die (Kon)Fusion in der Geschlechtsidentität zwischen Mutter und Tochter auf patriarchale Konstrukte zurückzuführen, in denen die Mutter die Frau verschlingt?

In unserem Fall existiert zwischen Mutter und Tochter ein beständiges Wechselspiel zwischen Einssein und Abgrenzung, das von beiden Seiten gleichermaßen ausgeht. Die Gleiche und doch eine Andere zu sein, schafft einen Zustand ständiger Spannung zwischen Einssein und Autonomie. Für Mutter und Tochter bedeutet dieser kontinuierliche Wechsel, Raum für Weiterentwicklung entstehen zu lassen. Obwohl beide „Frauen-in-Entwicklung" sind, herrscht in ihrer Beziehung zueinander keine Gleichheit; Mutter und Tochter gehören unterschiedlichen Generationen an und sind unterschiedlichen soziohistorischen Entwicklungen und Veränderungen unterworfen. Die Tochter entdeckt die Wirklichkeit der äußeren Realität über die Frau in der Mutter.

Im Gegensatz zur idealisierten und unabgegrenzten Mutter-Tochter-Beziehung als dem Prototyp einer harmonischen Verbindung zwischen den beiden ist die Beziehung der Mutter zu ihrem Baby zu allen Zeiten in der täglichen Pflege und Erziehung äußeren Einflüssen ausgesetzt. Wie oben beschrieben, ist die Mutter in Wirklichkeit niemals in einer dyadischen Beziehung zu ihrem Kind, ob Junge oder Mädchen, gefangen. Selbst wenn sie den Wunsch oder die Illusion hätte, „eins" mit ihrem Baby zu sein, der soziale Kontext wird immer in die intime Welt ihrer Gedanken, Gefühle und Phantasien eindringen. Neben ihrem bloßen Frau-Sein sorgt somit auch der internalisierte soziale Kontext, sei er bewußt oder unbewußt, für Distanz in der sogenannten Mutter-Kind-Dyade. Die Normen und Erwartungen der äußeren Welt sowie wissenschaftliche Erkenntnisse aus Pädagogik und Psychologie in bezug auf das „Muttern" beeinflussen immer die Beziehung zwischen Mutter und Tochter (Urwin 1985). Um ein Leben als erwachsene Frau zu führen, muß die imaginäre Mutter Eingang finden in die äußere Realität und die symbolische Welt der Sprache und Kultur. Nach Walkerdine können Mutter und Tochter nicht außerhalb der Grenzen der sozialen Welt existieren. Diese Welt lenkt die Aufmerksamkeit der Mutter immer von der Tochter weg (Walkerdine 1989, S. 158).

Meine Schlußfolgerung ist, daß sowohl das Frau-Sein der Mutter als auch der soziale Kontext Faktoren sind, die zur Trennung zwischen Mutter und Frau beitragen und die Mutter-Kind-Beziehung eher zu einer triangulären als dyadischen Beziehung machen. Vom Blickwinkel Betroffener aus betrachtet, ist Mutter-Sein nur ein - wenn auch manchmal zentraler - Aspekt in der Identität einer Frau. Es ist die männlich geprägte Phantasie des Außenstehenden sowie die feministische Illusion von Bezogenheit, Empathie und engen Verschmolzenseins als weibliche Charakteristika, die für das Konstrukt einer Dualunion und engen harmonischen Beziehung zwischen Mutter und Kind verantwortlich sind. Dieser Vorstellung einer Dualität in der Mutter-Kind-Beziehung liegt der Wunsch von Männern und Frauen zugrunde, ins Paradies zurückzukehren; sie verdammt Frauen zu ewigem Muttern.

Drei Ebenen der Separation und Individuation

Wenn sich Töchter als „Frauen-in-Entwicklung" mit Problemen von Macht und Liebe in der äußeren Welt konfrontiert sehen, werden ihre Erfahrungen mit ihren eigenen Müttern oftmals reaktiviert. Alte Ängste, die Liebe der Mutter oder die eigene Autonomie oder beides zu verlieren, tauchen wieder auf. Wenn wir davon ausgehen, daß allen Kinder die physische und psychische Trennung und Individuation von der Mutter als erstem Liebesobjekt gelingen muß, so stellen sich uns zwei Fragen. Auf welchen verschiedenen Ebenen muß es zu einer Trennung vom Objekt „Mutter" kommen, und was repräsentiert dieses Objekt „Mutter"?

Kinder müssen sich auf drei Ebenen von der „Mutter" als ihrem Liebesobjekt trennen. Dieser Entwicklungsprozeß setzt mit dem Moment der Geburt ein und dauert ein ganzes Leben lang: Trennung von der realen Mutter, Trennung von ihren Repräsentationen und Trennung von der Mutter als Symbol.

Trennung von der Mutter als Person bezieht sich auf die konkrete Präsenz der lebenden Mutter. Jede Tochter identifiziert sich mit der Person ihrer Mutter und muß sich, um zur Frau zu werden, von dieser Person abgrenzen. Manchen Frauen gelingt es nie, sich ausreichend von ihren Müttern zu trennen, sie entwickeln keine eigene Identität und sind somit nicht in der Lage, zwischen ihren eigenen Gefühlen und denen ihrer Mutter zu unterscheiden. Ein Mangel an Individualität wird somit zum psychischen Hauptproblem für diese Frauen.

Ablösung von den mütterlichen Positionen bezieht sich auf Walkerdines Frage, wie Mütter die äußere Realität im allgemeinen und die äußere Realität ihres eigenen Frau-Seins - Realitäten, in die Mädchen hineinwachsen müssen - repräsentieren (Walkerdine 1989, S. 158). Als Frau vertritt die Mutter Einstellungen und Positionen in verschiedenen Strukturen: Die Mutter als Frau ist im

- wirtschaftlichen Kontext - erwerbstätig oder nicht;
- ethnischen Kontext - der eigenen ethnischen Zugehörigkeit mehr oder weniger bewußt und mehr oder weniger mit ihr identifiziert;
- sexuellen Kontext - in hetero- und/oder homosexuelle Beziehungen eingebunden;
- emotionalen Kontext - mehr oder weniger un-/abhängig von oder verbunden mit anderen;
- kognitiven Kontext - mehr oder weniger in der Lage, ihren eigenen Standpunkt zu vertreten oder sich eigene Gedanken zu machen;
- im Verhaltenskontext - mehr oder weniger selbstbestimmt.

Manchen Töchtern gelingt es nie, sich ausreichend von den Einstellungen ihrer Mütter zu trennen, so daß sich ihre soziale Identität niemals von denen ihrer Mütter unterscheidet. Ablösung von der Mutter als Symbol bezieht sich auf die Distanzierung vom Symbol der Liebe und der Macht. Töchter müssen lernen, sich von der imaginären Vorstellung eines hilflosen Kindes und der einer allmächtigen Mutter zu verabschieden. Sie müssen akzeptieren lernen, daß Mutters Spiegelbild das einer Frau ist; um selbst Frau zu werden, muß sich die Tochter von der perfekten, phantasierten Beziehung mit ihrer Mutter trennen.

Gelingt es Töchtern, sich von der realen Mutter, ihrer sozialen Identität und dem mütterlichen Symbol zu trennen, können sie ihre Mutter als Frau mit eigenen Lebensentwürfen anerkennen, die sich in ihrer Subjekthaftigkeit und Geschlechtsidentität von der eigenen Weiblichkeit und Geschlechtsidentität unterscheidet. Das bedeutet, daß Töchter in der Lage sind, die „Mutter" als solche in einen angemessenen soziohistorischen, sexuellen, ethnischen, wirtschaftlichen und politischen Kontext ihres Lebenszyklus zu stellen. Um zu einem Gefühl eigener Subjekthaftigkeit und weiblicher Identität zu gelangen, müssen sie die Subjekthaftigkeit der Person anerkennen, die sie geboren hat. Wie bereits erwähnt, bedeutet das Erreichen der Subjekthaftigkeit die Anerkennung des sozialen Kontextes des „Frau-Seins in der Mutter" als Drittem Prinzip, das zwischen Mutter und Tochter ein trianguläres Beziehungsgefüge herstellt. Wir müssen das Gesetz der Mutter, das heißt die Differenz zwischen Mutter und Frau akzeptieren und anerkennen. Nur dann gelingt es uns, nicht die Mutter für jene Machtstrukturen verantwortlich zu machen, in denen Mutterschaft organisiert ist.

Eine Ablösung von der Mutter auf diesen drei Ebenen kann vier unterschiedliche Richtungen nehmen:

- die Tochter fürchtet, die Liebe der Mutter/Frau zu verlieren, hat jedoch ein Gefühl relativer Autonomie als Person oder in ihrer sozialen Identität;
- die Tochter fürchtet, nicht autonom zu werden, bewahrt sich jedoch das Gefühl, von der Mutter /Frau emotional versorgt zu werden;
- die Tochter fürchtet sowohl den Liebesverlust als auch das Gefühl, keine persönliche oder soziale Identität zu erlangen;
- die Tochter bewahrt ein Gefühl des emotionalen Versorgtwerdens und entwickelt gleichzeitig einen Zustand relativer Autonomie.

Diese Konflikte zwischen dem Wissen, von der Mutter/Frau emotional versorgt zu werden, und einem Gefühl relativer Autonomie entstehen immer dann, wenn sich eine „Frau-in-Entwicklung" mit dem Problem der Macht bzw. Machtlosigkeit konfrontiert sieht. Der Unterschied zwischen dem Status als Erwachsene und dem eines Kindes besteht jedoch darin, daß die Tochter als kleines Mädchen die Mutter nicht als eigenständiges Wesen mit Einfluß oder machtlos in der äußeren Welt wahrzunehmen vermag.

Ich möchte die Behauptung aufstellen, daß Kinder lesbischer Mütter möglicherweise leichter zwischen Mutter und Frau zu unterscheiden vermögen als Kinder, die in heterosexuellen Familien mit nur „einer" Mutter aufwachsen. Sie können Mutter und Frau voneinander unterscheiden, ohne die Mutter entweder als versorgendes Objekt oder Liebesobjekt zu verlieren. Versorgerin und sexuelles Liebesobjekt werden nicht gespalten. Ist die „Mutter" abwesend, kann die andere Frau zur Mutter werden und versorgende und/oder liebende Funktionen übernehmen, oder aber beide Frauen repräsentieren die äußere Realität.

Aggression als notwendiges Element von Separation und Individuation in der Mutter-Kind-Beziehung

Ablösung von der Mutter als Liebesobjekt ist oft von existentieller Angst und Aggression begleitet. Während Melanie Klein von der Aggression als einem Trieb ausgeht, der allen Kindern innewohnt, und ihn als psychische Folge der Loslösung aus der machtvollen Liebes-/Haßbeziehung zur Mutter ansieht (Klein 1957), betrachte ich sie nicht als Folge von, sondern als notwendige Bedingung für Separation und Individuation, wobei sie auf alle drei Ebenen der Ablösung gerichtet ist - auf Person, Status und Symbol der Mutter. Nach Klein projizieren alle Kinder aggressive Gefühle auf das mütterliche Objekt, um mit ihrer eigenen Aggression fertig zu werden. Sie glauben, die Mutter sei böse auf sie und spalten das mütterliche Objekt in eine gute und eine schlechte Mutter.

Aggression ist aber auch mit der Ambivalenz dessen verknüpft, was das „Objekt" Mutter repräsentiert - Liebe und Schutz ebenso wie Macht und Kontrolle (Dinnerstein 1976; Walkerdine 1989; Sayers 1991). Die Mutter steht für die schmutzige Göttin, Ursprung und Zerstörung der kindlichen Existenz in einem. Im prärationalen Selbstgefühl des Kindes ist die Mutter das undifferenzierte „Es". Sie ist noch kein „Du", weil es noch kein „Ich" gibt. Die Furcht, dieses „Es" zu verlieren, ruft Todesangst hervor (Dinnerstein 1976, S. 131). Aggression könnte diesen Schmerz und diese existentielle Angst abwehren.

Darüber hinaus üben Mütter durch liebevolle Zuwendung und Pflege ihrer Kinder eine regulierende Funktion aus. Nicht nur ein Zuviel oder Zuwenig an Fürsorge, auch die ganz normale Zuwendung ist immer auch ein disziplinärer Akt, da er meist dem Willen der Mutter unterliegt. Diese Disziplinierung durch die mütterliche Fürsorge könnte nur allzu leicht mit dem Wunsch des kleinen Mädchens kollidieren, die innere und äußere Welt von Müttern und Frauen zu begreifen. Töchter üben auch auf ihre Mütter, wenn auch auf andere Art und Weise - etwa durch Aggression -, eine regulierende Funktion aus. Somit könnte die Tochter auf die Verknüpfung mütterlicher Fürsorge und Disziplinierung mit Aggression reagieren.

Die Objektbeziehungstheorie betrachtet Aggression in der Mutter-Kind-Beziehung als eine Folge der Frustration durch die Mutter. Als wichtigstes Objekt zur Bedürfnisbefriedigung wahrgenommen, fehlt es der Mutter an ausreichendem Einfühlungsvermögen, und sie frustriert ihre Tochter in deren Bedürfnis nach Liebe und Schutz. Die Mütter wiederum, selbst zu kurz gekommen, beneiden ihre Töchter um dieses Mehr an Zuwendung oder Unabhängigkeit, auf das sie verzichten mußten, und stoßen deshalb ihre kleine Tochter schneller aus dem Nest als den kleinen Jungen. Das Mädchen will auf ihre Stellung als kleines Baby/kleines Mädchen nicht verzichten, die Mutter aber besteht darauf. Die Folge davon ist, daß sich die Mutter-Tochter-Beziehung durch ein höheres Maß an Aggression auszeichnet.

Ich bin der Meinung, daß Aggression auch dann entsteht, wenn die Phantasie der Tochter einer andauernden harmonischen Beziehung zur Mutter, in der diese als der einzig sichere, nährende und schützende Ort wahrgenommen wird, enttäuscht wird. Aggression in der Mutter-Tochter-Beziehung könnte aber auch als unbewußter Widerstand gegen die ambivalente weibliche Imago betrachtet werden: die Macht der Mutter im Gegensatz zur Machtlosigkeit der „Frau" in der Mutter. Somit könnten entweder Mutter oder Tochter oder beide zusammen für die Aggression in ihrer Beziehung verantwortlich gemacht werden.

Im Gegensatz zur Interpretation von Aggression als Trieb oder Reaktion auf mütterliche Frustration möchte ich die Notwendigkeit von Aggression als Bestandteil des Entwicklungsprozesses von Separation und Individuation sowohl für Mutter als auch Tochter unterstreichen, in dem beide den Unterschied zwischen einer Tochter/"Frau-in-Entwicklung" und einer Mutter/eigenständigen Frau anerkennen. Aggression, Schmerz, Kränkung, Wut und Trauer sind die zentralen Aspekte dieses Verlustes der Illusion, für immer verbunden zu sein. In der von Liebe und Macht bestimmten Beziehung zwischen Mutter und Tochter kämpfen beide um die Anerkennung ihrer eigenen Subjekthaftigkeit. Die eine als das Spiegelbild der jeweils anderen kann zu jenem „Ich" werden, daß gleichzeitig erstrebt und abgelehnt wird. Ein ständiger Kampf zwischen Gleichsein und Anderssein bestimmt die Mutter-Tochter-Beziehung. Negative Gefühle sind notwendige Bestandteile dieser Entwicklung zu Weiblichkeit und Subjekthaftigkeit bei Mutter und Tochter. Oftmals werden diese heftigen Affekte gegen das wichtigste Liebesobjekt gerichtet: die Mutter oder ihr Spiegelbild. Je stärker die Tochter Subjekthaftigkeit verleugnet, um anders und nicht wie Mutter zu werden, und je heftiger die Mutter als Frau ihre eigene Abhängigkeit erlebt und ihre Tochter zur Bestätigung der eigenen Weiblichkeit braucht, desto stärker kann die Aggression in der Beziehung zwischen Mutter und Tochter werden. So wie ich weibliche Entwicklung verstehe, herrscht dort zwischen Mutter und Tochter ein ständiger Kampf um Macht und Liebe. Eine nur harmonische Beziehung ohne Kampf und Auseinandersetzung wäre der Tod der Subjekthaftigkeit von Mutter oder Tochter oder beiden. Meines Erachtens sind unterschiedliche Ausdrucksarten von Aggression strukturelle Elemente im Auf und Ab der Mutter-Tochter-Beziehung.

Aggression ist Vorbedingung, um ein Subjekt mit eigenem Begehren zu werden. Über die Angst vor Liebesverlust sowie über Aggression als Abwehr gegen ein Nicht-Anerkanntwerden als individuelle Person mit dem Recht, mit der äußeren Welt in Beziehung zu treten, rebellieren Töchter gegen die symbolische Liebe, Macht und regulierende Praktiken ihrer Mütter. Töchter kämpfen nicht nur um die Anerkennung ihrer eigenen Subjekthaftigkeit, sondern weigern sich gleichzeitig, die Subjekthaftigkeit ihrer Mütter anzuerkennen. Die Entwicklungsaufgabe, die „Frau in der Mutter" anzuerkennen, geht Hand in Hand mit Angst und Aggression als Abwehr gegen diese Angst.

Zusammenfassung

Wenn die Tochter Eigenständigkeit erlangen will, kann sie nicht das Spiegelbild ihrer Mutter sein. Der soziale Kontext ist immer manifest und wirkt als trennende Kraft. Er ist das Dritte Prinzip, das sowohl Töchter als auch Mütter als „Frauen-in-Entwicklung" einbindet. Um ein eigenes, subjektives Begehren zu entwickeln, müssen sich Töchter vom „Objekt" Mutter auf drei verschiedenen Ebenen lösen - der Mutter als realer Person, als Status und als Symbol. Aggression ist ein notwendiger Bestandteil im Prozeß, eigene Subjekthaftigkeit zu erlangen.

Anmerkungen

1 Mit „Mather" bezeichne ich die soziale Mutter in lesbischen Familien. Der Ausdruck ist etymologisch geknüpft an „mother", madre (ital.), mater (lat.), unterscheidet sich aber von „Mutter" (mother) und „Vater" (father).

Literatur

Chodorow, N. (1978): Das Erbe der Mütter. Psychoanalyse und Soziologie der Geschlechter. München (Frauenoffensive) 1985.

Dinnerstein, D. (1976): Das Arrangement der Geschlechter. Stuttgart (Deutsche Verlagsanstalt).

Klein, M. (1957): Neid und Dankbarkeit. In: Das Seelenleben des Kleinkindes und andere Beiträge zur Psychoanalyse. Stuttgart (Klett-Cotta) 1962.

Kristeva, J. (1975): Une femme. Les cahiers du GRIF, 7, 22-7.

Lacan, J. (1966): Ecrits I. Paris (Edition du Seuil).

Sayers, J. (1991): Beyond mothering psychoanalysis: power, fantasy and illusion. Vortrag, gehalten auf der Konferenz „Mothering and daughtering" der Universität Utrecht, September 1991.

Urwin, C. (1985): Constructing mother: the persuasion of normal develolpment. In: C. Steedman, C. Urwin und V. Walkerdine (Hg.): Language, gender and childhood. London (Routledge & Kegan Paul).

Walkerdine, V. (1989): Growing up the hard way. In: V. Walkerdine und H. Lucey (Hg.): Democracy in the kitchen. London (Virago Press).

Wright, E. (1989): Thoroughly postmodern feminist criticism. In: T. Brennan (Hg.): Between feminism and psychoanalysis. London (Routledge).

Adoleszente Töchter über ihre Mütter

Mieke de Waal

Qualitative Sozialforschung über adoleszente Töchter kommt an den Müttern nicht vorbei. Im buchstäblichen Sinn, denn erst die Anstandsvisite bei den Müttern ermöglicht das Gespräch mit der Tochter. Im übertragenen Sinn, denn die Mutter ist eine der wichtigsten Personen in der Erfahrungswelt der Adoleszenten. Auf meine Bitte, die Namen der Personen ihrer unmittelbaren Umgebung in konzentrischen Kreisen, die für den jeweiligen Grad an Intimität standen, zu plazieren, fand sich Mutter immer an erster oder zweiter Stelle. Gleichwohl haben mir meine Gespräche und Beobachtungen gezeigt, wie hochgradig ambivalent diese Beziehung zur Mutter in der Regel ist. Themen wie Sich-Verlieben und Freundschaft, Körperlichkeit und Sexualität, Ausgeschlossensein und Dazugehören wurden in Gegenwart der Mütter nur widerwillig diskutiert. Leidenschaftlich wurde das Bestreben von Müttern (und Vätern) beklagt, die töchterliche Freiheit einzuschränken, sobald sie zuviel wußten.

In diesem Aufsatz werde ich die Beziehung zwischen Töchtern und ihren Müttern beschreiben, wie sie sich mir in ausführlichen und wiederholten Gesprächen mit insgesamt fünfzig Mädchen über einen Zeitraum von drei Jahren darstellte.[1] Ihre Berichte und meine Beobachtungen sollen auf dem Hintergrund dessen interpretiert werden, was Abram de Swaan (1988; 1989) als den Übergang vom sogenannten „Befehlshaushalt" zum „Verhandlungshaushalt" bezeichnet hat. Ich habe aus dieser Studie dahingehend den Schluß gezogen, daß es für Mädchen in der Adoleszenz nicht leichter geworden ist, eine eigene Identität zu entwickeln und sich von ihren Müttern zu trennen, selbst wenn das Gegenteil der Fall zu sein scheint.

Veränderte Machtverhältnisse in den Familien

Die Beziehung zwischen Müttern und Töchtern kann nicht losgelöst vom breiteren sozialen Kontext, der sie prägt, betrachtet werden. De Swaan (1988) hat in seinen Analysen dargelegt, welche Veränderungen in den Gesellschaftssystemen Nordeuropas während der letzten hundert Jahre stattgefunden haben. Er zeigt, wie die Beziehungen in verschiedenen Bereichen des sozialen Lebens gleichberechtigter wurden. Dies trifft zu auf die Beziehungen zwischen Arbeitgebern und Arbeitnehmern, Männern und Frauen, Alten und Jungen. Veränderte Machtverhältnisse bedeuten den Übergang von „Befehl" zu „Verhandlung", um in de Swaans Terminologie zu bleiben. Obwohl sich die Beziehungen zwischen Menschen weniger nach Schichtzugehörigkeit definieren, ist der Prozeß, in dem diese Beziehungen gestaltet werden, strenger reguliert. Lag die Betonung früher auf sozialer Kontrolle durch andere, ist es heute der Anspruch der Selbstkontrolle, der erfüllt werden muß.

Auch die Beziehungen innerhalb der Familie haben an hierarchischer Strukturierung verloren. Das trifft als erstes auf die Beziehung zwischen Vater und Mutter zu. Vaters Wille ist nicht länger Gesetz, und Mutter muß nicht bei ihrem Mann bleiben, wenn sie nicht will. Obwohl Eltern nach wie vor primäre Autorität über ihre Kinder haben, sind diese in ihrer Beziehung zu den Eltern nicht mehr machtlos. Viele Eltern ziehen Auseinandersetzung und Aushandeln dem Erteilen von Befehlen vor. Auch wenn Kinder ihren Eltern noch immer vorwerfen, unangemessene Anforderungen zu stellen, so verfügen sie heute über mehr Möglichkeiten, durch speziell für sie eingerichtete Institutionen und Organisationen, auch ohne ihre Eltern zurechtzukommen.

Veränderte Familienstrukturen und -verhältnisse sind also mitverantwortlich für den Übergang vom „Befehl" zur „Verhandlung", während dieser Übergang wiederum an die veränderten Machtverhältnisse sowie stärkere Emotionalisierung und Individualisierung innerhalb der Familien geknüpft ist. Wie Brinkgreve und de Regt (1990, S. 331) beobachten:

Emotionalisierung heißt, daß die Beziehungen unter den Familienmitgliedern in immer stärkerem und ausschließlicherem Maße als emotionale Beziehungen definiert werden und auch nur innerhalb dieses Rahmens ihre Gültigkeit besitzen. Wenn ein oder mehrere Familienmitglieder diese Bindungen nicht mehr als emotional befriedigend erleben, verlieren diese ihre Daseinsberechtigung, und Auflösung der Bindungen ist die natürliche Folge. In diesem Sinne führt Emotionalisierung zu Individualisierung; nur Beziehungen, die von allen Beteiligten als „gut" wahrgenommen werden und individuelle Wünsche und Bedürfnisse erfüllen, bleiben intakt.

Nach Meinung der beiden Soziologen üben Emotionalisierung und Individualisierung von Familienbeziehungen einen großen Einfluß auf Kinder aus. Kinder werden auf der einen Seite unsicherer; jeder Streit schwört das Gespenst der Scheidung oder Auflösung der Familie herauf. Auf der anderen Seite glauben sie, daß die Tatsache, daß Familienbande nicht unauflösbar sind, auch Vorteile mit sich bringt. Kinder erkennen also schon von früh an, daß verschiedene Optionen möglich sind, sogar für sie.

Jede Mutter ist anders

Die Mitglieder moderner Familien haben heute mehr Möglichkeitsraum als früher, um die eigene Rolle als Mutter, Vater, Tochter, Sohn usw. für sich persönlich zu definieren. Manche Mütter verfolgen starke berufliche Ambitionen, andere widmen sich ganz der Familie, wieder andere verbinden Familie und Beruf. Es gibt zahlreiche alleinerziehende Mütter neben solchen, die sich die Erziehung der Kinder mit ihren Partnern teilen.

Von den Müttern meiner jugendlichen Gesprächspartnerinnen war nur eine Minderheit berufstätig. Fast alle waren geschieden, eine war verwitwet. Von den verheirateten Müttern arbeiteten drei auf dem bäuerlichen Familienanwesen, eine handelte privat mit second-hand Kleidern. Viele der verheirateten Frauen waren jedoch ehrenamtlich tätig. Obwohl die Töchter geschiedener Mütter diese oft für deren akademische und berufliche Leistungen bewunderten, so hofften sie doch, erstaunlicherweise, daß ihnen dieses Schicksal nicht beschert würde. Die Tatsache, daß diese Mütter berufstätig waren, war eine Folge ihres enttäuschenden Liebeslebens. In der Altersgruppe, die ich befragte (zwölf bis sechzehn Jahre) schienen fast alle Mädchen der Ansicht, eine gute Ausbildung sei wie eine Lebensversicherung: Es sei wichtig, eine solche abzuschließen in der Hoffnung, sie nie in Anspruch nehmen zu müssen.

Ein Viertel der von mir Befragten wurde von nur einem Elternteil aufgezogen. Trotz der Trauer über den fehlenden Elternteil waren jedoch alle der Meinung, daß es nicht nur schlecht sei, bei nur einem Elternteil aufzuwachsen. Dafür wurden verschiedene Gründe angegeben.

Erstens, wenn Mutter und Vater zusammenleben, dann führen sie Erwachsenengespräche, und es gibt einen großen Unterschied zwischen dem, was für Kinderohren bestimmt ist, und dem, was Kinder nicht hören sollen. Ein alleinerziehender Elternteil, der nicht jeden Tag einen anderen Erwachsenen als vertraute Bezugsperson zur Hand hat, steht für gewöhnlich eher auf gleicher Ebene mit seinen Kindern. Im negativen Fall kippt dieses Gleichgewicht, und die Tochter muß die Rolle eines Elternteils übernehmen.

Zweitens, Mädchen, die allein mit ihrer Mutter aufwachsen, genießen häufig mehr Freiheiten als Kinder, die mit beiden Eltern leben. Dafür gibt es nach Meinung der von mir befragten Mädchen genügend Gründe: Vätern fällt es schwerer als Müttern, ihre Töchter gehen zu lassen; alleinerziehende Mütter haben nicht so viele Möglichkeiten, ihre Kinder zu kontrollieren, wie Mutter und Vater gemeinsam; alleinerziehende Mütter neigen dazu, den Verlust des anderen Elternteils zu kompensieren, indem sie etwa infolge ihrer Berufstätigkeit und Abwesenheit von zu Hause mehr Freiheiten gewähren. „Wenn deine Eltern geschieden sind oder einer von ihnen tot ist, dann denken die sofort: `Mein Gott, die armen Kinder, ich muß ihnen ganz viel geben und darf sie ja nicht einschränken.´“, so eine meiner Interviewpartnerinnen.

Ein dritter und letzter Unterschied, der genannt wurde, sind die „Gebietsaufteilungen“ in klassischen Familien, die es in dieser Form in Haushalten mit nur einem Elternteil nicht gibt. Mädchen, die mit Vater und Mutter aufwachsen, sprechen mit ihren Vätern eher über „geschäftliche“ Angelegenheiten - Schule, Pflichten und Regeln zu Hause, Zukunftspläne. Der „Gefühlsbereich“ wird von den Müttern abgedeckt - sich verlieben, Probleme mit Freunden, Unsicherheiten, körperliche Dinge, Intimes über andere.

Unterschiede zwischen den einzelnen Müttern manifestieren sich nicht nur daran, ob diese berufstätig sind oder nicht oder wie sie ihre Beziehungen leben und gestalten. Unterschiede sind auch an die „Mutterrolle“ geknüpft, die jede Mutter für sich übernimmt. Die eine mag sich für eine autoritäre Haltung entscheiden, eine andere sieht sich eher als „Freundin“ ihrer Tochter. So wie es nicht „die“ Mutter gibt, gibt es nicht „die“ Tochter. Manche Töchter setzen sich mutig den Konflikten und Kämpfen mit ihren mächtigen Müttern aus, andere schlucken alles, was Mutter sagt. Manche betrachten ihre Mütter als ihre beste Freundin und wollen mit ihr so viel Zeit wie möglich verbringen, während andere wiederum die Haltung ihrer Mütter, alles wissen und verstehen zu wollen, kaum ertragen. Mütter müssen ihre Mutterrolle dem anpassen, wie ihre Töchter auf sie als Mütter reagieren.

Einige meiner Interviewpartnerinnen hatten eine freundliche, aber relativ unpersönliche Beziehung zu ihren Müttern. Anneke etwa hatte nur selten eine ernsthafte Auseinandersetzung mit ihrer Mutter; das lag zum Teil daran, daß sie Angst vor ihren ablehnenden Gefühle ihren Schwestern gegenüber hatte. Ebenso wenig wurden andere Dinge, die sie beschäftigten - der erste BH oder die erste Menstruation -, in der Beziehung zu ihrer Mutter zum Thema gemacht, sondern ihrer besten Freundin vorbehalten. In anderen Mutter-Tochter-Beziehungen hingegen waren Körper und Köperlichkeit durchaus Thema. Diese Mädchen gaben an, über alles mit ihren Müttern reden zu können, außer über Jungen. Schließlich gab es die Gruppe von Mädchen, die zwischen sich und ihren Müttern keinen Unterschied wahrzunehmen vermochten. Auch äußerlich waren sie das jüngere Abziehbild ihrer Mütter. „Meine Mutter und ich, wir sind gleich. Wir denken das gleiche, wir mögen die gleichen Sachen. Wir haben den gleichen Charakter und verstehen uns ohne Worte. Ich kann ihr alles sagen, und sie versteht alles" (Zitat aus einem Interview).

Die von mir interviewten Mädchen hatten für sich noch nicht entschieden, welcher Typ von Mutter denn nun der beste sei - die eher Reservierte, die Autoritäre oder die „Freundin". Es gefiel ihnen, über die reservierteren Mütter zu schimpfen, weil die „nichts verstehen" und „idiotische Regeln aufstellen". Der Vorteil einer solchen Mutter ist jedoch, daß man lernt, sich zu wehren. Die Vorteile einer „Freundin" als Mutter liegen ganz woanders - Kleidertausch, gemeinsame Einkaufsbummel, über alles reden können. Mutter und Tochter genießen diese Gemeinsamkeit jedoch nur solange sie beide „genau gleich" bleiben. Trifft eine Tochter die Entscheidung, etwas anderes zu wollen, werden diese Mädchen auf Probleme stoßen.

Jede Mutter ist anders, und jede Mutter-Tochter-Beziehung ist anders. Trotz aller Unterschiede scheint es jedoch viele Parallelen zu geben, wie Mütter und Töchter miteinander auskommen. Im folgenden möchte ich auf diese gemeinsamen Muster näher eingehen.

Beschränkungen töchterlicher Lebenswelten

Individualisierung und wachsende Vielfalt möglicher Familienbeziehungen könnten implizieren, daß es kaum noch möglich ist, die eigene Familie mit anderen zu vergleichen. Dem ist jedoch nicht so. Obwohl Verhaltensregeln heute weniger strikt festgelegt sind und mehr Möglichkeiten im Umgang miteinander offen lassen, bedeutet dies noch nicht, daß nur die eigene Vorstellung gelebt wird. Alle von mir interviewten Mädchen hatten mit denselben Einschränkungen zu kämpfen. Wenn auch die Erwartungen und Ansprüche der Eltern an ihre Töchter oft im dunkeln blieben, so bestand weitaus mehr Klarheit darüber, was erlaubt war zu tun und was nicht.

In einem Punkt waren sich alle befragten Mädchen einig: Mädchen hatten weitaus weniger Freiraum als Jungen. Der Grund: Mädchen mußten mehr beschützt werden als Jungen. Eltern haben verschiedene Strategien, ihre Töchter vor Übergriffen jeglicher Art oder übler Nachrede zu schützen (Fox 1977). An erster Stelle steht die rigorose Beschneidung der Bewegungsfreiheit. Diese Beschränkung kann durch passende Schutzmaßnahmen aufgehoben werden. Eine entsprechende Begleitperson erhöht die Bewegungsfreiheit. Folgende vier Bereiche sind von elterlicher Grenzsetzung hauptsächlich betroffen:

Geographische Einschränkungen: Mädchen dürfen sich nicht überall aufhalten. Das gilt für bestimmte Viertel, öffentliche Plätze, große Einkaufszentren in der Stadt, wo sich Cliquen von mehr oder weniger delinquenten Jugendlichen treffen.

Sich an diesen Orten aufzuhalten ist Mädchen nur in Begleitung einer vertrauenswürdigen Person erlaubt.

Zeitliche Einschränkungen: Mädchen haben nur zu bestimmten Zeiten am Tag Zugang zur äußeren Welt. Nach Einbruch der Dunkelheit das Haus zu verlassen ist nur in Begleitung eines Erwachsenen, eines großen Bruders oder später des von den Eltern akzeptierten Freundes erlaubt. In Limitierungen dieser Art sind bestimmte Erfahrungen eingeschlossen, die zu bestimmten, aber unterschiedlichen Zeitpunkten, d.h. in unterschiedlichem Alter, gemacht werden. Mädchen sollten nicht alles auf einmal und sofort erleben und erfahren; manche Dinge sollten sie sich für später aufheben.

Die Beschneidung bestimmter Aktivitäten: Manche Interessen gelten noch immer als eher für Jungen geeignet; Rauchen oder Alkohol bleiben Erwachsenen vorbehalten.

Die Beschneidung sozialer Kontakte: Ein Mädchen, das etwas auf sich hält, gibt sich nicht mit jedem ab; in der Gegenwart von Jungen sollte sie sich bescheiden benehmen - man weiß ja nie, sie könnten ja nur das „Eine" wollen. Aber Eltern sind nicht sexistisch - eine bestimmte Gattung Mädchen ist ebenfalls tabu; „Aufreißerinnen" könnten einen schlechten Einfluß haben und würden in jedem Fall dem Ruf der Tochter schaden. Außerdem sollten Mädchen nicht mit Leuten ausgehen, die etwas älter sind und nicht aus dem Bekanntenkreis der Eltern stammen.

Mütter: Überredungskunst statt Zwang

In der traditionellen Geschlechterteilung, die in den Elternhäusern der Mütter meiner Interviewpartnerinnen die Regel war, waren die Mütter die primären Sozialisationsagentinnen. Väter, wenn überhaupt anwesend, hielten sich eher im Hintergrund und wurden nur im Falle von Konflikten zwischen Mutter und Tochter aktiv. Es war also Aufgabe der Mutter, ihre Tochter davon zu überzeugen, sich mit nur einer Hälfte des Kuchens zufriedenzugeben. Wie taten sie das?

Der Übergang von externer Kontrolle zur Selbstkontrolle, dessen historischen Bezug de Swaan (1988) und andere untersucht haben, läßt sich auch in der Kindererziehung beobachten. In immer stärkerem Maße appellieren Mütter an das Gefühl ihrer Kinder für Eigenverantwortung. Sie erwarten nicht mehr, daß Kinder alle strengen, von oben verordneten Vorschriften anstandslos befolgen, sondern wollen, daß ihr Sohn oder ihre Tochter versteht, warum sie bestimmte Dinge tun, andere jedoch lassen sollten. Dieser neue Ansatz soll Mädchen ermutigen, Normen zu internalisieren und einen sozialen Charakter zu entwickeln, der sie dazu führt, das zu wollen und zu tun, was von ihnen erwartet wird. Sind Selbstkontrolle und normative Restriktion erfolgreich[2], werden oben beschriebene Schutz- und Beschränkungsmodi weitgehend überflüssig.

Mütter bedienen sich unterschiedlicher Strategien, bestimmte Einstellungen bei ihren Töchtern zu fördern. Erstens, Argumentation und Rationalisierung: Sie machen ihre Töchter zu Verbündeten ihrer Motive (ob real oder nicht), um bestimmte Regeln aufzustellen. Somit unterstreichen sie ihre guten Absichten und ihren Altruismus; „Es ist zu deinem Besten". Zweitens, sie führen sich selbst als Beispiel an. Episoden aus ihrer eigenen Jugend sollen darüber aufklären, wie sie selbst in bestimmten Situationen reagieren würden. Auf die Frage, wie sie wisse, was ihre Eltern von ihr erwarten, antwortet Alice: „Ich weiß nicht ... Meine Mutter erzählt mir eine Geschichte aus ihrer Jugend und was sie damals gedacht hat ... und dann denke ich: `Aha, das will sie also.`"

Drittens, andere werden als Vorbild bzw. abschreckendes Beispiel[3] herangezogen. Schließlich werden bestimmte Aktivitäten und Kontakte gefördert bzw. unterbunden. Mütter kontrollieren hier eine einflußreiche Quelle - das Geld. Sie bezahlen für dies, aber nicht für jenes. Ist die normative Restriktion erfolgreich, existieren in der Wahrnehmung der Tochter keine Unterschiede zwischen der Art und Weise, wie ihre Eltern sie erziehen, und ihren eigenen Wünschen; sie hat die Normen ihrer Eltern internalisiert. Hören wir noch einmal Alice:

„Also, die Sachen, von denen meine Eltern nicht so begeistert sind und von denen sie nicht wollen, das ich sie mache, also, die interessieren mich auch selber gar nicht so, Bier trinken, mit einem Jungen rummachen, rauchen, bis spät in der Disco rumhängen ... Ich mache viel Sport und viele andere Sachen, und ich bin auch beschäftigt, ich muß ja auch Hausaufgaben machen."

Schlagen diese Strategien fehl, versuchen Mütter für gewöhnlich, an die Pflichtgefühle ihrer Töchter zu appellieren und sie dadurch umzustimmen. „Ich bin nicht böse, aber enttäuscht", lautet dann die Botschaft. Alle von mir interviewten Mädchen empfanden diese Reaktion als sehr viel schlimmer, als einfach nur mit der Wut ihrer Mütter konfrontiert zu werden. Ein Streit kann ein reinigendes Gewitter sein, Enttäuschung hingegen scheint für die liebevolle Beziehung zueinander eine sehr viel größere Bedrohung darzustellen. Das Wissen, Mutter enttäuscht zu haben, ist oft schon ausreichend, Töchter verstummen zu lassen. „Es ist mir überhaupt nicht egal, was meine Mutter denkt. Ich hasse es, sie zu enttäuschen, da fühle ich mich schrecklich". Enttäuscht eine Tochter ihre Mutter wiederholte Male, kann diese zu immer schärferen Zivilisierungs- und Erziehungsmaßnahmen greifen: Hausarrest, Taschengeldentzug, mehr Haushaltspflichten, Hausaufgabenaufsicht, Schulwechsel.

Mütter heranwachsender Mädchen richten ein besonderes Augenmerk auf die beste Freundin ihrer Tochter. Ist sie Verbündete oder Rivalin? Der Zustimmung zur Freundschaft mit ihr geht die eingehende Inaugenscheinnahme voraus. Wird sie für gut befunden, kann die Tochter den Kontakt zu ihr intensivieren, was im besten Fall zu ihrer Integration in den Familienkreis führt. Sie darf zum Essen und über Nacht bleiben, nennt die Eltern eventuell „Onkel" und „Tante", verbringt die Ferien mit der Familie. Auf diese Weise werden potentielle Probleme umgangen. Entsprechen bestimmte Freundinnen nicht den elterlichen Anforderungen, sorgen manche Mütter dafür, daß weiterer Kontakt unterbleibt oder verbieten ihn: Anrufe der Freundin werden nicht ausgerichtet; ist sie zu Besuch, wird sie unfreundlich behandelt; sie darf nicht mit der Familie essen oder über Nacht bleiben; die Tochter darf sich nicht lange bei ihr zu Hause aufhalten.

Töchter: Manipulation statt Konflikt

Solange das Wollen der Töchter mit den Vorstellungen ihrer Mütter genau übereinstimmt, gibt es keine Probleme. Probleme treten dann auf, wenn Töchter den Versuch unternehmen, mehr Bewegungsfreiheit zu erlangen als erlaubt ist. Eine Szene zu machen ist nach Meinung der meisten meiner Interviewpartnerinnen der falsche Weg und führt nur selten zum gewünschten Ziel. Effektiver ist es, sich solcher Methoden zu bedienen, die der elterlichen Erziehungspolitik entsprechen.

Mädchen in der Adoleszenz tauschen häufig Freiheiten außer Haus gegen mehr Entfaltungsmöglichkeiten zu Hause ein. Sichtbarer Beweis dieser Freiheit ist das nach ihrem ganz persönlichen Geschmack eingerichtete Zimmer. Aber nicht nur das eigene Zimmer, auch das Zimmer der besten Freundin gilt als sicherer Ort. Töchter umgehen oft elterliche Einschränkungen in den Zimmern ihrer besten Freundin: rauchen, Alkohol, erste sexuelle Kontakte.

Eine weitere Möglichkeit, elterlicher Autorität - etwa in Form allzu neugieriger mütterlicher Nachforschungen - zu entkommen, sind erfundene Geschichten Halbwahrheiten. Ereignisse werden absichtlich „vernebelt" oder an entscheidender Stelle „zensiert", um Nachfragen seitens der Eltern zu vermeiden. Patricia: „Nein, es ist nicht richtig lügen ... du mußt einfach ein bißchen aufpassen"; Marjan: „Daß ich bei Monica war, weiß meine Mutter, das stimmt auch. Daß noch zwei Jungs da waren, weiß sie nicht."

Eine dritte Möglichkeit ist das, was ich als sogenannte „Übersetzung" bezeichnen möchte. In diesem Fall bedienen sich Töchter der Technik ihrer Mütter. Sie manipulieren ihre Mütter auf die gleiche Art und Weise, wie sie von diesen manipuliert wurden (Riesman 1974). So wie Mütter das altbekannte „Zu deinem Besten" einführen, präsentieren Töchter nun ihr eigenes Verhalten als etwas, das Mütter unmöglich ablehnen können. Der Wunsch nach einem bestimmten, aber teurem Kleidungsstück wird Müttern mit dem Argument „verkauft", daß die Tochter an der Familienfeier nun wenigstens anständig angezogen ist. Geld für ein Pop-Konzert wird unter dem Vorwand kultureller Weiterbildung ergattert. Schulbus statt Fahrrad ist deshalb besser, weil so wertvolle Energie zum Lernen gespart wird.

All diese Strategien, wenn möglich von der besten Freundin mitgetragen, schaffen die Illusion, sich den elterlichen Wünschen anzupassen, während in Wirklichkeit das eigene Leben mit Gleichaltrigen gelebt wird. „Wenn du´s nicht vor ihren Augen machen kannst, dann mußt du´s eben hinter ihrem Rücken tun", so die aussagekräftige Quintessenz eines der interviewten Mädchen.

Zusammenfassung: Wie die Mutter, so die Tochter?

Für Mütter von Töchtern ist die Zeit der Pubertät eine Phase, in der sich beide, Mutter und Tochter, in kürzester Zeit sehr viel näher zu kommen scheinen. Dies konfrontiert Mütter mit ihren eigenen Wünschen und Problemen als Frau. Menstruation, Sexualität, Ideale - Themen, mit denen sich auch die Mutter auseinanderzusetzen hat. Für manche Mütter scheinen bestimmte Unterschiede zwischen sich und ihren Töchtern fast zu verschwinden. Häufig wollen Mütter, nun da die Kinder groß sind, wieder arbeiten oder sich beruflich umorientieren. Viele suchen nach einer Scheidung oder gescheiterten Beziehungen noch einmal ihr Glück in der Liebe. Und beide durchkämmen sie die gleichen Kleiderständer. Es überrascht nicht, daß zahlreiche Mütter und Töchter heute das Gefühl haben, daß eine gleichberechtigte Beziehung selbstverständlicher ist als die Beziehung zur traditionell allwissenden Mutter.

Und doch sind beide nie „genau gleich". Eine heranwachsende Tochter zu haben konfrontiert viele Mütter heute mit den zahlreichen fehlenden Möglichkeiten ihrer eigenen Jugend. Töchter erhalten eine höhere Schulbildung, ein Weg, der vielen Müttern nie offenstand. Töchter können sich für „männliche" Berufe entscheiden, während die Wahl der Mütter in den meisten Fällen auf „Frauenberufe" beschränkt war. Sexuelle Revolution und Verhütung ermöglichen es Töchtern, mit Liebe und Sexualität auf eine Art und Weise zu experimentieren, die für ihre Mütter unvorstellbar gewesen wäre. Eine Beziehung einzugehen bedeutet für Töchter heute, sich Aufgaben und Pflichten innerhalb und außerhalb des Hauses mit einem Partner zu teilen und nicht mehr ein Leben lang an Haus und Kinder gefesselt zu sein.

Während manche Mütter von den scheinbar unbegrenzten Freiheiten, derer sich ihre Töchter erfreuen, wie geblendet sind, sind andere ernsthaft in Sorge. Manche der Mütter haben für die Rechte und Möglichkeiten, die Mädchen heute haben, gekämpft; sie haben aber auch die Erfahrung machen müssen, wie rar gesät die tatsächlichen Möglichkeiten sind, sich als Frau frei zu entscheiden. In ihrem Bemühen, die beste beider Welten zu vereinen, fanden sie sich letztlich mit der doppelten Bürde belastet wieder.

„Moderne" Mütter präsentieren sich immer häufiger als Freundin ihrer Tochter - als gleichberechtigte Partnerin, die nie wütend oder enttäuscht ist. Und doch sie sind sehr besorgt darüber, was ihre Töchter tun oder lassen. Es scheint, daß in der Praxis alle Arten von Beschränkungen und Verhaltensregeln auf Mädchen angewendet werden, die sich in vielerlei Hinsicht von den entsprechenden Verhaltensregeln für Jungen unterscheiden. Mit fast unmerklicher Gewalt versuchen moderne Mütter ihre Töchter dahingehend zu erziehen, „spontan" das zu tun, was sie für das beste halten. Für Töchter ist es kein leichtes Unterfangen, zwischen pädagogischer Moral, verschleiert hinter vernünftigen Argumenten, offensichtlicher Empathie und geteilter Freude ihrer Mütter zu unterscheiden. Obwohl ihr Leben heute um vieles leichter erscheint, müssen wir doch erkennen, daß heranwachsende Mädchen nach wie vor mit vielen Schwierigkeiten zu kämpfen haben, ihre eigene, von der Mutter getrennte, Identität zu entwickeln.

Anmerkungen

1 Der vorliegende Aufsatz ist eine Zusammenfassung des Kapitels „At home" (Zu Hause) aus der in holländischer Sprache veröffentlichten Dissertationsschrift „Girls: a separate world. An ethnography of girls at secondary school" (Mädchen: eine andere Welt. Eine ethnographische Studie über Mädchen in Realschulen und Gymnasien). Im Rahmen der Studie wurden vier Jahre lang über fünfzig Mädchen in Schulen, Jugendfreizeitheimen, Schwimmbädern, Fast-Food-Restaurants, Diskotheken und zu Hause befragt. Mit dreißig Mädchen gab es regelmäßige Treffen über einen Zeitraum von einem Jahr. Zehn Mädchen wurden über drei Jahre und mehr hinweg beobachtet. Neben qualitativen Interviews als Forschungsmethode sowie brieflichem Kontakt zur Forscherin stellten die Mädchen auch persönliche Dokumente wie Briefe, Tagebücher und Photographien zur Verfügung.
2 Greer Litton Fox (1977, S. 805-806) definiert normative Restriktion wie folgt: „Diese Form sozialer Kontrolle über soziales Verhalten bei Frauen ist eingebettet in Wertbegriffe wie „gutes Mädchen", „liebes Mädchen", „Dame". Damit sind Adjektive konnotiert wie keusch, sanft, liebenswürdig, unverdorben, gut, sauber, nett, tugendhaft, einlenkend und - über jeden Verdacht und Vorwurf erhaben. (...) Der Kontrollmechanismus ist weitgehend internalisiert - Selbstkontrolle via Internalisierung von Werten und Normen - und weniger von außen auferlegt".
3 De Vries' Studie (1990) zeigt auf, wie Klatsch die Funktion sozialer Kontrolle für türkische Mädchen in den Niederlanden übernimmt.

Literatur:

Brinkgreve, C. und A. de Regt (1990): The disappearance of familiy relations that are taken for granted; on the consequences of individualization for children. Jeugd en Samenleving, 324-34.
Fox, G.L. (1977): „Nice girl": social control of women through a value construct. Signs, 2, 805-18.
Riesman, D. (1974): Die einsame Masse. Reinbek (Rowohlt) 1958.

Swaan, A. de (1988): In care of the state. Health care, education and welfare in Europe and the USA in the modern era. Cambridge (Polity Press).

Swaan, A. de (1989): De mens is de mens een zorg. Amsterdam (Meulenhoff).

Vries, M. de (1990): Roddel nader beschouwd. Leiden (COMT).

Waal, M. de (1989): Girls: a separate world. An ethnography of girls at secondary school. Amsterdam (Boom).

Zur Frage der Geschlechterdifferenz

Weibliche Subjektivität und ihre Veränderung im Generationenkontext

Harriet Bjerrum Nielsen und Monica Rudberg

Thematisierung und Diskussion der Geschlechterfrage in der Moderne, ob im wissenschaftlich-akademischen oder alltagspsychologischen Kontext geführt, lassen widersprüchliche Eindrücke entstehen. Dem Anschein völliger Auflösung steht der Eindruck unveränderter Verhältnisse gegenüber. Als wir unser Forschungsprojekt „Mädchen und Jungen heute: Eine Generation im Wandel?" unseren achtzehnjährigen InterviewpartnerInnen vorstellten, ließen sich die Reaktionen der Mädchen vor allem in zwei Richtungen nachzeichnen: Wußten die einen von zahllosen Beispielen verdeckter männlicher Machtallüren aus Freundes- und Bekanntenkreis zu berichten, deren genaue Aufzeichnung sie von uns erwarteten, hatten die anderen für unser Vorhaben nur ein mitleidvolles Lächeln übrig. Wie könnten wir allen Ernstes annehmen, etwas so Komplexes wie Adoleszenz heute anhand des ausgesprochen altmodischen Konzeptes der Geschlechterdifferenz zu erfassen („wir sind doch alle individuell verschieden"). Beide Gruppen hatten natürlich recht. Die psychische Erfahrung des eigenen Geschlechts läßt sich über die Generationen hinweg nachzeichnen und ist doch ständigen Veränderungen unterworfen. Zur Frage, wie dieser Prozeß zu verstehen ist, möchte die vorliegende Arbeit einige Hypothesen aufstellen.

Klärung der theoretischen Position

Der Diskussion unserer zentralen Fragestellung möchten wir eine theoretische Standortbestimmung voranstellen. Drei theoretische Vorannahmen, die für die gegenwärtige Diskussion unter feministischen WissenschaftlerInnen von zentraler Bedeutung sind, liegen unserem Argumentationsstrang zugrunde. (Diese Diskussion sollte unserer Ansicht nach nicht nur als akademischer Diskurs begriffen werden, sondern auch als Widerspiegelung des Generationenwechsels in der feministischen Bewegung ebenso wie im Bereich der Frauenforschung.)

Unserer ersten Prämisse folgend, betrachten wir die Geschlechterdifferenz als ein komplexes Phänomen, das in seinen Strukturen sowohl raschen als auch langsameren Veränderungen unterworfen ist. Das heißt nicht, daß die „Psychologie" eines Phänomens als unflexibler anzusehen ist als etwa gesellschaftliche Machtstrukturen oder kulturell festgeschriebene Symbole der Geschlechterdifferenz. Vielmehr unterliegt im „innerpsychischen Bereich" manches schnellen Entwicklungen, anderes verändert sich nur langsam. Unsere Vorstellungen von Veränderung sind nicht selten zu starr und undialektisch - sei es, daß wir nichts Neues zu entdecken vermögen oder aber uns allerorten mit ungewohnten Neuerungen konfrontiert sehen. Auseinandersetzungen zwischen den Generationen und stereotype Attribuierungen, die sie im Eifer des Gefechts entstehen lassen, spiegeln diese undialektische Betrachtungsweise wider: Unsere Mütter, altmodisch und steif, wir selbst, modern und selbstbestimmt, im Genuß der uns erkämpften Rechte. Zuweilen sind Mütter jedoch moderner und Töchter altmodischer, als uns lieb ist. „Alt" und „neu" existieren nebeneinander, da sich die Veränderung sozialer Phänomene in ihrem Ablauf nicht an das Prinzip der Gleichzeitigkeit hält.

Zweitens gehen wir davon aus, daß soziokulturelle Repräsentationen und individualpsychologische Faktoren nicht auf einen Nenner zu bringen sind. Zahlreiche WissenschaftlerInnen aus Frauen- und Jugendforschung betonen, daß das Phänomen der Geschlechterdifferenz in seiner symbolischen Repräsentation heute ungleich vielschichtiger und vieldeutiger ist als je zuvor. Auch wenn soziale Rollen heutzutage vielfältige Ausgestaltungsmöglichkeiten zulassen, dürfen wir Geschlechterdifferenz nicht als bloße Maskerade abtun oder annehmen, daß, im psychologischen Sinne, Identitäten weniger beständig oder instabil geworden sind. Die postmodernistische Betrachtungsweise einer lediglich aus Diskursen bestehenden Existenz ist problematisch, sowohl für den Bereich empirischer Forschung als auch für die psychotherapeutische Praxis. Menschen sind keine Texte, auch wenn sie voll davon sind und als solche interpretiert werden könnten. Menschen haben - ungleich Texten - individuelle Biographien, Körper, Gefühle und Entwicklungspotentiale.

Drittens halten wir es für sinnlos, jegliches theoretische Konzept von Weiblichkeit vermeiden zu wollen, um nicht einer „essentialistischen" Sichtweise beschuldigt zu werden.[*] Das heißt nicht, daß von einer ubiquitären Weiblichkeit

---

[*] Essentialismus: Begriff aus der feministischen Theorie zur Bezeichnung eines biologischen oder psychischen Determinismus, der die Möglichkeit historischer Veränderungen in den Strukturen von Subjektivität leugnet (Anm. d. Ü.).

ausgegangen werden kann oder keine Notwendigkeit besteht, Unterschiede zwischen Frauen in bestimmten soziohistorischen Kontexten zu untersuchen. Jedoch sollte vermieden werden, und hier schließen wir uns der Sichtweise der amerikanischen Feministin Susan Bordo (1990) an, daß das große „Gesetz des Unterschieds" kleine Theorien zur Ähnlichkeit unmöglich macht (jede empirische Studie muß nach derartigen Übereinstimmungen oder Ähnlichkeiten in einer oder verschiedener Hinsicht suchen). Postmoderne Dekonstruktion ist insofern anregend, als sie empirische „Wahrheitssuche und -findung" zu einer weniger anmaßenden Angelegenheit macht, nicht jedoch, wenn sie empirische Forschung zum Thema Frauen und Weiblichkeit behindert. Dies hieße, so Bordo, die alte „positivistische Sichtweise des Nirgendwo" auszutauschen gegen die postmoderne „Sehnsucht nach dem Überall". Der Kreis würde sich schließen und Postmodernisten und Positivisten würden sich paradoxerweise an gleicher Stelle wiederfinden: Alles gleichzeitig erkennen heißt in Wahrheit, nirgendwo zu stehen.

Zusammenfassend gehen wir also von folgenden Punkten aus: einem Konzept von Veränderung, das das Fehlen jeglicher Gleichzeitigkeit in allen sozialen Phänomenen unterstreicht; einer Sichtweise individueller Psychologie, die sich weder auf soziale Strukturen noch kulturelle Repräsentationen reduzieren läßt; einem Konzept von Weiblichkeit „als solcher", in dem Sinne, als sie individuelle Realität über Zeit und Raum darstellt.

Wie lassen sich Veränderungen im Erleben von Geschlechterdifferenz erfassen? Wir werden uns im folgenden dieser Frage von zwei unterschiedlichen Richtungen her nähern: aus der Perspektive individueller Entwicklung und aus der Perspektive des Generationenkontextes sowie der sich daraus ableitenden Veränderungen.

Veränderungen im Licht individueller Entwicklung

Objektbeziehungstheorie - eine Theorie der Veränderung oder der Reproduktion?

Objektbeziehungstheoretikerinnen wie Nancy Chodorow (1978), Luise Eichenbaum und Susie Orbach (1983) und ihre theoretischen Entwürfe, etwa zur Entwicklung der Geschlechtsidentität, haben unseren Ansatz entscheidend beeinflußt. In unserer Veröffentlichung „The Story of Boys and Girls" (Die Geschichte von Mädchen und Jungen) aus dem Jahre 1989 (kein Titel, der postmodernen Theoretikern gefällt) zeichnen wir, in Anlehnung an o.g. objektbeziehungstheoretische Ansätze, die Geschichte geschlechtsgebundener Entwicklung vom Kindesalter bis zum zwanzigsten Lebensjahr nach. Dem liegt die Absicht zugrunde, Verbindungen zwischen sozialen und psychischen Realitäten herzustellen - unter

73

Berücksichtigung der „Patriarchatsgeschichte" und ohne den spezifischen Charakter psychologischen Verstehens zu übersehen. Kritische Stimmen wiesen damals darauf hin, daß gerade in der Suche nach Verknüpfungspunkten zwischen inneren und äußeren Realitäten die theoretische Schwachstelle liege. Im Gegensatz zum erklärten Ziel der Arbeit, so Walkerdine und Lucey (1989), berge sie das Risiko einer zu einseitigen Betonung von Umweltfaktoren, deren Gewicht zu stark auf der Mutter, sowohl als Ursache als auch Lösung weiblicher Probleme, liege. Diese „Umweltlastigkeit" wiederum könne dazu führen, die intrapsychische Realität reduktionistisch als bloße Reflexion äußerer Gegebenheiten zu begreifen - was hieße, die Triebe zu verbannen und somit „Handlung, Leidenschaft, Gewalt und Konflikt durch Passivität, Rezeptivität und Fürsorglichkeit zu ersetzen". Das Ergebnis wäre die Reproduktion des sozial anerkannten Frauenbildes des „braven Mädchens" mit Mutterschaft als erstrebenswertem Zielzustand und in Übereinstimmung mit patriarchaler Ideologie. Wieder stünde die Beziehung zwischen Mutter und Kind symbolhaft für alles Gute in zwischenmenschlichen Beziehungen.

Unserer Ansicht nach ist jedoch die feministische Schreibart objektbeziehungstheoretischer Ansätze für Ambivalenzen und Konflikte ganz und gar nicht blind, weder was Weiblichkeit noch was die Mutter-Kind-Beziehung angeht (Kritik an diesem letzten Punkt führt oft zur Stereotypisierung derjenigen, die diese Kritik äußern). Die theoretische Schwachstelle, und hier geben wir unseren Kritikern recht, existiert allerdings: Frauen werden nicht als „gut" dargestellt, aber unsere Mängel werden in Verbindung damit gesehen, daß wir in einer patriarchalen Gesellschaft leben, die die Subjekthaftigkeit von Frauen pervertiert und verhindert, die Freude an der Mutter-Kind-Beziehung voll auszuschöpfen. Walkerdine und Lucey nennen dies „feministisches Harmoniestreben", in der der Vater aggressiv von der psychologischen Bühne verbannt wird. Und tatsächlich geht die Absicht, die männerlastige Theorie der Separation durch die Betonung weiblicher „Verbundenheit" zu ersetzen, nicht selten mit einer reduktionistischen Sichtweise der Bedeutung des Vaters einher, sowohl was seine Macht als auch seine Möglichkeiten angeht (vgl. Apter 1990). Diese Art der Theoriebildung lebt von Verleugnung (Männer sind unwichtig) und Spaltung (Männer sind schlecht, Frauen sind gut) - eine Tendenz, die im Kampf gegen Unterdrückung nur wenig hilfreich ist (vgl. Bjerrum Nielsen & Rudberg 1991a).

Inwieweit ist also die feministische Objektbeziehungstheorie in der Lage, Veränderungen im Erleben der Geschlechterdifferenz zu erkennen? Obwohl gerade soziologisch bzw. sozialpsychologisch orientierten WissenschaftlerInnen gerne unterstellt wird, im Besitz all der Mittel zu Veränderungen zu sein, so erfassen ihre theoretischen Entwürfe nicht selten lediglich Mechanismen individueller Anpassung und sozialer Reproduktion. Noch deterministischer ist vielleicht die psychoanalytische Interpretation umweltbedingter Einflußfaktoren, da das psychologische Geschlecht - d.h. das Erleben des eigenen Geschlechts -, das historisch produziert wird und sich somit nahtlos in das jeweilige soziale Machtgefüge einzupassen weiß, selbst zum Motor in der Reproduktion dieser Strukturen wird. Mit anderen Worten: Frauen lernen nicht nur, was von ihnen erwartet wird, sie lernen auch, es zu wollen (Bjerrum Nielsen & Rudberg 1989). Um diesen deterministischen Trugschluß zu vermeiden, plädieren Walkerdine und Lucey dafür (in Anlehnung an Jacqueline Rose), die psychoanalytische Theorie nicht als Theorie der Sozialisation, sondern als Theorie fehlgeschlagener Sozialisation zu lesen. Unserer Ansicht nach wäre beides möglich. Wenn jedoch diese Ambivalenz in entsprechenden theoretischen Überlegungen keinen Niederschlag findet, werden Veränderungen im Erleben der Geschlechterdifferenz nur durch äußere Maßnahmen, etwa in Form veränderter Sozialisationspraktiken (z. B. „gemeinsame Kindererziehung") möglich, die wiederum Veränderungen im „Wollen" bzw. in den „Identitätswünschen" von Mädchen nach sich ziehen.

Externe Einflußgrößen sind ohne Zweifel von großer Bedeutung - die tiefgreifenden strukturellen Veränderungen in weißen Mittelschichtfamilien westlicher Gesellschaften legen hierfür Zeugnis ab -, reichen für sich genommen jedoch nicht aus, da die Wirksamkeit äußerer Maßnahmen von der entsprechenden „inneren" Bereitschaft sie aufzunehmen, abhängt. Oft sind es auch intrapsychische Veränderungen, und sei es in Form von Unzufriedenheit und vager Sehnsucht, die äußeren Veränderungen vorangehen. Es gibt nicht nur „gute Mütter" und „brave Töchter", die auf ihre Erlösung warten, sondern (wie jede Mutter sehr wohl weiß) alle möglichen, im Widerspruch zueinander stehenden Leidenschaften und Sehnsüchte. Das psychische Erleben des eigenen Geschlechts ist keine konfliktfreie Zone, in der Wünsche zum bloßen Anpassungswerkzeug umgeformt werden, um sich somit in den Dienst des patriarchalen Systems stellen zu lassen. Andererseits darf auch nicht geleugnet werden, daß Anpassung ein wesentliches Merkmal individueller Entwicklung darstellt und als die Erfüllung individueller Bedürfnisse und Ziele erlebt wird. Chodorows Beschreibung des „Mutterns" bzw. der „Mutterschaft" als kompliziertem Netzwerk persönlicher Wünsche und gesellschaftlicher Anforderungen ist mehr als zutreffend - ebenso wie die Annahme, daß der Wunsch, Mutter zu werden, zu den unveränderlichsten Komponenten weiblichen Erlebens gehört, relativ unbeeinflußt davon, daß es vielen Frauen heute nicht mehr ausreicht, nur Mutter zu sein. Das psychologische Geschlecht zeichnet sich durch Konflikthaftigkeit und fehlende Gleichzeitigkeit aus.

Geschlechtsgebundene Subjektivität (gendered subjectivity) und Geschlechtsidentität (gender identity)

Um diese Konflikthaftigkeit und fehlende Gleichzeitigkeit besser zu erfassen, schlagen wir vor, zwischen geschlechtsgebundener Subjektivität einerseits und Geschlechtsidentität andererseits zu unterscheiden. „Geschlechtsgebundene Subjektivität" wird definiert als das „geschlechtsbedingte In-der-Welt-Sein", d.h. als die geschlechtsspezifische, oftmals unbewußte Art und Weise, sich - in Abhängigkeit vom eigenen Geschlecht - zur Welt und zu sich selbst in Beziehung zu setzen. (Im vorliegenden Zusammenhang werden wir nicht näher auf die psychologische Komplexität eingehen, die einem solchen Konzept innewohnt, sondern - entlang o.g. Kritik an objektbeziehungstheoretischen Ansätzen - Sexualität, Körperlichkeit und Aggression als Elemente miteinbeziehen; vgl. auch die Beiträge von Sayers und Flax im vorliegenden Band.)

„Geschlechtsidentität" ihrerseits bezieht sich auf die persönliche Konstruktion dessen, was „(mein) Geschlecht für mich bedeutet". Wir könnten natürlich „Geschlechtsidentität" als den starrsten Teil des psychologischen Geschlechts betrachten, als die unabänderliche Tatsache, einem einzigen, und nur diesem einen Geschlecht, anzugehören. Diese, wenn auch grundlegende, Tatsache reicht jedoch nicht aus, denn die Entwicklung unserer Geschlechtsidentität ist ein lebenslanger Prozeß, der auf unserer geschlechtsgebundenen Subjektivität und den kulturellen Vorstellungen von Männlichkeit und Weiblichkeit, die uns zur Verfügung stehen, basiert. Andererseits dürfen wir Geschlechtsidentität nicht als bloße Anpassung an eine bestimmte „Geschlechterrolle" verstehen, die einfach zu modizieren wäre, weil wir uns nur über sie hinauszuentwickeln hätten. Vielmehr handelt es sich um einen Prozeß mit tiefgreifenden psychologischen Folgen, der Identität und Geschlecht in Beziehung setzt und somit die Frage unserer Weiblichkeit mit der Frage, wer wir sind, verbindet.

Mit anderen Worten: Das psychologische Geschlecht in Form geschlechtsgebundener Subjekthaftigkeit ist etwas, was wir sind; das psychologische Geschlecht als Geschlechtsidentität ist etwas, was wir haben. Geschlechtsidentität ist, um es in die Begrifflichkeiten der Gestaltpsychologie zu fassen, die Figur auf dem Grund geschlechtsgebundener Subjekthaftigkeit. Mädchen, die sich für den Beruf der Krankenschwester entscheiden, können dies tun, um ihre Geschlechtsidentität zu bestätigen (es ist weiblich, anderen zu helfen), oder weil sie es aufgrund ihrer geschlechtsgebundenen Subjektivität für sich als wichtig erachten, anderen zu helfen. Das heißt, Mädchen können weiterhin helfende Berufe wählen, ohne damit länger einer kulturell als spezifisch weiblich definierten Norm zu entsprechen. Dieses Fehlen der Gleichzeitigkeit ist ein wichtiger, nicht zu übersehender Faktor, nicht zuletzt für jene, die im Erziehungswesen tätig sind und oft mit der „frustierenden" Tatsache zu kämpfen haben, daß Mädchen in ihrer beruflichen Orientierung das traditionelle Rollenbild bestätigen. Wahlentscheidungen, die auf gesellschaftlicher Ebene als konform erscheinen mögen, können sowohl auf der Ebene geschlechtsgebundener Subjektivität persönlich motiviert als auch, paradoxerweise, auf der Ebene der Geschlechtsidentität mit unkonventionellen Vorstellungen von Weiblichkeit verknüpft sein. (Diese Unterscheidung zwischen geschlechtsgebundener Subjektivität und Geschlechtsidentität erinnert an das Marxsche Konzept der Arbeiterklasse „an sich" und „für sich": Nur im „Für sich" der Arbeiterklassen werden diese zu Instrumenten sozialer Erhebung.)

Das Moratorium als Ort der Veränderung

Das Fehlen der Gleichzeitigkeit läßt sich möglicherweise zurückführen auf unterschiedliche Entwicklungszeiten im Entstehen von geschlechtsgebundener Subjektivität und Geschlechtsidentität. In diesem Sinne wäre Geschlechtsidentität der Teil des psychologischen Geschlechts, der den schnellsten Veränderungen unterliegt - sowohl im Hinblick auf Inhalt der Identität als auch im Hinblick auf die Wichtigkeit, als Frau bestätigt zu werden. Geschlechtsgebundene Subjektivität ihrerseits zeichnet sich durch mehr Kontinuität und Inflexibilität - historisch wie individuell - aus (Bjerrum Nielsen & Rudberg 1991b).

Die Tatsache, daß sich Geschlechtsidentität und geschlechtsgebundene Subjektivität unterschiedlich schnell verändern, läßt sich eventuell in Abhängigkeit setzen vom jeweiligen „Timing" im Entwicklungsprozeß. Die Entwicklung geschlechtsgebundener Subjektivität ist nie abgeschlossen, und doch bildet die frühe, unbewußte Ausformung des Selbst - „in Beziehung" und „getrennt" - den Grundstock dieser Struktur. Geschlechtsidentität ist von Anfang an Teil dieser „Konstruktion"; das rudimentäre Gefühl, ein Junge oder Mädchen zu sein, kann als der „Beginn" geschlechtsgebundener Subjektivität gesehen werden. Gleichwohl ist die Ausbildung einer eigenen Geschlechtsidentität die Entwicklungsaufgabe der Adoleszenz schlechthin: Was bedeutet es, eine erwachsene Frau oder ein erwachsener Mann zu sein? Welchen Wünschen soll Platz eingeräumt werden - und zu welchem Preis? Unserer Ansicht nach haben Frauenforschung ganz allgemein sowie theoretische Entwürfe zur geschlechtsgebundenen Subjektivität im besonderen die Ausbildung der Geschlechtsidentität in der Adoleszenz als Stadium der Anpassung und der Kreativität nicht ausreichend behandelt. Dies mag ein Grund dafür sein, daß es in diesen Theorien an Ansätzen zu Veränderungen im Erleben der Geschlechterdifferenz fehlt.

Wir gehen davon aus, daß die Ausformung der Geschlechtsidentität in das Entwicklungsstadium des sogenannten Moratoriums fällt (Erikson 1968). Das psychosoziale Moratorium als spezifische Phase vor Erreichen des Erwachsenenalters ist deutlich an die Moderne geknüpft und ist der Abschnitt im Leben, in dem wir den höchsten Grad an psychischer und sozialer „Individualisierung" erreichen sollen. In psychischer Hinsicht impliziert die Zeit des Moratoriums die „innere" Freiheit, nach der Ablösung von den Elternfiguren das Leben auf adaptive und kreative Weise in die eigene Hand zu nehmen. Diese innerpsychische Freiheit geht Hand in Hand mit der gesellschaftlich vorgegebenen Freiheit „auszuprobieren". Darüber hinaus ermöglicht Individualisierung Jugendlichen, sich reflexiv auf das eigene Geschlecht zu beziehen.

Obwohl oft darauf hingewiesen wurde, daß das Konzept des psychosozialen Moratoriums einen ausgesprochen klassen- und geschlechtsspezifischen Weg in Richtung Erwachsenwerden einschlägt, dürfen wir nicht übersehen, daß es sich trotz alledem um einen wichtigen Reifungsschritt handelt, der uns als Subjekten der Moderne abverlangt wird. Somit ist die Stellung der Frau als Subjekt in dieser Gesellschaft (im Gegensatz zu ihrer bloßen Geschlechtszugehörigkeit) zum Teil dadurch bestimmt, sich allmählich erfolgreich Zugang zu dieser Form des Moratoriums verschafft zu haben. Natürlich haben Mädchen auch vorher eigene Geschlechtsidentitäten entwickelt, aber die Teilnahme an diesem mehr oder weniger frei-flottierenden Entwicklungsabschnitt bedeutet für sie die historisch neuartige Möglichkeit und Erfahrung, reflexiv auf ihre eigenen Identitätskonstrukte Bezug zu nehmen. „Individualisierung" und „Reflexivität" als wesentliche Merkmale der Moderne (vgl. die Arbeit des Kulturwissenschaftlers und Jugendforschers Thomas Ziehe 1989) stehen in eindeutigem Zusammenhang mit der hier diskutierten „psychologischen Differenzierung". Somit erfährt das Mädchen „Geschlecht" nicht nur als etwas, das sie ist - eine mehr oder weniger automatische Verlängerung ihrer geschlechtsbedingten Subjektivität -, sondern als etwas, von dem sie Besitz ergreift und auf das sie sich reflexiv beziehen kann: Bin das ich? Ist es das, was ich will? Welche Alternativen habe ich? Dieser reflexive Umgang mit der eigenen Geschlechtsidentität ist wiederum eine wesentliche Vorbedingung für grundlegende Veränderungen in den Beziehungen zwischen den Geschlechtern.

Wie Walkerdine (1986) aufzeigt, sind die Diskurse des Kindes und des Mädchens zum Teil unvereinbar, da das „Kind" in der bürgerlichen Moderne der aktive, die Welt erforschende Junge ist. Das gilt ebenso für den Jugenddiskurs - „jung und ohne Verantwortung sein" verhält sich widersprüchlich zu „ein fast erwachsenes Mädchen sein", das sich (um sich und andere) kümmern soll. Die Frage nach den entsprechenden Prozessen, über die diese beiden widersprüchlichen Diskurse zusammenlaufen (was ganz offensichtlich der Fall ist), und was dies für den zukünftigen Weiblichkeits- und Jugenddiskurs sowie die betroffenen Mädchen bedeutet, ist eine Möglichkeit, einen Eindruck von den sich abzeich-

nenden gesellschaftlichen Veränderungen zu gewinnen. Die Tatsache, daß innerhalb der Generation unserer Mütter junge Mädchen aus Mittelschichtfamilien an-
satzweise Zugang zu diesem Moratorium erhielten (wenn auch oft nur in redu-
zierter Form), war von großer Bedeutung - auch wenn sie am Ende über die klassische Hausfrauenkarriere der fünfziger Jahre nicht hinauskamen. Obwohl junge
Mädchen heutzutage ein weitaus höheres Maß an Individualisierung besitzen als
die Generationen von Mädchen vor ihnen, so ist ihr Status der Subjekthaftigkeit
in keiner Weise mit der von Jungen zu vergleichen. Im letzten Teil unseres Aufsatzes soll dieser Unterschied diskutiert werden.

Veränderungen im Generationenkontext

Ein Modell zum Verständnis von Generationsunterschieden

Wenn wir die bisher gesammelten Punkte zur Veränderung im Erleben des eigenen Geschlechts zusammenfassen, so lassen sich drei Einflußgrößen bestimmen,
die miteinander in Beziehung stehen: geschlechtsgebundene Subjektivität, Geschlechtsidentität und kulturelle/soziale Möglichkeiten. Der Wandel zwischen
den Generationen - so unsere These - läßt sich auf die bereits erwähnte fehlende
Gleichzeitigkeit zurückführen. Allerdings erlebt jede Generation unterschiedliche
Arten der Ungleichzeitigkeit. Aus der unten abgebildeten Graphik wird ersichtlich, in welchem Spannungsfeld die zentralen Widersprüche angesiedelt sind, mit
denen sich die drei Generationen von Frauen unserer Studie (vorwiegend aus
Mittelschichtfamilien) konfrontiert sahen. Hierbei handelt es sich um einen Mo-
dellentwurf, nicht um ein empirisches Forschungsergebnis:

Großmutter, Tochter, Enkeltochter

Betrachten wir zunächst die „Großmütter" unserer Studie, Frauen, die in den 30er und 40er Jahren jung waren. Als Mädchen der „Kriegsgenerationen" waren sie Pionierinnen. In ihren Erzählungen erkennen wir die Anfänge des uns bekannten Jugendkultes. Die Auflockerung der Sexualmoral zeichnet sich ab; und wir begegnen - vielleicht zum ersten Mal in der Geschichte - Mädchen, die davon sprechen, „leben" zu wollen, bevor sie heiraten (was sie nicht davon abhielt, sich gleichwohl extrem jung zu verheiraten). Darin erkennen wir bereits den Keim einer neuen Individualisierung: der reflexive Bezug zum eigenen Frau-Sein. Dieser Individualisierungsschub im psychosozialen Moratorium steht jedoch nach wie vor in krassem Widerspruch zum „geschlechtsbedingten Frauenschicksal", das die Mädchen dieser Generation erwartet. Es gibt keine kulturellen oder sozialen Optionen, die einen Ausbruch ermöglichen würden: keine Arbeits- und Kindergartenplätze und nur sehr begrenzte kulturelle Möglichkeiten, erwachsene Weiblichkeit zu erfahren (Mutter, Mädchen, Flittchen - oder ein Mann?). In vielerlei Hinsicht wird ihre geschlechtsbedingte Subjektivität in Übereinstimmung mit ihrer sozialen Aufgabe als Mutter stehen, selbst wenn sie sich auch noch anderes für sich und ihr Leben erhofften. Mit anderen Worten, die Generation der Großmütter sieht sich im Spannungsfeld zwischen einer Art „modernisierter" Geschlechtsidentität (Indvidualisierungsschub) und den ihnen zur Verfügung stehenden kulturellen und sozialen Möglichkeiten.

Wenden wir uns der nächsten, unserer eigenen Generation zu - den Töchtern, die während der 40er und 50er Jahre geboren wurden. Wir werden einerseits die Unzufriedenheit spüren, die in den Identitätsentwürfen unserer Mütter liegt, andererseits über ganz andere soziale/kulturelle Möglichkeiten verfügen, unser Leben auch außerhalb von Familie und Heim zu gestalten. Die „zweideutige" Erfahrung des „Neuen" und des „Alten" zieht sich durch unsere gesamte Sozialisation: Die unbewußte Überlieferung geschlechtsbedingter Subjektivität durch unsere Mütter war begleitet von Berichten einer neuen, „modernen" Version weiblicher Geschlechtsidentität. Wir dürfen nicht vergessen, daß es oft unsere Mütter waren, die uns ermutigten - etwa in ihrem Beharren auf einer fundierten (Berufs)Ausbildung -, einen anderen Weg im Leben einzuschlagen - eine Erfahrung, die im Widerspruch zu dem steht, was wir später als die von unseren Müttern geerbte Bürde erleben (vgl. Aström 1986; Apter 1985).

Das Erbe der Töchter bestand also in der „neuesten" Version weiblicher Geschlechtsidentität und einer „veralteten" Form geschlechtsgebundener Subjektivität. Die Spannung zwischen beiden Einflußgrößen im Erleben des eigenen Geschlechts tritt in dieser Generation - durch die Lockerung äußerer Restriktionen bedingt - weitaus stärker zutage: Die Töchter (unterstützt von ihren Müttern) sind entschlossen, eine gute (Berufs)Ausbildung zu erhalten - aber was wollen sie für sich selbst? Die Fallbeispiele beruflicher Werdegänge unserer Generation (selbst jener Frauen, die den Weg einer akademischen Karriere eingeschlagen haben; s. auch Rosenbeck 1987) spiegeln oft das wider, was als „Syndrom des Nicht-Planens" (Bech-Jorgensen 1985) bezeichnet wurde: Wichtige berufliche Entscheidungen werden nur allzu häufig dem Zufall überlassen. Das Spannungsfeld dieser Generation bewegt sich also zwischen einer modernen Geschlechtsidentität auf der einen und der altmodischen geschlechtsgebundenen Subjektivität auf der anderen Seite (die in ihren Beziehungen zu Mutterschaft und Männern sichtbar wird). Die psychologische Bedeutung der Frauenbewegung kann darin gesehen werden, daß sie diesen Widerspruch, mit dem sich Töchter am Ende ihres Moratoriums und zu Beginn des Erwachsenenalters konfrontiert sehen, aufzuzeigen verstand. Die gewissermaßen kollektive Offenlegung dieses Widerspruchs war auch insofern von großer Bedeutung, als sie uns in der Verfolgung unserer außerfamiliären Ziele (wenn auch nicht frei von Ambivalenz) unterstützte und wir uns gleichzeitig für Kinder entscheiden konnten.

Dies zieht veränderte Sozialisationsbedingungen für die Generation der Enkeltöchter, der jungen Mädchen von heute, nach sich - und wird sich auf die Ausformung ihrer (unflexibleren) geschlechtsgebundenen Subjektivität auswirken. Wie aus Untersuchungen hervorgeht, scheint sich der Trend dahingehend abzuzeichnen, daß die heterosexuelle Beziehungsform nicht mehr in dem Maße mit psychischer Autonomie von Mädchen assoziiert wird, wie das noch vor einiger Zeit der Fall war, und daß gleichgeschlechtliche Freund- und Partnerschaften in einem neuen Licht gesehen werden, selbst wenn Mädchen solche Konzepte als „Schwesternklüngelei" abtun könnten (Vik Kleven 1991). Geschlechtsidentität ist in ihren soziokulturellen Möglichkeiten vielfältiger, und mehr denn je wird ihre Gestaltung zu einer wesentlichen Aufgabe im Leben junger Mädchen. Dies hat positive und negative Folgen: Junge Mädchen und Frauen haben die Möglichkeit, auf eine Art und Weise mit ihrer Geschlechtsidentität zu „spielen" und „auszuprobieren", von der ihre Mütter nur träumen konnten; die Frage der Realisierung und Selbstkontrolle könnte jedoch zum unüberwindbaren Problem werden. Noch wichtiger ist allerdings die Tatsache, daß die Ausformung einer eigenen Geschlechtsidentität Teil der sehr viel umfassenderen Aufgabe zu sein scheint, als individuelles Subjekt bestätigt und anerkannt zu werden. Autonom über das eigene Geschlecht zu verfügen, könnte dazu beitragen, diese Anerkennung zu erhalten, ohne sich der ständigen Angst (der Generation der Großmütter) ausgesetzt zu sehen, ein „Flittchen" zu sein, oder (wie die Generation der Mütter) befürchten zu müssen, „objektiviert" zu werden - das eigene Geschlecht sozusagen als Teil der Menschenrechte für junge Mädchen.

Die „Enkeltöchter" werden nicht mit den gleichen Konflikten zwischen einer neuen Geschlechtsidentität und den zur Verfügung stehenden äußeren Verwirklichungsmöglichkeiten zu kämpfen haben wie die Generation ihrer Großmütter: Das eigene Geschlecht kann auf vielfältige Art und Weise erlebt und gelebt werden. Ebensowenig werden sie den inneren Kampf ihrer Mütter zwischen einer veralteten geschlechtsbedingen Subjektivität und neuen Möglichkeiten der Geschlechtsidentität erleben: Das „moderne" Mädchen kann sowohl individuelles Subjekt als auch eigenes Geschlecht sein. Die größten Konflikte und Spannungen werden sich auf der dritten Achse unseres Dreiecks ergeben - zwischen einer neuen geschlechtsgebundenen Subjektivität auf der einen und den sozialen Möglichkeiten auf der anderen Seite. Das „moderne" Mädchen von heute wird ihr Geschlecht nicht unbedingt als Beschränkung erleben - sie will alles, und sie glaubt, alles tun zu können. Aber ist das auch möglich? Oder handelt es sich dabei nur um eine weitere weibliche Phantasie ihres Harmoniebestrebens?

Es ist schwierig, Veränderungen nachzuzeichnen, ohne zwischen Nostalgie und heroischem Optimismus hin und her zu schwanken. Veränderung bedeutet Verluste, aber auch Gewinne, und paradiesische Visionen sind blutleer und langweilig. Zumindest eines werden die zukünftigen Generationen mit denen ihrer Mütter und Großmütter gemein haben: Auch sie werden in und mit der Dialektik der Ungleichzeitigkeit leben müssen. Wo diese jedoch ihr Spannungsfeld ausbreiten wird, ist nicht vorherzusagen.

Literatur:

Apter, T. (1985): Why women don't have wives. New York (Schocken).

Apter, T. (1990): Altered loves. Mothers and daughters during adolescence. New York (St. Martin's Press Inc.).

Aström, L. (1986): I kvinnoled (Of female descent). Stockholm (Liber).

Bech-Jorgensen, B. (1985): Noget med mennesker eller gonet pa et kontor (Something with people or something at an office). Kobenhavn (Samfundsfagnyt).

Bjerrum Nielsen, H. und M. Rudberg (1989): Historien om jenter og gutter: Kjonnssosialisering i et utviklingspsykologisk perspektiv (The story of boys and girls: gender socialization in the perspective of developmental psychology). Oslo (Universitetsforlaget).

Bjerrum Nielsen, H. und M. Rudberg (1991a): Kön, modernitet och postmodernitet (Gender, modernity and postmodernity). Kinnovetenskapligt Tidskrift, 1.

Bjerrum Nielsen, H. und M. Rudberg (1991b): Hallo tykke! Jenter pa vei (Hi there, chubby!) Girls in change). Unpublished manuscript. University of Oslo.

Bordo, S. (1990): Feminism, postmodernism, and gender scepticism. In L. J. Nicholson (Hg.): Feminism/Postmodernism. New York/London (Routledge).

Chodorow, N. (1978): Das Erbe der Mütter. Psychoanalyse und Soziologie der Geschlechter. München (Frauenoffensive) 1985.

Eichenbaum, L. und S. Orbach (1983): What do women want? Glasgow (William Collins).

Erikson, E. H. (1968): Identity: youth and crisis. New York (Norton).

Rosenbeck, B. (1987): Kvindekon. In: Den moderne kvindeligheds historie fra 1880-1980 (The history of modern femininity). 1880-1980. Kobenhavn (Gyldendal).

Vik Kleven, K. (1991): Vi er alreite jenter, idde sant? (We are OK girls, aren't we?). Oslo (Universitetsforlaget).

Walkerdine, V. (1986): Post-structuralist theory and everyday social practices: the family and the school. In: S. Wilkinson (Hg.): Feminist social psychology. Developing theory and practice. Milton Keynes (Open University Press).

Walkerdine, V. und H. Lucey (1989): Democracy in the kitchen. London (Virago Press).

Ziehe, T. (1989): Kulturanalyser (Cultural analysis). Stockholm (Symposium).

TEIL II
Mütter

Weibliche Subjektivität und äußere Realität

Liesbeth Woertman

Die soziale und ökonomische Trennung zwischen den Geschlechtern hat zu unterschiedlichen Realitäten für Männer und Frauen geführt. Frauen verrichten unbezahlte Arbeit im privaten Bereich von Heim und Familie, Männer werden für ihre Tätigkeit „draußen", in der Öffentlichkeit, bezahlt. Die Frau als Mutter und Gattin, der Mann als Ernährer. Nun, da immer mehr Frauen und Mütter auf den Arbeitsmarkt drängen, scheint diese spezifische Arbeitsteilung allmählich ihrem Ende zuzugehen. Die traditionellen Beschäftigungen von Frauen waren immer auch verknüpft mit impliziten und/oder expliziten „mütterlichen" Fähigkeiten. Der Beruf der Krankenschwester ist das klassische Beispiel. Selbst wenn Frauen in den traditionell weiblichen Berufen nach wie vor überrepräsentiert sein mögen, so ist es auch Tatsache, daß sie immer höhere Positionen bekleiden und sich traditionell männliche Beschäftigungsdomänen erobern. Berufstätige Mütter und symbolische Mutterschaft als Phänomene kamen auf. Symbolische Mutterschaft spiegelt die Erwartung an Frauen wider, in ihre berufliche Tätigkeit außerhalb der Familie „mütterliche" Fähigkeiten einzubringen. Die Bezeichnung „berufstätige Mütter" steht für die tatsächlichen Mütter.

In diesem zweiten Teil unserer Aufsatzsammlung soll der Schwerpunkt auf Phantasien, symbolische Bedeutungszuschreibungen und Mythen über Mütter gelegt werden. Es wird von der Grundannahme ausgegangen, daß jeglicher Kontakt zwischen Frauen dem Einfluß einer spezifischen Mutter-Symbolik sowie den Erfahrungen aus der primären Mutter-Tochter-Beziehung unterliegt. Diese doppelte Betrachtungsweise - einmal aus der Perspektive mütterlicher Symbolik, zum anderen aus der Perspektive einer frühen Mutter-Tochter-Beziehung in nichtbiologischem Kontext - ist neu. Bevor ich jedoch näher auf die Beiträge im zweiten Teil des vorliegenden Bandes eingehe, möchte ich in einem kurzen historischen Abriß das Thema Mütter und Mutterschaft aus der Perspektive der Frauenbewegung nachzeichnen.

Von natürlicher zu kontextueller Mutterschaft

Ein Kind zu gebären bedeutet noch nicht, Mutter zu sein. Wir werden zu Müttern gemacht. Dies ist - paraphrasiert - Simone de Beauvoirs berühmte These aus ihrer klassischen Schrift „Das andere Geschlecht", in der sie die traditionelle, klassische Verknüpfung von Frau-Sein und Mutterschaft in Frage stellt und zu dem Schluß kommt, daß Anatomie nicht unbedingt zum Schicksal werden muß.

Es dauerte mehr als zwanzig Jahre, bevor de Beauvoirs Worte Gehör fanden und von einer Vielzahl von Frauen aufgenommen wurden. Ohne Zweifel waren die Einführung der Pille sowie verbesserte (Aus)Bildungschancen für Frauen dafür mitverantwortlich. Zum ersten Mal in der Geschichte hatten westliche Frauen aus allen Gesellschaftsschichten die Möglichkeit, selbst die Entscheidung zu treffen, ob und wie viele Kinder sie wollten. Aus dem Schicksal Mutterschaft wurde eine Option.

Erziehung und Sozialisation von Frauen bestanden während des gleichen Zeitraums, in den 60er und 70er Jahren, fast ausschließlich im Erwerb von Fähigkeiten und Eigenschaften, die traditionellerweise Frauen (d.h. Müttern und Ehefrauen) zugeschrieben wurden: Fürsorglichkeit, Selbstaufopferung, Selbstverleugnung, Empathie, Emotionalität.

Seit den 70er Jahren ist Mutterschaft ein Thema der Frauenbewegung. In den Vereinigten Staaten und Großbritannien erscheinen Bücher auf dem Markt, in denen Frauen über Einschränkungen und Enttäuschungen, Frustration und Einsamkeit ihres Mutterdaseins berichteten. Eine dieser Frauen war Adrienne Rich. Folgende Textpassage ist ein Auszug aus ihrem Tagebuch vom November 1960.

Meine Kinder bereiten mir den heftigsten Schmerz, den ich je erfahren habe. Es ist der Schmerz der Widersprüchlichkeit: der mörderische Wechsel zwischen bitterem Unmut und aufgeriebenen Nerven und seliger Befriedigung und Zärtlichkeit. Manchmal komme ich mir wie ein Monster vor, voller Egoismus und Intoleranz. Ihre Stimmen verschleißen meine Nerven, ihre ständigen Bedürfnisse, vor allem ihr Bedürfnis nach Einfachheit, Klarheit und Geduld, erfüllen mich mit Verzweiflung über mein eigenes Versagen und auch über mein Schicksal, das darin besteht, eine Funktion zu erfüllen, auf die ich nicht vorbereitet wurde. Und manchmal bin ich schwach von aufgestautem Zorn. Es gibt Zeiten, da denke ich, nur der Tod kann uns voneinander befreien, da beneide ich die unfruchtbare Frau, die den Luxus der Trauer hat, aber ein Leben in Ungestörtheit und Freiheit.

(Rich 1978, S. 14)

Adrienne Richs Worte sind der klassische Ausdruck der altbekannten Ambivalenz zwischen mütterlicher Realität und mütterlichem Ideal - dem sie nie wird entsprechen können. Das Wort „Schicksal" zeigt, daß „Frau" und „Mutter" damals unauflöslich miteinander verknüpft waren und es so gut wie keine Wahlmöglichkeiten gab. Bücher wie das von Adrienne Rich und anderen Müttern (Friedan 1964; Dinnerstein 1976) führten bei vielen Frauen zu der Erkenntnis, daß sie mit ihren Gefühlen nicht allein waren. Sie gewannen zunehmend Einsicht darin, was es bedeutete, Mutter zu sein. Rich schreibt:

Aber für den „Hauptstrang" der überlieferten Geschichte gilt, daß Mutterschaft als Institution weibliche Potenzen ghettoisiert und degradiert hat. Die Macht der Mutter hat zwei Aspekte: Das biologische Potential oder die Fähigkeit, menschliches Leben zu gebären und zu nähren, und die magische Kraft, die in die Frauen durch Männer hineingelegt wird, ob nun in Form von Göttinnenverehrung oder der Angst, von Frauen kontrolliert und überwältigt zu werden. Eigentlich wissen wir nicht viel darüber, was Macht in den Händen von starken, vorpatriarchalen Frauen bedeutet haben mag.

(Rich 1978, S. 7)

1981 liefert die französische Philosophin Elisabeth Badinter mit ihrem Buch „L´amour en plus" (Deutscher Titel: „Die Mutterliebe. Geschichte eines Gefühls vom 17. Jahrhundert bis heute") einen weiteren Beitrag zur Untersuchung des Phänomens Mutterschaft. Ein Vergleich zwischen den Büchern von Rich und Badinter, die etwa zur gleichen Zeit erschienen, ist lohnenswert - beide stießen auf große Resonanz in der Öffentlichkeit, und beide bieten eine unterschiedliche Betrachtungsweise. In diesem Sinne stellen sie zwei wichtige Untersuchungsansätze innerhalb der Frauenforschung dar. Rich betont den Unterschied zwischen Männern und Frauen (der sogenannte „Alpha-Bias"), während Badinter ihren Blick eher auf die vermeintlichen Ähnlichkeiten zwischen den Geschlechtern richtet („Beta-Bias"). Im Kern basiert Badinters Arbeit auf der emanzipatorischen Tradition Simone de Beauvoirs. Badinter und Rich schreiben beide aus der Perspektive ihrer eigenen Erfahrungen als dreifache Mütter und gehen beide von sehr ähnlichen theoretischen Prämissen aus. Ihre Kritik richtet sich auf die sozialen Mythen eines angeblichen mütterlichen Instinkts und die Vorstellung, Mutterschaft sei nur mit Befriedigung verbunden. Argumentationslinie, Beweisführung und Schlußfolgerungen der beiden Autorinnen unterscheiden sich jedoch. Badinter konzentriert sich in ihrer Untersuchung auf einen begrenzten historischen Zeitabschnitt; Rich nützt ihren persönlichen Erfahrungsschatz und zieht eine größere Anzahl historischer Quellen als Belegmaterial heran. Der größte Unterschied der beiden Arbeiten liegt jedoch in der Rolle, die sie dem Mann und Vater zuweisen. Adrienne Rich thematisiert die angelsächsische Utopie des einsamen, intimen Bandes zwischen Mutter und Kind; Badinters Familienideal hingegen geht von einer Form der Kindererziehung aus, in der Männer und Frauen zu absolut gleichen Teilen die Verantwortung übernehmen.

Etwa im gleichen Zeitraum entstanden zahlreiche empirische Studien, in denen die chronische Überlastung von Müttern sowie die fehlenden Möglichkeiten, persönlichen, individuellen Interessen nachzugehen, erfaßt werden. Feministinnen und einige marxistisch orientierte Männer machten in ihren Analysen die „Institution" Mutterschaft zum Thema. Diese Untersuchungen waren jedoch vorwiegend sozioökonomisch orientiert und hatten zum Ziel, Mechanismen aufzudecken, die für die Reproduktion bestehender Arbeitsverhältnisse verantwortlich waren. Sie kamen zu dem Ergebnis, daß in einem sich selbst reproduzierenden Kreislauf Jungen zu Ernährern der Familie gemacht wurden, um später wiederum entfremdete Arbeit zu verrichten; die Erziehung von Mädchen gründete auf dem Erlernen ihrer Rolle als Ehe- und Hausfrau, die den Ehegatten auf die ihn erwartende Mühsal des nächsten Arbeitstages liebevoll vorzubereiten hatte. Frauen hatten aber noch eine zusätzliche Funktion: Kinder zu gebären und sich um sie zu kümmern. Die ersten feministischen Sozialisationsanalysen waren relativ unscharf und untersuchten nicht die unterschiedlichen situativen Kontexte, in denen von Frauen erwartet wurde, ihre Aufgabe als Mütter zu erfüllen. Ebensowenig thematisierten sie Unterschiede zwischen Frauen. Dies geschah erst in den 80er Jahren.

Die unterschiedlichen Arten von Mutterschaft und Mutter-Sein wurden in der Psychologie kaum zum Thema gemacht. Mutterschaft wird für gewöhlich von anderen Lebenserfahrungen getrennt betrachtet (Birns & Hay 1988).

Zusammenfassend können die 70er und 80er Jahre als eine Zeit beschrieben werden, in der Feministinnen die individuellen Erfahrungen von Frauen in bezug auf Mutterschaft in all ihrer Ambivalenz aufzeigten. In den 80er Jahren folgte eine allgemeine Kritik an Mutterschaft als Institution; die Erkenntnis jedoch, daß Mütter in einem entsprechenden soziohistorischen Kontext „gemacht" wurden, konnte sich erst in den 90er Jahren durchsetzen.

Das Entstehen von Mutterschaft im soziohistorischen Kontext

Diese, die folgenden Beiträge einleitende Überschrift, soll verdeutlichen, daß es eine „universelle Mutterschaft" nicht gibt. Die Autorinnen gehen dabei in zwei Richtungen vor. Mutterschaft (als biologisches und soziales) Phänomen wird zum einen im Rahmen von Zeit und Raum betrachtet und somit in die jeweiligen historischen und kulturellen (oder ethnogeographischen) Kontext gestellt. Zum zweiten trennen wir uns von der Vorstellung des „Mutterns" als biologische oder soziale Notwendigkeit. Vielmehr ist es als ein Bündel voneinander unabhängiger Fertigkeiten, Tätigkeiten und Haltungen zu begreifen, die von Frauen erwartet werden bzw., die Frauen von sich selbst erwarten, wenn ihnen macht- und/oder vertrauensvolle Positionen übertragen werden. Dies gilt für Arbeitskontakte ebenso wie für Liebesbeziehungen und Freundschaften.

Die Objektbeziehungstheorie nimmt auch in diesem Zusammenhang einen bedeutsamen Stellenwert ein; weniger, um damit psychosoziale Entwicklungslinien nachzuzeichnen als vielmehr ein Erklärungsmodell für jene Interaktionen zu schaffen, die als Wiederholung oder Fortsetzung der primären Frau-Frau-Beziehung zwischen Müttern und Töchtern verstanden werden können. Ein Schwerpunkt wird dabei auf Interaktionen zwischen Frauen im therapeutischen Setting liegen. Dies ist der Kontext schlechthin, in dem das Bild der idealen Mutter wachgerufen wird. Zum anderen scheint es auch der Bereich zu sein, in dem „ideale Mütter" (d.h. Therapeutinnen) ihre Nische im Leben gefunden haben.

Mit ihrer Rolle als Therapeutinnen setzt sich vor allem der Beitrag von Susie Orbach und Luise Eichenbaum mutig auseinander, in dem sie eigenen Projektionen auf ihre Klientinnen nachgehen und diese im Kontext der Mutter-Tochter-Beziehung verhandeln. Halldis Leira zeigt anhand der Mythen von Demeter und Klytämnestra, welche Vorstellungen idealer Mütter das Unbewußte von Frauen bevölkern. Janet Sayers untersucht, was die Pionierinnen der Psychoanalyse, Helene Deutsch, Karen Horney und Melanie Klein, über mütterliche und phallische Macht zu sagen hatten, und ergänzt dies mit Fallmaterial aus ihrer eigenen klinischen Praxis.

Madelien Krips hat ein Programm für KindertherapeutInnen entwickelt, mit dessen Hilfe jene Mutter-Imagines untersucht werden können, von denen in der therapeutischen Arbeit ausgegangen wird und die die Therapeuten wiederum auf ihre Klienten projizieren. Martine Groen beschäftigt sich in ihrem Aufsatz mit der Möglichkeit einer multikulturellen Zukunft für praktische und symbolische Mutterschaft. Sie zeigt auf - unter anderem am Beispiel alleinerziehender Mütter -, wie das ständige Kreisen um das „Ich" in Gesellschaft und Wissenschaft der westlichen Welt die „Andere(n)" (unsere Mütter inklusive) ausschließt. Anhand der Beispiele Surinams und der Antillen fragt sie nach Alternativen in der Kinderbetreuung und den Möglichkeiten multikultureller Identitäten.

Die Verknüpfung von „Frau", „Mutter" und „Objekt" als inhaltlichen Kategorien mit der Vorstellung eines autonomen Subjektes und seinen entsprechenden Eigenschaften, wie es in den westlichen Kulturen zentrale Bedeutung erfährt, ist ein Problem, das sich in allen Aufsätzen widerspiegelt. Alle Autorinnen sind bemüht, Mütter als autonome Subjekte darzustellen und ihnen gleichzeitig die Position eines Subjektes-in-Beziehung einzuräumen. Mit anderen Worten, jene tief verwurzelten Bedeutungen aufzudecken, die „die Mutter" erst zu dem machen, was sie ist. Die Tatsache, daß zwischen Frauen deutliche Unterschiede bestehen, wird in allen Beiträgen hervorgehoben. Welcher Unterschied betont wird, ist abhängig von der jeweiligen Fachrichtung der Autorin, aber die vorherrschenden

Dichotomien werden von allen gleichermaßen infrage gestellt: Ich und die Andere, Gesellschaft und Individuum, westliche Welt und andere Kulturkreise.

Frauen als Mütter - die starke Betonung, die der zweite Teil unserer Aufsatzsammlung auf Bilder, Phantasien, Mythen und das (kollektive) Unbewußte legt, macht deutlich, wie engmaschig die Konzepte Frau und Mutter miteinander verwoben sind und mit welcher Komplexität Frauen umzugehen haben. Selbst sprachlich scheint es mehr als schwierig, dualistische Denkweisen zu transzendieren.

Aus allen Aufsätzen wird die Schwierigkeit ersichtlich, auf einen verobjektivierenden Untersuchungsansatz zu verzichten. Gerade die Objektbeziehungstheorie lädt zu dieser Art der Verobjektivierung der Mutter ein (die Mutter als Objekt ihres Kindes). Die Mutter wird dargestellt als festgefügte Einheit - und nicht als eine Person, die im Zusammenspiel mit anderen eine eigene Identität entwickelt. Auf diesen Fallstrick und seine Folgen für den therapeutischen Prozeß weisen Orbach und Eichenbaum hin.

Die entscheidende Frage ist und bleibt „Wer identifiziert sich mit der Mutter?". Darin ist die implizite Frage enthalten „Wer verzichtet auf das verlorene Paradies?". Solange Mütter verobjektiviert und essentialistisch betrachtet werden, können alle unerfüllten Wünsche auf sie projiziert werden. Wenn wir jedoch Mütter als Subjekte-in-Entwicklung anzuerkennen vermögen, müssen wir uns von „der Mutter" als Mittelpunkt unserer Existenz, als Anker und Bezugspunkt, von dem aus wir uns selbst definieren, verabschieden.

In den folgenden Kapiteln soll mit diesem langen Abschied von Müttern als Ersatz göttlicher Fürsorge begonnen werden.

Literatur:

Badinter, E. (1980): Die Mutterliebe. Die Geschichte eines Gefühls vom 17. Jahrhundert bis heute. München (Piper) 1981.

Birns, B. und D. Hay (Hg.) (1988): The different faces of motherhood. New York (Plenum).

Dinnerstein, D. (1976): Das Arrangement der Geschlechter. Stuttgart (Deutsche Verlagsanstalt) 1979.

Friedan, B. (1964): The feminine mystique. New York (Dell).

Rich, A. (1976): Von Frauen geboren. Mutterschaft als Erfahrung und Institution. München (Frauenoffensive) 1978.

Ussher, J. (1990): Negative images of female sexuality and reproduction: reflecting misogyny or misinformation? Psychology of Women Newsletter, 17-29.

Mütterliche und phallische Macht

Phantasie und Symbol

Janet Sayers

Die feministische Psychoanalyse der letzten Jahre, zumindest gilt dies für jenen Zweig, der sich auf die Arbeiten Nancy Chodorows (z. B. 1978) und Luce Irigarays (z. B. 1985) bezieht, hat ihren Schwerpunkt mehr und mehr auf eine mutterzentrierte Betrachtungsweise verlegt. Darin befinden sie sich in Übereinstimmung mit zahlreichen männlichen Psychoanalytikern, die, wenn auch auf unterschiedliche Art und Weise, Mütterlichkeit im Sinne von Empathie (z. B. Kohut 1977), Holding (z. B. Winnicott 1960), Containment (z. B. Bion 1977) und Transformation (z. B. Bollas 1987) idealisieren.

Diese Haltung übersieht allerdings die Macht, im negativen wie im positiven Sinne, mit der die Mutter in der Phantasie ausgestattet wird und die - wie es die Pionierinnen der Psychoanalyse beschrieben haben - eine Folge der sexuellen Impulse des Kindes darstellt. Sie übersieht auch die Macht, die - qua Phallus - Männern aufgrund der ökonomischen und politischen Herrschaft, die sie als Vertreter der Führungsschicht in einer männlich-dominierten Gesellschaft innehaben, zugeschrieben wird. Ich werde auf diesen Punkt an anderer Stelle zurückkommen. Zunächst möchte ich der Frage nachgehen, was es mit jener „mütterlichen Machtfülle" auf sich hat, wie sie von den Psychoanalytikerinnen der ersten Generation beobachtet und beschrieben wurde.

Frauen analysieren mütterliche Macht

Den Beginn bildet Helene Deutsch. Sie war wohl die bedeutsamste Vertreterin der ersten Generation weiblicher Psychoanalytiker in Wien. Als erste Psychoanalytikerin widmete sie der Psychologie der Frau ein Buch, in dem sie eigene Erfahrungen aufarbeitete - allen voran die Machtkämpfe, die sie mit ihrer eigenen Mutter auszutragen hatte und die sie für die Konflikte ihrer Patientinnen sensibilisierten. Sie beschreibt ihre Mutter als eine Frau, die sie schlug, „nicht, um mich zu bestrafen, sondern um ihre eigenen aufgestauten Aggressionen loszuwerden", so erbittert war diese darüber, daß Helene nicht der Sohn war, den sie sich gewünscht hatte (Sayers 1994, S. 27). Deutsch zitiert eine Patientin, die von ihrer Mutter aus Strafe für ihr kindliches Masturbieren vor den Augen des Vaters festgebunden wird. Ebensowenig wie Helenes eigener Vater bietet er den Übergriffen der Mutter Einhalt. Ihre persönliche Biographie ermöglicht es Helene Deutsch, die spannungsgeladene Identifikation zwischen Mutter und Tochter - von Freud so sträflich übersehen - herauszuarbeiten - eine Identifikation, die, so der Tenor der heutigen feministischen Psychoanalyse, infolge der Gleichgeschlechtlichkeit von Mutter und Tochter problemlos reproduziert werde (vgl. Chodorow 1978).

Im Unterschied zu Helene Deutsch war Karen Horney - einziges weibliches Gründungsmitglied des Berliner Psychoanalytischen Instituts und erste Theoretikerin, die eine frauenzentrierte Kritik an Freuds Penisneidtheorie der weiblichen Sexualität vorbrachte - ihrer Mutter sehr zugetan. Allerdings - und hier macht sie ähnliche Erfahrungen wie Helene Deutsch - erlebt auch sie ihre Mutter, nicht ihren Vater, als die bei weitem mächtigste Gestalt ihres kindlichen Universums. Auch sie wird dadurch für die ihrem eigenen Erleben so ähnlichen Erzählungen ihrer Patientinnen empfänglich, was in der Falldarstellung ihrer Patientin „Clare" - einer Mischung persönlicher und den Berichten von Patientinnen entnommener Erfahrungen der Mutter-Tochter-Beziehung - seinen verdichteten Höhepunkt findet. Clares selbstgerechte Mutter, so Karen Horney, erhebt den Anspruch nach absoluter Ergebenheit und exklusiver Bewunderung seitens ihrer Tochter. Der Vater ist hierbei keine Hilfe. Er ist nicht anwesend - physisch ebensowenig wie emotional. Seine Zuneigung gilt allein ihrer Mutter, der er in blinder Verehrung ergeben ist. Sie jedoch straft ihn mit Verachtung. In der Überzeugung, daß „es sehr viel sicherer (...)" sei, „(...) auf der Seite des Starken zu sein" (zitiert nach Sayers 1994, S. 110), unterdrückt Clare die feindseligen Gefühle, die der Narzißmus ihrer Mutter in ihr auslöst, indem sie sich äußerlich unterwirft, zunächst ihrer Mutter, dann einer Reihe männlicher Liebhaber. Mit dieser und anderen klinischen Falldarstellungen zur Interaktion zwischen Mutter und Tochter greift Karen Horney den Ausführungen Alice Millers (z. B. 1979) zu Macht und ihrem Mißbrauch - in Form von Sadismus und Masochismus - in Eltern-Kind-Beziehungen, vor.

Gleich Deutsch und Horney beschreibt auch Melanie Klein, die wohl einflußreichste Gestalt nach Freud innerhalb der britischen Psychoanalyse, ihre Mutter als die mächtigste Kraft ihrer Kindheit - als diejenige, die, ungleich ihrem ohnmächtig scheinenden Vater, immer alles daransetzte, ihre Ziele zu erreichen.

Aber während Deutsch und Horney ihr Augenmerk auf die scheinbare äußere Wirklichkeit mütterlicher Macht legen, fragt Klein, inwieweit Phantasien, die durch körperliche Empfindungen und Impulse genährt werden - im Sinne von oralen, analen und genitalen Strebungen -, die Vorstellungen mütterlicher Macht bestimmen. Unter Rückgriff auf Freuds Theorien unbewußter Phantasiebildung und kindlicher Sexualität (von Alice Miller und zahlreichen Feministinnen heute so heftig bekämpft) entwickelt sie auf der Basis ihrer analytischen Arbeit mit Kindern, die sie 1926 von Berlin nach London führt, ihre bahnbrechenden Theorien.

Zu den berühmten Fallgeschichten gehört das Beispiel der zweijährigen Rita und ihrer panischen Angst, es könne nachts etwas durchs Fenster hereinkommen und ihre Genitalien abbeißen, genauso wie sie zuvor ihre mit ihrem Brüderchen schwangere Mutter angreifen wollte. Ritas Furcht vor dieser in ihrer Phantasie beherbergten rachsüchtigen, oral aggressiven mütterlichen Figur war so groß, daß sie es zu Beginn der Therapie nicht ertragen konnte, sich allein mit ihrer Therapeutin in einem Zimmer aufzuhalten - bis Klein mit ihr ins Freie ging und sich bemühte, die Angst ihrer kleinen Patientin sowie deren mütterlichen Ursprung in Worte zu fassen.

Die dreijährige Trude „faßte" die Macht ihrer Mutter in anale Begrifflichkeiten. Wiederholt spielte sie in den Sitzungen, daß es Nacht sei und sie und Klein schliefen. Sie stand dann auf, kam zu Klein herüber und drohte ihr, sie in den Bauch zu stoßen, ihre Faeces herauszunehmen und sie somit arm zu machen. Kaum war die Drohung ausgesprochen, versteckte sie sich ängstlich hinter dem Sofa, hüllte sich in Decken ein, lutschte an ihren Fingern und näßte ein. Auf diese Art und Weise, so Klein, reinszenierte Trude bis ins Detail, wie sie, noch nicht ganz zwei Jahre alt, Nacht für Nacht ins elterliche Schlafzimmer lief, um ihrer schwangeren Mutter die Babys wegzunehmen und sie, die Mutter, zu töten - genauso wie sie nun Klein attackierte und sie des Inneren ihres Bauches berauben wollte. Dies ließ Trudes große Angst vor den aggressiven Angriffen ihrer Mutter entstehen und führte zu ihren nächtlichen Panikattacken.

Im Gegensatz dazu spiegeln sich in den Phantasien der vierjährigen Ruth eher Konflikte genitaler Natur. In einer Sitzung spielt sie mit ihren Puppen Mutter und Kind, gibt ihnen kännchenweise Milch zu trinken, um im nächsten Moment die Therapeutin anzufahren, die einen nassen Schwamm neben eine der Puppen legt, „Nein, sie darf nicht den großen Schwamm haben; der ist nicht für Kinder, der ist für Erwachsene!", als könne sie die Vorstellung dessen nicht ertragen, was ihre erwachsene Mutter genoß, nämlich den großen Schwamm/Penis des Vaters (zitiert nach Sayers 1994, S. 179).

Klein zog aus diesen Fallbeispielen die Schlußfolgerung, daß die Deprivation des Kindes infolge der Beziehung der Mutter zum Vater sowie die reale Macht der Mutter, die sie über das Abstillen und die Sauberkeitserziehung hatte, Wünsche in der Tochter entstehen ließen, die Macht der Mutter, sowohl oral als auch anal, anzugreifen. Dies wiederum ruft töchterliche Phantasien zur mütterlichen Macht hervor - orale und anale Vergeltung der Mutter für die tatsächlichen und phantasierten Angriffe der Tochter auf die mütterliche Sexualität.

Aufgrund der im Körperinnern liegenden weiblichen Genitalien fehle der Tochter die Möglichkeit, so Klein, sich zu versichern, daß die phantasierten Angriffe der Mutter auf ihre Sexualität nicht stattgefunden haben. Daraus folge, daß sich Frauen ihrer Weiblichkeit und Gebärfähigkeit niemals in dem Maße sicher sein können, wie dies für Männer und ihre phallische Maskulinität zutreffe; und das, obgleich sie über ihre Arbeit und Kreativität sowie über die Tatsache, daß sie Geschlechtsverkehr haben und Kinder bekommen, die Angst, von den Mächten mütterlicher Gewalt zerstört worden zu sein, lindern können, um gleichzeitig Wiedergutmachung für ihre eigenen aggressiven Angriffe zu leisten. In eben diesen Angriffen - und den damit einhergehenden oralen, analen und genitalen Phantasien - sieht Melanie Klein die Mutter als ersten Kastrator in der Phantasie des Kindes - und nicht den Vater, wie Freud dies aufgrund der Übertragung seiner Patienten auf ihn als patriarchale Figur angenommen hatte. Bei beiden Geschlechtern, so betont sie, „ist es die Mutter, die in den tiefsten Schichten des Unbewußten als kastrierend gefürchtet wird" (Klein 1926).

Aktuelle Fallbeispiele mütterlicher Macht

Die Macht ihrer Mütter ist ein Thema, das Frauen immer wieder beschäftigt - zumindest gilt dies für zahlreiche Patientinnen, die sich in Psychotherapie befinden, wie ich anhand eigenen klinischen Materials aufzeigen möchte.

Daphne, vierzig Jahre alt: Die Patientin kommt in Psychotherapie aufgrund fehlenden Selbstvertrauens, insbesondere in Situationen, in denen sie weiblichen Vorgesetzten, allem Anschein nach sehr matriarchalischen Persönlichkeiten, über ihre Arbeit zu berichten hat. Die Geschichte ihrer Kindheit ist bestimmt von mütterlicher Tyrannei, begleitet von Schlägen und Züchtigungen seitens ihrer Adoptivmutter, die sie für angebliche Vergehen in der Schule und zu Hause zu bestrafen sucht. Nie scheint ihre Kritik zu verstummen. Das innere Erleben der Patientin ist ebenso von ihr beherrscht wie ihre Beziehung zu mir. Wie ihre Mutter habe ich die Oberhand über sie. In gewissem Sinne stimmt das natürlich. Es obliegt meiner Entscheidung, sie in Behandlung zu nehmen; Sitzungszeiten, Ferienunterbrechungen und Behandlungsende unterstehen meiner Kontrolle. In der Phantasie der Patientin jedoch ist dies mit meiner Verachtung für sie verknüpft;

wenn ihre Mutter sie in vernichtenden Worten mit dem älteren Bruder verglich, schnitt sie jedes Mal ungünstig ab. Daher glaubt sie, daß ich sie im Vergleich zu meinen anderen Patienten herabsetze und für vollkommen langweilig halte. Das Aussprechen dieser Phantasie läßt sie in völliges Schweigen verfallen - alles, was sie sagen könnte, wird als zu dumm entwertet. Sie zerstört so jegliche Spontaneität und Lebendigkeit mit der gleichen Rücksichtslosigkeit der Mutter ihrer Kindheit.

Pat, fünfzig Jahre: Diese Patientin lebt von der Phantasie einer mächtigen Mutter. Indem sie mich und ihre Mutter zu machtlosen und neidischen Zeuginnen ihrer sexuellen Potenz macht, kompensiert sie das Gefühl eigener Machtlosigkeit. Sie unterstreicht die Behinderung ihrer alternden Mutter und versucht auf diese Weise, deren Leben zu bestimmen, indem sie ihr die gesamte Hausarbeit abnimmt, Einkäufe erledigt und für ihre Unterhaltung sorgt. Bis sie schließlich von ihrer Mutter gebeten wird, zu packen und abzureisen - eine Reaktion, die ich angesichts der süßlichen, erstickenden und paradoxerweise machtlos machenden Gastfreundschaft der Patientin nur allzu gut nachvollziehen kann. Während Kleins Kinderpatienten sich neidvoll vom offensichtlich so mächtigen Besitz der Mutter in Person des Vaters ausgeschlossen fühlten, versucht die Patientin mich und ihre Mutter neidisch zu machen. Ihre Mutter, so berichtet sie, war verrückt nach ihrem Ehemann. Das glaube ich gern. Die strahlenden Farben, in denen sie ihn mir beschreibt, reichen aus, um jedermanns Neid auf die Macht zu erwecken, die sie offensichtlich genoß, seine uneingeschränkte Aufmerksamkeit zu besitzen.

Anne, eine junge Frau Ende zwanzig, überträgt all diese Macht auf mich. Sie idealisiert mich, so wie Klein die Idealisierung des Kleinkindes der Mutter beschreibt - als allmächtig, als Fau, der es an nichts fehlt, ausgestattet mit reichlich Milch, Fäces und dem väterlichen Penis. In der Wahrnehmung der Patientin bin ich eine Person, die „alles durchschaut", im Gegensatz zu ihrer Mutter, deren Schwäche sie beklagt: insbesondere das Versagen, sich gegen die Gewalttätigkeit ihres Ehemanns und des Vaters der Patientin zu behaupten; ihre Blindheit gegenüber den Übergriffen ihres Schwagers, der die Patientin sexuell mißbrauchte. Nicht, daß die Patientin die tatsächliche Macht ihrer Mutter nicht erkennen würde. Schließlich war es ihre Mutter, die sie am ersten Schultag in die Schule brachte und sie dort, wie es schien, zurückließ. Sie erinnert sich lebhaft an ihre damaligen Gefühle, „Wie konnte sie mir das nur antun?" Auf ähnliche Art und Weise beklagt sie meine Macht und fühlt sie sich von mir in den Sommerferien verlassen. Ihre Klagen fielen sehr viel heftiger aus, müßte sie mich in meiner Abwesenheit nicht als allmächtige und allgegenwärtige Figur phantasieren, die immer für sie da ist, nicht wie ihre Mutter, an deren Unverfügbarkeit zum Zeitpunkt der Geburt ihrer jüngeren Schwester sie sich so schmerzlich erinnert. Sie verabscheut die Macht, die in der Fähigkeit von Frauen liegt, Kinder zu gebären.

Karen Horney und Melanie Klein haben zurecht auf diesen Aspekt der Macht und den Neid, den sie hervorruft, aufmerksam gemacht und werden darin von zeitgenössischen feministischen Schriftstellerinnen und Therapeutinnen bestätigt (z. B. Rich 1976; Chernin 1985; Maguire 1987). Dies hatte allerdings zur Folge, daß die andere, von Männern qua Phallus symbolisierte Macht, oftmals übersehen wurde.

Phallische Macht - Klinische Fallbeispiele

Während Frauen den kindlichen Alltag kontrollieren und somit den mächtigsten Einfluß auf die psychische Entwicklung von Kindern zu nehmen scheinen, liegen politische und ökonomische Macht in den Händen von Männern der jeweilig herrschenden Klasse. Weit mehr als Klassenzugehörigkeit bedeuten Mann-Sein und Männlichkeit somit Macht, obgleich der Einfluß der meisten Männer verschwindend gering ist. Und doch, so die in der Tradition des französischen Psychoanalytikers Jacques Lacan stehenden Feministinnen (vgl. Mitchell & Rose 1982), ist der Mann - oder Phallus - das zentrale Symbol des Gesetzes in der patriarchalen Gesellschaft. Doch niemand kann den Phallus als Symbol besitzen oder der Phallus sein. Aber die Illusion, ein Mann zu sein oder einen Mann zu haben - und damit die Macht, die mit dem Mann-Sein gleichgesetzt wird -, hält sich hartnäckig. Sie hat reale Auswirkungen, nicht zuletzt auf die Mutter-Tochter-Beziehung, wie ich anhand der bereits vorgestellten Patientinnen erläutern möchte.

Daphne: Vater und Ehemann sind in keinster Weise mächtig. Die Patientin bezeichnet beide als „Waschlappen". Der Vater stand völlig unter dem Pantoffel seiner Mutter. Die Angst, sie zu kränken, veranlaßte ihn, mit seiner Heirat bis nach ihrem Tod zu warten. Er kam vom Regen in die Traufe, denn die Flitterwochen mit der Mutter der Patientin ließen Todesahnung aufkommen, und er setzte sein Testament auf. Was aber die Patientin am meisten gegen ihn aufbrachte, war sein Versagen, sie als Kind vor den Übergriffen ihrer Mutter zu beschützen.

Angesichts der Schwäche, die die Patientin den Männern in ihrem Leben zuschreibt, mag es überraschen, daß sie, wie viele andere Töchter, einzig und allein Männern die Fähigkeit zuschreibt, sie vor sich selbst und ihrer Mutter zu bewahren. Wären Männer - wie auch immer ihre tatsächlichen Eigenschaften beschaffen sein mögen - kraft des materiellen Einflusses, den einige wenige unter ihnen in unserer Gesellschaft genießen, nicht mit dieser Macht ausgestattet, es würde ebenso überraschen. In diesem Sinne erstaunt es nicht, daß die Patientin zuerst bei ihrem Vater, dann bei ihrem Ehemann Hilfe sucht, so wie sie jetzt in realen und phantasierten Affären mit Männern vor mir und ihrer Mutter Zuflucht sucht. Um die Zuneigung von Männern zu gewinnen, zieht sie sogar eine Brustvergrößerung in Erwägung. Daran wird deutlich, wie sehr ihre heterosexuellen Beziehungen unter dem Zeichen der selbst-/zerstörerischen Perversion von Macht stehen, unter der sie in Beziehung zu ihrer Mutter so gelitten hat und in ihrer Phantasie immer noch leidet.

Pat: Der Ehemann dieser Patientin scheint nur wenig zur Verkörperung phallischer Macht geeignet. Als kleiner Beamter aufgrund schwacher Gesundheit zur Frühpensionierung gezwungen, versinkt er zu Hause in sinnlose Grübeleien. Die Phantasie der Patientin kehrt dieses Bild von Machtlosigkeit ins Gegenteil. In ihrer Erinnerung ist er stark und mächtig und verfügt über all die Charaktereigenschaften, die sie an ihrer Mutter vermißt. Ein Inbegriff der Tugend, der um das Wohlergehen all ihrer Freunde, Verwandten und Nachbarn besorgt war - „Es wurde ihm nie etwas zuviel". Die Vorstellung, ihn aufzugeben und seinen Verlust anzuerkennen, erträgt sie nicht. Auch drei Jahre nach seinem Tod trägt das Namensschild an der Tür seinen Namen. Noch immer liegt seine Zahnbürste auf der Ablage im Bad, hängt der Morgenmantel über einem Haken im Schlafzimmer. Das Anerkennen seines Todes würde für die Patientin die gleiche Machtlosigkeit und Schwäche bedeuten, die sie an ihrer verwitweten Mutter wahrzunehmen glaubt. Sie kann es nicht ertragen, ohne ihn - ohne die Anwesenheit eines Mannes - zu sein. Sie lehnt es ab, „mannlos" und somit - wie ihre Mutter - Witwe zu sein. Die Illusion des idealen Mannes (repräsentiert in der Person ihres toten Gatten) fesselt sie an die Vergangenheit und macht es ihr unmöglich, wie sie selbst eingesteht, sich weiterzuentwickeln.

Anne: Wie im Falle von Pat, beschreibt diese Patientin die Männer in ihrem Leben als groß und stark. Sie zeichnet diese Stärke jedoch in negativeren Farben. Sie erinnert sich, wie sie als Kind Nacht für Nacht wach lag und voller Angst, gepaart mit Aufregung, auf die Rückkehr des Vaters wartete, um dann, wie so oft, Zeugin der gewalttätigen Auseinandersetzungen zwischen den Eltern zu werden. Sie erinnert sich auch an den Onkel mütterlicherseits, der - groß und fett - zu ihr ins Bett kam, als sie neun Jahre alt war, oder mit ihr in seinem Auto aufs Land fuhr, um sie dann dazu zu zwingen, seinen Penis zu masturbieren. Auch das Bild ihres Freundes, das sie in sich trägt, ist riesig und aggressiv. Im Gegensatz zu Daphne, die immer wieder mächtige Männer sucht, die sie vor der Mutter und ihrer zerstörerischen Identifikation mit ihr bewahren, distanziert sich Anne in ihren Träumen und in ihrem Sexualleben von der schwach scheinenden Mutter, um mit den brutalen Männern in ihrem Leben zu verschmelzen. Als sie schwanger wird, identifiziert sie den Fötus mit ihrem Freund, läßt aber - von den Schäden, die sie mit männlicher Macht assoziiert, in Panik versetzt - das Kind abtreiben. Sie phantasiert sich nun selbst wieder als bestialischen Mann. Groß, kräftig gebaut und finster dreinblickend, konfrontiert sie mich mit ihrer äußeren Gestalt, während sie sich im Zusammensein mit ihrem Freund als die körperlich mächtige und gewalttätige Person erlebt, die normalerweise Männer für sie darstellen. Aus Angst, ihm und sich dadurch Schaden zuzufügen, lehnt sie es ab, mit ihm zu schlafen, obwohl sie sich danach ebenso sehnt wie nach einem Kind. Hierin liegt die ursprüngliche Motivation, Hilfe in einer Psychotherapie zu suchen - im Wunsch der Patientin, ihre über Männer symbolisierte Identifikation mit Macht aufzulösen, die sie daran hindert, ihre Sexualität zu leben und Kinder zu bekommen.

Die Analyse phallischer Macht

Ich möchte an dieser Stelle auf die ersten Vertreterinnen der Psychoanalyse zurückkommen. In ihrer Idealisierung von Mütterlichkeit haben Feminismus und Psychoanalyse nicht nur den Aspekt der Macht, sondern auch den des Geschlechts, phallische Sexualität miteingeschlossen, aus dem Blick verloren. Wie oben beschrieben, stellt dies oftmals ein zentrales Element der Mutter-Tochter-Beziehung dar.

Die holländische Psychoanalytikerin Jeanne Lampl-de-Groot hat dies als erste erkannt. Infolge der Mutter-Tochter-Übertragung, die die Analytikerin als Frau in ihren Patientinnen auslöste, erkannte sie - entgegen ihren männlichen Kollegen - den vordringlichen Wunsch der Tochter, die Mutter sexuell zu besitzen - und dies auf die in einer männlich beherrschten Gesellschaft einzig mögliche Art und Weise, nämlich über den Besitz eines Penis.

Lampl-de-Groot zitiert die Behandlung einer Patientin, die - aufgrund einer unaufgelösten Übertragungsproblematik mit ihrem männlichen Analytiker - an sie überwiesen wurde. Der Beginn der Beziehung war von der feindseligen Haltung der Patientin ihrer neuen Analytikerin gegenüber geprägt, die dann einem Zustand der Veliebtheit Platz machte, in dem die Patientin aktiv um die Analytikerin warb. Sie träumt, daß Lampl-de-Groots Analytiker kastriert war und sie seine Stelle einnehmen und die Analytikerin für sich allein haben konnte. In diesem Zusammenhang erinnert sie sich an die Haßgefühle, die sie in ihrer Kindheit ihrem Vater gegenüber empfand, der, nachdem sie mehrere Nächte hintereinander ihre Eltern aus dem Bett geholt hatte, um ihre Aufmerksamkeit auf sich zu lenken, eines Nachts in ihr Zimmer kam und ihr eine Ohrfeige verpaßte. Sie erinnert sich dann an einen Traum, den sie als Vierjährige gehabt hatte, in dem sie neben ihrer Mutter im Bett liegt und ein Gefühl absoluter Glückseligkeit empfindet, als ihre Mutter sagt „So ist es schön". An dieser Stelle erwachte sie aus dem Traum. Sie hatte eingenäßt und war furchtbar enttäuscht und unglücklich - eine

Reaktion, die Lampl-de-Groot der soeben gemachten Entdeckung der sexuellen Differenz zuschrieb, die bedeutete, daß sie ohne Penis niemals in der Lage sein würde, sexuell von ihrer Mutter Besitz zu ergreifen.

Lampl-de-Groots (1927) Entdeckung, daß ihre Patientinnen ihre frühen sexuellen Wünsche nach Inbesitznahme der Mutter auf sie übertrugen, veranlaßte Freud (1931) dazu, seine Hypothese, der zufolge das erste Objekt töchterlichen Begehrens der Vater sei, zu revidieren. Diese Behauptung war auf Freuds Beobachtung der Vaterübertragung seiner weiblichen Patienten entstanden. Dank Lampl-de-Groot erkannte er nun an, daß das erste Objekt, auf das sich das Begehren der Tochter richtet, die Mutter ist.

Allerdings warf er Lampl-de-Groot vor, sie hätte die feindseligen Gefühle der Tochter ihrer Mutter gegenüber übersehen. Nicht daß er dieser Tatsache oder den Phantasien mütterlicher Machtfülle sehr viel Aufmerksamkeit gezollt hätte. Weder er noch Lampl-de-Groot richteten ihr Augenmerk auf das Problem der Macht, die in der männlich dominierten Gesellschaft durch den Phallus symbolisiert wird, was ihn zu einem derart begehrten Objekt macht. In dieser Hinsicht unterschieden sie sich von Klein (1926) sowie zeitgenössischen Forscherinnen (Dinnerstein 1976) und Psychoanalytikerinnen (z. B. Chasseguet-Smirgel 1964), die die These vertreten, daß die Tochter den Phallus deshalb begehrt, um der Mutter zu entkommen, nicht um sie sexuell zu besitzen. Aber alle ignorieren die politische und ökonomische Herrschaft der Männer, die aus dem Phallus ein solch mächtiges Symbol macht - sie es nun ein Symbol der Flucht oder der Inbesitznahme. Sie übersehen die materiellen Faktoren, die zur oben beschriebenen persistierenden Phantasie bei Frauen führen, die Lösung aller Probleme - inklusive jener, die der Mutter-Tochter-Beziehung entwachsen - hinge nur davon ab, im Besitz der durch den Phallus symbolisierten Macht zu sein.

Schlußfolgerung

Von Anbeginn an war es das Ziel der Psychoanalyse, Patienten zu helfen, Phantasien und Symbole, die in Träumen und neurotischen Symptomen ihren Ausdruck finden, in Worte zu fassen und somit von ihrem Leidenscharakter zu befreien. Denn nur über ihre Dekonstruktion - sowie der damit einhergehenden Größenphantasien - sind wir in der Lage, unsere Wünsche zu formulieren und zu versuchen, unserem Begehren Erfüllung folgen zu lassen. Im Falle der Phantasien, die durch die phallische Symbolik männlicher Macht genährt werden, steht jedoch mehr auf dem Spiel als nur die Bearbeitung individuellen Leidens. Hier geht es um die Aufdeckung, Infragestellung und Auflösung männlicher Kontrolle über ökonomische und politische Ressourcen, die diese Phantasien entstehen lassen und verstärken. Hier ist, wie die Frauenbewegung erkannt hat, kollektives politisches Handeln notwendig, das jedoch nur allzu oft durch unaufgelöste primitive Phantasien mütterlicher Macht zum Scheitern verurteilt ist. Auch diese Phantasien müssen aufgedeckt und aufgelöst werden, wenn unsere Bemühungen, die soziale Realität - die Männer mit Macht gleichsetzt - sowie die damit einhergehenden Phantasien zu verändern, erfolgreich sein sollen. Ein Unterfangen, das nicht durch bloße Idealisierung von Mütterlichkeit, wie sie die heutige Psychoanalyse so oft an den Tag legt, erreicht wird.

Literatur:

Bion, W. R. (1977): Seven servants. New York (Jason Aronson).

Bollas, C. (1987): The shadow of the object. London (Free Association Books).

Chasseguet-Smirgel, J. (1964): Psychoanalyse der weiblichen Sexualität. Frankfurt a. M. (Suhrkamp) 1974.

Chernin, K. (1985): The hungry self. London (Virago).

Chodorow, N. (1978): Das Erbe der Mütter. Psychoanalyse und Soziologie der Geschlechter. München (Frauenoffensive) 1985.

Dinnerstein, D. (1976): The rocking of the cradle. London (Souvenir Press).

Freud, S. (1931): Über die weibliche Sexualität. G. W. XIV.

Irigaray, L. (1985): Das Geschlecht, das nicht eins ist. Berlin (Merve).

Klein, M. (1926): Die psychologischen Grundlagen der Frühanalyse. Imago 12.

Kohut, H. (1977): Die Heilung des Selbst. Frankfurt a. M. (Suhrkamp) 1979.

Lampl-de-Groot, J. (1927): Zur Entwicklungsgeschichte des Ödipuskomplexes der Frau. Internationale Zeitschrift für Psychoanalyse 13.

Maguire, M. (1987): Casting the evil eye. In: S. Ernst und M. Maguire (Hg.): Living with the sphinx. London (Women's Press).

Miller, A. (1979): Das Drama des begabten Kindes. Franfurt a. M. (Suhrkamp).

Mitchell, J. und J. Rose (1982): Feminine sexuality. London (Macmillan).

Rich, A. (1976): Von Frauen geboren. Mutterschaft als Erfahrung und Institution. München (Frauenoffensive) 1978.

Sayers, J. (1991): Mütterlichkeit in der Psychoanalyse. Helene Deutsch, Karen Horney, Anna Freud, Melanie Klein. Stuttgart (Kohlhammer) 1994.

Winnicott, D. W. (1960): The theory of the parent-infant relationship. In: Maturational processes and the facilitating environment. London (Hogarth).

Weibliche Subjektivität, Gegenübertragung und Mutter-Tochter-Beziehung

Susie Orbach und Luise Eichenbaum

Im Laufe der letzten 30 bis 40 Jahre kam es zu einem bedeutsamen Anstieg psychoanalytischer Literatur zum Phänomen der Gegenübertragung. Es werden darunter all jene Gefühle verstanden, die der oder die AnalytikerIn in ihrer Arbeit mit einem bestimmten Patienten diesem gegenüber verspürt. Die Disposition des Therapeuten, mit ganz bestimmten Empfindungen, Verhaltensweisen und Wünschen auf jeden einzelnen Patienten zu reagieren, gilt heute ebenso als Kern der Analyse wie das Material, das der Patient in die Stunden bringt.

Meine These lautet, daß die emotionalen Reaktionen des Analytikers auf seinen (sic) Patienten in der analytischen Situation eines der wichtigsten Werkzeuge seiner Arbeit darstellen. Die Gegenübertragung des Analytikers ist ein Weg, das Unbewußte des Patienten zu erforschen.

(Heimann 1950, S. 81)

Übertragungsdeutungen auf der Grundlage des manifesten und latenten Inhalts dessen, was der Patient an Material anbietet, erhalten zusätzliche Glaubwürdigkeit, weil in sie auch Gegenübertragungsgefühle des Analytikers und ihre genaue Überprüfung einfließen. Das heißt, die Bestätigung der Hypothesen zum jeweiligen Beziehungsgeschehen erfolgt anhand einer genauen Betrachtung der eigenen Empfindungen des Analytikers oder der Analytikerin. Welche Gefühle und Bilder steigen in ihr/ihm hoch? Was empfindet sie oder er gegenüber dem Patienten? In welches emotionale Wirrwarr glaubt sie/er sich vom Patienten hineingezogen?

Einst ein Verfahren zur Aufdeckung lebensgeschichtlicher Zusammenhänge, wird die Psychoanalyse heute mehr und mehr als der Versuch angesehen, das jeweilige Beziehungsgeschehen oder intersubjektive Feld zwischen AnalytikerIn und AnalysandIn in den Mittelpunkt der „Sprechkur" zu rücken. Was geschieht in der therapeutischen Begegnung? Welche Gefühle hat ein Patient oder eine Patientin für seinen/ihre AnalytikerIn? Welche Empfindungen werden wiederum in diesen ausgelöst? Das Beantworten und Durcharbeiten dieser Fragen steht nun im Zentrum psychoanalytischer Arbeit. In der klinischen Praxis wird die therapeutische Beziehung als Reinszenierung (Mitchell 1988) früherer bedeutsamer Beziehungen, als Abwehr gegen die Erfahrung dieser frühen Objektbeziehungen sowie als das Aufbewahren der emotionalen Form dieser Beziehungen in all ihren Schattierungen betrachtet.

Für zahlreiche zeitgenössische Analytiker und Therapeuten, die beiden Autorinnen eingeschlossen, ist es die therapeutische Beziehung, nicht so sehr die Deutung, die intrapsychisch zu strukturellen Veränderungen führt. Als heilend wird das angesehen, was im Laufe der Therapie im interpersonellen Feld zwischen AnalytikerIn und AnalysandIn geschieht. Die Gegenübertragung dient hierbei als diagnostisches Hilfsmittel. Mit ihrer Hilfe erhalten wir Aufschluß über die innere Welt des Patienten. Sie gibt Hinweise über das Niveau der Objektbeziehungen sowie die Abwehrstruktur. Der Gebrauch der Gegenübertragung ermöglicht es uns, mit jenen Aspekten der Patienten in Beziehung zu treten, die sich hinter ihrer jeweiligen Abwehrstruktur verbergen. Um ein einfaches Beispiel zu geben: Eine Patientin ist ihren eigenen Aussagen als auch ihrer Therapeutin gegenüber extrem negativistisch eingestellt. Sie empfindet sich ohne Hoffnung, so als könne niemals etwas besser werden. Die Art und Weise, der Therapeutin dies mitzuteilen, löst in dieser ausgesprochen negative Gefühle und einen Zustand der Hoffnungslosigkeit aus. Sie nimmt wahr, was ihr hier von der Patientin „angetragen" wird. Sie erlebt sich selbst als Gefangene dieser Negativität, fühlt sich abgestoßen und hat den starken Impuls, ihre Aufmerksamkeit von der Patientin abzuziehen und sie ihrer Verzweiflung zu überlassen. Das Erkennen der Gegenübertragungsnatur dieser Gefühle ermöglicht es der Therapeutin, angemessen zu reagieren. Sie bedient sich ihrer Gegenübertragungsgefühle, um zu verstehen, wie sich die Patientin fühlt. Sie weist sie nicht zurück, vielmehr ist sie erstaunt über die Notwendigkeit, die die Patientin verspürt, Situationen zu konstellieren, in denen sie die Zurückweisung durch das Gegenüber geradezu herausfordert. Dies veranlaßt die Therapeutin, die Verzweiflung anzusprechen, die hinter dieser Negativität zu liegen scheint. In ihrem Versuch, die Abwehr zu unterlaufen, macht die Therapeutin ein Beziehungsangebot, das es der Patientin ermöglicht, mit ihrer noch unbewußten, über lange Jahre hinweg verdrängten und abgespaltenen Verzweiflung in Kontakt zu kommen, sie zu spüren und zu integrieren.

Der Wunsch der Analytikerin sich zurückzuziehen spiegelt wider, was die Patientin in Interaktionen mit anderen herzustellen vermag: Situationen, in denen sie ihr Gegenüber zurückweist. Aber jenseits dieser Abwehrstruktur ist die Therapeutin auch in der Lage, Hypothesen über die Patientin und die Beschaffenheit ihrer intrapsychischen Realität aufzustellen. Sie beginnt, ein Bild des psychischen

Erlebens ihrer Patientin zu entwerfen: Wie erlebt die Patientin ihre Umwelt? Wie wurde sie zu der, die sie heute ist? Welche Spuren haben ihre Primärbeziehungen hinterlassen?

In der Überprüfung unserer Gegenübertragungsreaktionen sehen wir uns ständig mit der Tatsache konfrontiert, daß jede therapeutische Beziehung einzigartig ist, ebenso wie die daran beteiligten Beziehungspartner. Jede therapeutische Begegnung schafft ihr eigenes, ganz spezifisches Muster, das von einer Vielzahl von emotionalen Interaktionen zwischen den Beziehungspartnern geprägt ist. So wie jeder Patient Unterschiedliches im Analytiker auslöst, so gleicht keine Patient-Analytiker-Beziehung der anderen. Jede therapeutische Beziehung wird zwischen den beiden Beziehungspartnern neu geschaffen. Innerhalb des analytischen Settings besteht eine Spannung zwischen der Reinszenierung familiärer Beziehungsmuster - die Form des „In-Beziehung-Seins", die dem Patienten vertraut ist - und der Transzendierung desselben in einer neuartigen Beziehung zum Analytiker.

Die Berücksichtigung soziokultureller und geschlechtsideologischer Aspekte in der analytischen Arbeit macht gleichzeitig deutlich, daß die Gemeinsamkeit emotionaler Verhaltensmuster und internalisierter Objektbeziehungen auf der einfachen Tatsache beruht, daß Patienten den gleichen kulturellen Hintergrund teilen. Was kulturelle Einflußfaktoren angeht, so gibt es in vielerlei Hinsicht weitaus mehr Uniformität im Erleben und Verhalten als in bezug auf die zahlreichen und unterschiedlichen Interaktionsformen individueller Familienkonstellationen. Im therapeutischen Setting haben wir es daher nicht nur mit einer ganzen Reihe interpersoneller Verknüpfungen zu tun, sondern immer auch mit Internalisierungen der jeweiligen Kultur, der wir entstammen. Kulturell begründete Geschlechtszuschreibungen in Verbindung mit ethnischer und sozioökonomischer Herkunft prägen unser Selbstverständnis ganz wesentlich.

Beziehungstheorie (relational theory) und klinische Praxis müssen in ihrem Kern auch das Geschlecht und die Tatsache der Geschlechterdifferenz miteinbeziehen. Ebensowenig wie es ein Subjekt außerhalb einer Beziehung (nonrelational subject) geben kann, gibt es kein „geschlechtsungebundenes" Subjekt (de-gendered subject). Subjektivität als das Empfinden des eigenen Selbst entsteht entwicklungsgeschichtlich zeitgleich mit der Wahrnehmung des eigenen Geschlechts sowie dem Geschlecht des/der Anderen. „Ich" bezieht sich immer auf ein männliches oder weibliches Subjekt. „Du" bezieht sich immer auf ein männliches oder weibliches Objekt (Stoller 1978).

Die Integration des Konzeptes eines geschlechtsgebundenen Subjekts setzt voraus, in Praxis und (feministischer) Theorie die spezifischen Probleme ins Blickfeld zu rücken und zu verstehen, die für Frauen das Erreichen eines differenzierten Selbst bestimmen. Obwohl die Implikationen, die im Konzept geschlechtsgebundener Subjektivität enthalten sind, eine zentrale Fragestellung innerhalb klinischer Praxis und feministischer Forschung sind, hat die Psychoanalyse erst in den letzten Jahren ihr Augenmerk darauf gerichtet (Chodorow 1978; Dinnerstein 1976; Eichenbaum & Orbach 1982).[1] Viele Frauen werden die Aussage bestätigen, daß sie nicht wissen, wer sie sind, und sich selbst verlieren, wenn sie in Beziehung sind. Die Person, die sie sind, und die Person, die zum Vorschein kommt, wenn sie sich in einer intimen Beziehung befinden, ist eine andere, ein anderes „Selbst" als das Selbst, das sie von sich außerhalb der Beziehung kennen. Sie haben ein instabiles und, sollten wir hinzufügen, defensives Selbstkonzept. Es ist, als fühlten sie sich in einer Beziehung wie überwältigt.

Dieses Phänomen der Instabilität im eigenen Selbstempfinden manifestiert sich auch in Übertragungs-Gegenübertragungsaspekten der therapeutischen Beziehung. Die Gegenübertragungsreaktionen der Psychotherapeutin machen auf die spezifischen Probleme aufmerksam, die sich für Frauen im intersubjektiven Feld auftun. Subjektivität, Intersubjektivität, das Erreichen dessen, was wir als autonomes Selbst oder Abgegrenztheit bezeichnen, werden hier auf ganz bestimmte Art und Weise geformt.

Wie wir in unserer eigenen Praxis beobachten konnten, wie aber auch die Erfahrungen von Kolleginnen und von uns supervidierten Therapeutinnen belegen, sehnen sich Frauen nach einer ganz bestimmten Art des In-Beziehung-Seins, das sie jedoch selbst nur schwer ertragen können. Die erwünschte Nähe und Intimität ist eingebunden in defensive Zurückweisung, Scham und konflikthaftes Erleben eben dieser Wünsche nach Bezogenheit. Auf die Therapeutin werden Verbot, Mißbilligung und Zensur des eigenen Wollens projiziert. Die Erlaubnis, sich das eigene Begehren zuzugestehen und es in die Tat umzusetzen, ist dann jedoch gefolgt von der Angst, mit dem/der Anderen/der Therapeutin zu verschmelzen und nie wieder als eigenständige Person in Erscheinung zu treten (Eichenbaum & Orbach 1987; Orbach 1987; 1990).

Wie von uns bereits an anderer Stelle aufgezeigt, gründet ein wesentlicher Aspekt in der intrapsychischen Entwicklung der Frau auf der Verleugnung von Verlangen und Begehren des kleinen Mädchens, später der Frau. Die Ausrichtung ihrer Bedürfnisse erfolgt entlang den Vorgaben, die ihr die Zustimmung und Billigung ihrer sozialen Umgebung sicherten. Dies läßt eine Situation entstehen, in der die ureigensten Aspekte des Selbst entweder verleugnet oder umgeformt werden müssen und die einzelne in Unsicherheit und Argwohn dem eigenen Begehren gegenüber zurückläßt. Die Verleugnung der eigenen Wünsche kann verschiedenste Formen annehmen. Eine Frau kann sich als bedürfnisfrei präsentieren oder aber verwirrt darüber, was sie will oder nicht. Es kann ihr an Möglichkeiten fehlen, das eigene Begehren in Worte zu fassen, oder sie befürchtet, durch ihr Verlangen selbst überwältigt zu werden bzw. andere damit zu überfluten.

Gerade die zuletzt genannte Alternative kann eine ganz bestimmte Art der Interaktion nach sich ziehen, wenn die Therapeutin ihre Gegenübertragungsgefühle einer nur flüchtigen Betrachtung unterzieht. Eine Patientin, die sich als extrem bedürftig präsentiert, kann Irritation oder den Impuls auslösen, sie zurückzuweisen. Die Therpeutin, ob sie will oder nicht, ertappt sich bei dem Gedanken, die Patientin möge sich zusammennehmen und ihre Bedürftigkeit besser unter Kontrolle bringen. Sie, die sie selbst als Frau erzogen wurde, wird sich bewußt, wie sehr sie ihre eigene Bedürftigkeit unterdrückt und die Ansprüche der Patientin als unangenehm oder gar bedrohlich erlebt. Die Bedürftigkeit der Patientin verbirgt das wirkliche Bedürfnis darüber zu klagen „Ich bin zuviel; niemand kann mir helfen; ich bin ohne Hoffnung; meine Bedürfnisse sind häßlich; und Sie ertragen mich genauso wenig wie alle anderen".

Da diese Form der Abwehr einer extremen Bedürftigkeit auf emotionaler Ebene angesiedelt ist, kann sie überhaupt funktionieren. Es kann hier zu einer Kollusion zwischen Patientin und Therapeutin kommen, die nicht erkennen will, daß im Grunde die Abwehr das Leiden diktiert - Abwehr gegen das konflikthafte Erleben der eigenen Bedürfnisse. Die Patientin löst in der Therapeutin Unbehagen aus, so daß diese, anstatt nach dem in dieser Abwehrhaltung verborgenen Sinn zu fragen und an dem nach außen projizierten Konflikt zu arbeiten, nur noch zu dem erschöpften Schluß kommen kann „Ja, Du bist mir zuviel".

Aufgrund eigener Gegenübertragungsgefühle der Therapeutin kann es also zu einer Kollusion mit dem durch Gegenübertragungsreaktionen ausgelösten Anspruch der Patientin kommen, so daß deren Wollen von der Therapeutin mit Verbot, Mißbilligung und Zensur belegt wird. Genau hier liegt jedoch das zentrale Problem, wenn es um die Subjektivität und Subjekthaftigkeit von Frauen geht. Die eigenen Gegenübertragungsgefühle auszuagieren anstatt sie anzunehmen, zu verarbeiten und so auf jene hinter der projektiven Identifizierung verborgenen Selbstanteile zu reagieren hieße, genau die Probleme zu verstärken, die die Patientin in die Psychotherapie geführt haben. Mit anderen Worten, das Problem, eine eigene weibliche Subjektivität zu erlangen - über ein Selbst zu verfügen, das mit anderen in Abgegrenztheit verbunden ist; ein Selbst mit eher flexiblen als überschreitbaren Grenzen -, dieses Problem stellt sich, weil die Anerkennung bestimmter Anteile dieses Selbst durch andere unterblieb. Diese unwillkommenen Anteile des Selbst mußten abgespalten und verdrängt werden. Dies ist Winnicotts „wahres Selbst", Fairbairns „schizoide Spaltung", Eichenbaum und Orbachs „kleines Mädchen". Um eine eigene weibliche Subjektivität zu erlangen, müssen diese abgespalten Selbstanteile Eingang in die therapeutische Beziehung finden, in das intersubjektive Feld zwischen Analytikerin und Analysandin, und über diesen Prozeß reintegriert werden.[2]

Wir haben an anderer Stelle ausführlich über die gesellschaftlichen Weiblichkeitsanforderungen und ihre Folgen für die psychische Entwicklung von Mädchen geschrieben (Eichenbaum & Orbach 1982; 1983; 1987). Wir haben untersucht, wie eine geschlechtergebundene Psychologie von Generation zu Generation weitergegeben wird und sich dabei vor allen Dingen auf die Mutter-Tochter-Beziehung als den zentralen kulturellen Sozialisationsagenten stützt. Wir haben die These vertreten, daß Frauen, als Verantwortliche für das emotionale und physische Wohlergehen anderer, sich vor ihren eigenen Bedürfnissen nach Versorgtwerden, Abhängigkeit, Initiative, Selbstbestimmung und Subjektivität ängstigen. Erst die Reflexion des Übertragungs-Gegenübertragungsgeschehen hat den Blick frei gemacht für das Dilemma, in dem sich Frauen in puncto emotionaler Abhängigkeit befinden.

Wiederholt machten wir die Erfahrung, daß unser Angebot einer Beziehung, in der das Bedürfnis nach fürsorglicher und liebevoller Zuwendung Anerkennung und Respekt erfahren hätte, von Patientinnen zurückgewiesen wurde, und wir fragten uns, was der Grund für diese Ablehnung sein könnte. Kaum war die anfängliche Krise, die sie in unser Sprechzimmer geführt hatte, überstanden, begannen die Patientinnen ihre Bedürfnisse zu bagatellisieren. Sie waren erstaunt, daß wir diese für vernünftig und verständlich hielten. Wir erlebten immer wieder ihre ungläubigen Reaktionen, daß wir sie für wertvolle Menschen hielten. Und ebensooft stießen wir auf eine Mauer der Abwehr, die uns auf Distanz hielt. Allmählich begannen wir zu verstehen, daß es sich hier um eine Abwehrstruktur handelte, die es den Frauen ermöglichte, bestimmte Anteile ihrer selbst verborgen und außerhalb der therapeutischen Beziehung zu halten aus Angst davor, zurückgewiesen zu werden oder für die Therapeutin „zuviel" zu sein. Unsere Aufgabe mußte darin bestehen, Zugang zu gewinnen zu dem, was wir (in Anlehnung an die Worte unserer Patientinnen) „das kleine Mädchen" (the little girl inside) nannten, indem wir immer wieder die Konflikte zum Thema Anerkennung eines vollständigeren Selbst ansprachen und deuteten. Ziel unserer Interventionen war in gewisser Weise die Integration eines abgespaltenen Ich-Anteils, die den Frauen zu einem vollständigeren und authentischeren Selbst verhelfen würde.

In diesen frühen Jahren unserer Arbeit waren wir uns durchaus bewußt, daß wir unseren Patientinnen auf diese Weise neue Erfahrungsmöglichkeiten eröffneten. Beeinflußt von den Arbeiten von Winnicott, Fairbairn und Guntrip über den entwicklungsbedingten Kampf kindlicher Abhängigkeit hin zur Ausbildung eines eigenständigen Selbst, vermuteten wir, daß die frühen Abhängigkeitswünsche kleiner Mädchen unterbunden wurden und somit zu einem Gefühl des

„Unerlaubtseins" jener Bedürfnisse führten, die ihnen selbst entsprangen, was es ihnen so schwierig machte, sich in ihrer eigenen Subjekthaftigkeit zu erleben.

Es lag uns vor allen Dingen daran, einen Beziehungsrahmen zu schaffen, in dem Anerkennung und Durcharbeiten früher Verschmelzungswünsche möglich war - Wünsche, die sich an der Übertragungs-Gegenübertragungsmatrix ablesen ließen und die „nicht nur das Bedürfnis der Tochter nach der Mutter widerspiegelten, sondern auch vom Sehnen der Mutter durchdrungen waren, mit ihrer Tochter zu verschmelzen" (Eichenbaum & Orbach 1987). Das therapeutische Setting sollte nicht nur dazu dienen, Abhängigkeitskonflikte von Frauen näher zu ergründen, sondern auch eine Beziehung anzubieten, in der eine Frau nicht ständig ihre falschen Grenzen durch Flucht in einen Zustand der Pseudo-Separation sichern mußte (Eichenbaum & Orbach 1987). In diesem Sinne waren wir der Container (Bion) für die Ängste, Wünsche, Größenphantasien und Wut unserer Patientinnen. Es kostete oft viel Mühe und Zeit, gerade diesen Gefühlen Zugang in die therapeutische Beziehung zu verschaffen; waren sie jedoch einmal benannt, wußten wir, wir würden sie ertragen und überleben. Über unsere Deutungen der Konflikte um Bedürftigkeit und Verlangen und des Gefühls von Hoffnungslosigkeit, jemals emotional anerkannt und verstanden zu werden, konnten unsere Patientinnen von uns „Gebrauch machen"; ebenso wie über unser Angebot einer Beziehung mit einer anderen Frau, die, so dachten wir, die Unvermeidlichkeit einer komplizierten und restriktiven Mutter-Tochter-Übertragungsdynamik auffangen könnte.

Während der letzten Jahre erfuhren zahlreiche Aspekte unseres frühen Theoriegebäudes infolge einer eingehenderen Betrachtung des Phänomens der Gegenübertragung Bestätigung. Dies hat es uns wiederum ermöglicht, unsere eigenen Anteile an der Übertragungs-Gegenübertragungskonfiguration genauer zu beleuchten und infrage zu stellen. Um - so unsere Schlußfolgerung aus heutiger Sicht - das Interaktionsmuster der patriachalisch geformten Mutter-Tochter-Beziehung zu transzendieren, in der die Subjektivität beider verleugnet und unterdrückt wird, ist von uns als Analytikerinnen mehr gefragt als die bloße Fähigkeit, „aufzubewahren" und zu „überleben".

Was heißt das? Eine Antwort auf diese Frage ist nur möglich, wenn wir das Kernproblem ansprechen, mit dem feministische Theoretikerinnen ringen: dem Problem weiblicher Subjektivität. Wir können von Frauen, Müttern, Töchtern, Analytikerinnen oder Patientinnen nicht als Subjekte sprechen, wenn wir nicht zuerst die Objekthaftigkeit der Frau in der patriarchalen Kultur wie auch psychoanalytischen Theorie ins Zentrum des Diskurses rücken.

Die Anfangsjahre unseres therapeutischen Arbeitens, geprägt vom Angebot, als Container zu fungieren, auszuhalten und zu überleben, spiegeln die Perpetuierung des Ideals der Frau (Mutter) als Objekt wider. Anstelle des enttäuschenden Objekts, das versagt hatte oder die Bedürfnisse der Tochter nach Abhängigkeit und Selbstbestimmung nicht ertragen konnte, machten wir uns zum Objekt, das da war um zu geben und die Schwierigkeiten zu bezeugen, die mit Geben, der Abwehr dagegen und der Angst davor verbunden waren.

Das heißt nicht, daß wir selbst uns so sehr als Mutterersatz oder perfektes Objekt erlebten, auf das unsere Patientinnen - so meinten wir - Anspruch erhoben, um ihre eigene Subjekthaftigkeit zu entfalten. Wir erkannten nicht, daß wir tatsächlich die perfekten Mütter waren, die unsere Patientinnen wollten/brauchten (eine Kritik übrigens, die einer Fehlinterpretation unserer Arbeit entsprang). Uns als getrennte Subjekte in die therapeutische Beziehung einzubringen war aufgrund des zerbrechlichen Selbst vieler unserer Patientinnen technisch nicht machbar. Mit anderen Worten, das Entwicklungsniveau unserer Patientinnen ließ es nicht zu, uns anders als objekthaft zu erleben. Die Wahrnehmung unserer Person als getrennt und subjekthaft wäre mit der Angst vor der eigenen Auslöschung einhergegangen.

Natürlich war das nicht die einzige Form, wie *wir* uns innerhalb der Therapie erlebten; denn selbst wenn unsere Patientinnen von uns als ihrem Objekt Gebrauch machten, so handelten wir trotz allem in Selbstbestimmung und auf der Grundlage unserer Subjekthaftigkeit. Wir waren nicht nur die Summe der Projektionen unserer Patientinnen, sondern ein wesentlicher Bestandteil der therapeutischen Beziehung. Die Frauen in unserer Praxis konnten von uns nur dann als Objekte Gebrauch machen, wenn wir uns selbst das Gefühl eigener Subjekthaftigkeit bewahrten, die es uns ermöglichte, den jeweiligen Gefühlszustand einer Patientin aufzunehmen, zu halten und in „verdaulicherer" Form zurückzugeben.

Daraus ergab sich unmittelbar ein weiteres technisches Problem, das, wie wir meinen, mit unserem Geschlecht als Frau in Zusammenhang stand. Das Spüren und Aufnehmen der Gegenübertragung, ohne in ihr unterzugehen, setzte eine Form der Abgegrenztheit und Subjekthaftigkeit unsererseits voraus, die über ausreichend flexible Grenzen verfügte, ohne sich jedoch dem Mißbrauch anheim zu geben. Das forderte weitaus mehr an innerer Festigkeit, als uns oft bewußt gewesen sein mag. Unser Bemühen, gleichzeitig Objekt und Subjekt zu sein, spiegelte das Ringen um unsere eigene Subjekthaftigkeit wider.

Die Anerkennung der eigenen Person als vollständiges Subjekt und das Einbringen der eigenen Subjekthaftigkeit in die therapeutische Beziehung sowie die Übertragungs-Gegenübertragungskonfiguration können für Analytikerinnen problematisch sein. In unserer eigenen klinischen Praxis wie auch in der therapeutischen Arbeit zahlreicher Frauen, die wir supervidieren, lassen sich die immer gleichen „Kämpfe" entdecken. Therapeutinnen erleben sich als zu drängend oder aufgeblasen, wenn sie im therapeutischen Geschehen ihre Präsenz unterstreichen. Weitaus wohler fühlen sie sich als das Objekt ihrer Patientinnen, das zuhört, fürsorglich und liebevoll die Gefühle des Gegenüber aufnimmt und bewahrt, beschwichtigt, erträgt und überlebt.

Eine Therapeutin kann es als große Befriedigung erleben, die Bedürfnisse und Wünsche ihrer Patientin zu erspüren, und sich doch sehr unwohl dabei fühlen, einen unterschiedlichen Standpunkt zu vertreten oder eine Deutung vorzubringen, die Selbstbezogenheit miteinschließt. Zu differenzieren und sich selbst in den therapeutischen Prozeß einzubringen heißt, zur eigenen Subjekthaftigkeit zu stehen. Im Bewußtsein der machtvollen Position einer Analytikerin und eventuell zurückhaltend in bezug auf die eigene Legitimierung und Subjekthaftigkeit kann dies eine Therapeutin mit großen Schwierigkeiten konfrontieren.

Wie ändert sich das Übertragungs-Gegenübertragungsgeschehen, wenn die Analytikerin/Mutter als ganzes Subjekt zum Vorschein kommt? Wir sind der Überzeugung, daß dies die Art und Weise, wie Patienten, ob männlich oder weiblich, Therapie und Behandlung erleben, ganz entscheidend beeinflußt und die Formen weiblicher/mütterlicher internalisierter Objektrepräsentanzen in ihren tiefsten Schichten erschüttert.

Für beide, Therapeutin und Patientin, sind innere Welt und äußere Realität im Rahmen einer weiblichen Geschlechtsidentität strukturiert. Die von der Patientin geschaffene Beziehungsmatrix sowie die darin bewußt und unbewußt gesetzten Koordinaten der Analytikerin sind angereichert mit der Bedeutung des eigenen Geschlechts. Eine Analytikerin wird in mancherlei Hinsicht vorhersehbar auf ihre Patientinnen reagieren, die dem gleichen Hintergrund geschlechtsgebundener Subjektivität entspringen (Orbach 1990). Analytikerin und Patientin teilen die Erfahrung, beide als Mädchen und Frauen in einer patriarchalen Kultur zu leben. Mit den Folgen, die dies nach sich zieht, haben sich beide, jede auf ihre Art und Weise, arrangiert. Beide haben sie ihre neuralgischen Punkte, die einer ganzen Reihe kulturell bestimmter sozialer und psychologischer Vorgaben für Frauen entspringen.

Das Aushandeln und Sich-Auseinandersetzen mit Begehren, Ansprüchen, Selbstbestimmung, emotionaler Bedürftigkeit, Anerkennung, Neid, Differenzierung, Bindung, Intimität, Grenzen und Wut müssen beide, Therapeutin und Patientin, auf sich nehmen. Ihre persönliche Beziehung zu jedem einzelnen dieser Punkte wird unterschiedlich sein; der gemeinsame Nenner jedoch, der beide verbindet, ist das psychologische Dilemma, das für Frauen aus jedem dieser emotionalen Zustände resultiert, so daß das Erreichen einer stabilen, authentischen und als legitim erlebten Subjektivität als wahres Kunststück anzusehen ist. Die Subjekthaftigkeit einer Frau ist mehr als nur ein interpersoneller Meilenstein in ihrer

Entwicklung. Sie ist kulturelles und politisches Tabu. Dies trifft auf die Analytikerin ebenso wie ihre Patientin zu. Aus diesem Grund werden sowohl Übertragung als auch Gegenübertragung all die Dilemmata, Konflikte, Verbote und Kämpfe um den Erwerb und Erhalt einer sicheren und stabilen weiblichen Subjektivität widerspiegeln. Die Subjekthaftigkeit der Analytikerin (im Gegensatz zu ihrem Objektstatus im Erleben ihrer Patientin) stellt nun selbst ein entscheidendes Element einer erfolgreichen analytischen Erfahrung dar. In der analytischen Beziehung kann es nicht nur darum gehen, die sich entwickelnde Subjektivität der Patientin durch ein Objekt (die Mutter) zu „halten"; es geht um das Zusammentreffen mit einem anderen Subjekt.

Subjektivität wird nur im Rahmen von Beziehungen erworben. Nach Stolorow und Atwood ist Subjektivität immer auch ein Teil von Intersubjektivität. Beziehung macht uns zu denen, die wir sind:

Das Konzept des isolierten, indivduellen Geistes ist theoretische Fiktion und ein Mythos, der die subjektive Erfahrung psychologischen Getrenntseins verdinglicht ... die Erfahrung des Getrenntseins erfordert ein ganzes Netzwerk intersubjektiver Bezogenheit, das die Selbstentfaltung während der gesamten Lebensspanne hindurch fördert und stützt ... die Erfahrung eines differenzierten und getrennten Selbst ist immer eingebettet in einen haltenden intersubjektiven Kontext.

(Stolorow & Atwood 1991, S. 193)

Stolorow und Atwoods Überlegungen, denen eigene klinische Erfahrung ebenso zugrunde liegen, sowie Daniel Sterns bahnbrechende Befunde der Säuglingsforschung sind deckungsgleich mit den Belangen der feministischen Psychoanalyse.[3] In vielen Therapien und Analysen konnten wir beobachten, welche Schwierigkeiten Abgegrenztheit, Differenzierung des eigenen Selbst und Selbsterkenntnis in bezug auf andere und sich selbst für Frauen bedeuten. Für uns als Therapeutinnen, die geschlechterideologische Aspekte in ihre Arbeit miteinbeziehen, ergaben sich daraus eine Reihe von Fragen: Inwieweit kommt es durch (bewußtes oder unbewußtes) Verleugnen unserer eigenen Subjekthaftigkeit zu einer Reinszenierung der frühen Mutter-Tochter-Beziehung in der analytischen Beziehung? Inwiefern beeinflußt die Einführung der Analytikerin/Mutter als Subjekt in die therapeutische Beziehung den Kampf der Patientin um ihre eigene Subjekthaftigkeit? Wie verändert ein geschlechterideologisch geschärfter Blick die Theorie und behandlungstechnische Handhabung dessen, was wir gemeinhin als Mutterübertragung bezeichnen? Und wie lassen sich dadurch Analyse und Gebrauch unserer Gegenübertragung verändern?

Im folgenden möchten wir anhand von Fallbeispielen zwei unterschiedliche Gegenübertragungsreaktionen beschreiben, wie sie in der therapeutischen Beziehungskonstellation Analytikerin-Patientin relativ häufig auftreten. Im ersten Beispiel geht es um den Kampf einer Tochter um die Anerkennung ihrer Subjektivität; im zweiten und dritten Beispiel um die fehlende Subjekthaftigkeit der Mutter. In allen drei Fällen war es eine genaue Analyse der Gegenübertragung, die es ermöglichte, das jeweilige Beziehungsgeschehen zu verstehen.

Mary ist eine 41jährige, in ihrem Beruf sehr erfolgreiche Frau. Als Kuratorin einer bekannten Galerie für moderne Kunst steht sie im Mittelpunkt der New Yorker Kunstszene. Sie ist in vielerlei Hinsicht sehr einflußreich und gilt als führend auf ihrem Gebiet. Sie ist selbst Malerin. Aufgrund ihrer anspruchsvollen beruflichen Position hat sie jedoch während der letzten fünf Jahre kaum noch gemalt. Nach dem Ende einer acht Jahre dauernden Beziehung ersucht sie um therapeutische Hilfe. Obwohl sie selbst die Beziehung beendete, steht sie unter großem Leidensdruck - sie hatte das Gefühl, jede Minute neu dagegen ankämpfen zu müssen, sich wieder auf dieses in hohem Maße unbefriedigende und ausbeuterische Verhältnis einzulassen.

In unserer gemeinsamen Arbeit geht es vor allem darum, Mechanismen zu verstehen, die die Patientin zu einer „Hebamme" für das künstlerische Schaffen anderer macht, während sie sich selbst für ihre mangelnde Produktivität anklagt. Das, wonach sie sich sehnt, gibt sie anderen: Unterstützung, Ermutigung, Glaube an deren Fähigkeiten und Begabungen und Wertschätzung dieser Fähigkeiten.

Wann immer die Therapeutin etwas anspricht, was auch nur im entferntesten der Besonderheit der Patientin schmeicheln könnte (wobei hier nicht ihre „Hilfsbereitschaft" anderen gegenüber gemeint ist) - sei es ihr Talent, mit Worten eindrucksvolle visuelle Bilder zu schaffen, sei es die Traurigkeit, die die Therapeutin empfindet angesichts der Erinnerung der Patientin, in den Augen ihrer Mutter ein häßliches kleines Mädchen gewesen zu sein, oder sei es die genuine Wertschätzung der Therapeutin, die sie ihrer Patientin gegenüber durch Tonfall und Wortwahl ausdrückt- die Reaktion der Patientin ist Wut und Zurückweisung. Mit feindseligem Gesichtsausdruck wirft sie der Therapeutin vor, ihre Wertschätzung sei nicht echt, sie habe keine Ahnung und könne das doch gar nicht beurteilen. Die Gegenübertragungsreaktionen in diesen Augenblicken sind ausgesprochen heftig.

Wie auf einem Pulverfaß sitzend, fühle ich mich angegriffen und aus dem Gleichgewicht gebracht; als hätte ich die Patientin, ohne es zu wollen, entsetzlich verletzt oder gedemütigt. Mein Gefühl ist, daß ich entweder versuchen kann, mich zu rechtfertigen, oder aber den Mund halte und mich auf meinen Beobachterposten zurückbegebe oder mich zurückziehe, um mich unterhalten zu lassen. Ich habe den Rahmen einer bestimmten Beziehungsmatrix überschritten, in der eingebunden zu sein ich nicht bewußt wahrgenommen hatte.

Die Wut der Patientin in diesen Momenten trägt dazu bei, mich selbst in der Gegenübertragung „wiederzuentdecken". Mehr und mehr verstehe ich das Drama und meine Rolle darin; in der Erwartung der Patientin sollte ich eine relativ distanzierte Position zu ihr einnehmen, von der aus ich sie - in meiner Rolle als Richterin und Beobachterin - als charmant, witzig, intelligent, ja sogar talentiert, aber letztendlich doch als Versagerin erleben soll, der es nicht gelingt, ihr wahres Potential zu verwirklichen. Dies entspricht ihrer Selbstwahrnehmung ebenso wie der Art und Weise, wie sie sich von anderen wahrgenommen fühlt. Ihren Witz und Charme empfindet sie nie als ihrem wahren Selbst zugehörig - um hier ein Konzept Winnicotts zu gebrauchen -, sondern als defensive Anpassungsmechanismen, mit deren Hilfe sie ihr Überleben in einer Familie sicherte, in der äußerer Schein und Eindruck auf andere mehr als alles andere zählten.

Obwohl es der Patientin keine Schwierigkeiten bereitet, ihre Leichtigkeit im Umgang mit Worten, ihr literarisches und künstlerisches Wissen, ihre Bildung und Weltgewandtheit mit einem Satz wegzuwischen und somit zu entwerten, weiß sie genausogut wie ich, daß dies die einzigen Eigenschaften sind, die in ihrer Familie zählten. Als Enttäuschung, insbesondere für ihre Mutter, hat die Patientin nie das Gefühl, den Erwartungen ihrer Eltern zu genügen - der Mutter, die ständig die Defizite und schwierige Art der Patientin beklagt, ebensowenig wie dem Vater, der unfähig ist, sie überhaupt zu sehen, auch wenn er ohne Unterlaß Lobeshymnen über die wundervolle Arbeit der Patientin anstimmt. Diese Eltern erwecken einen sehr distanzierten, unnahbaren und förmlichen Eindruck. Das „falsche Selbst" ist sehr ausgeprägt und offensichtlich funktionstüchtig. Beide, Mutter und Vater, haben eine sehr genaue Vorstellung davon, wer ihre Tochter sein soll. Es ist der Erfolg ihres falschen Selbst, dem, wenn überhaupt, Anerkennung gezollt wird. Konfrontiert die Patientin ihre Eltern mit dieser Dynamik (was intuitiv geschieht), gilt sie als schwierig, aufsässig und streitsüchtig. Eine Existenz als eigenständiges Subjekt mit eigenen Rechten, Idealen, Interessen und einer eigenen Seele ist nicht möglich.

Auch ich wurde, ohne mir dessen bewußt zu sein, im Übertragungs-Gegenübertragungsgeschehen zu jemandem, der der Patientin gegenüber blind ist. Sie konnte mich unterhalten, mich beeindrucken mit ihrer Arbeit und den Kreisen, in denen sie verkehrt, aber ich durfte nicht vergessen, daß sie nicht mehr malen oder sonst künstlerisch tätig sein konnte. Auch wenn alles gesagt und getan war, ich konnte gar nicht anders als in ihr eine Versagerin zu sehen. Wie ihr Vater sei ich blind für ihr wahres Selbst und würde damit rivalisieren und wie ihre Mutter würde ich sie immer nur als Versagerin erleben, die ihr eigentliches Potential nicht erfüllt. Wenn ich dieser „Transformation" (Levenson) jedoch widerstehe und die Patientin als kreativ und liebenswert erachte, sie annehme und wertschätze, riskiere ich einen wütenden Angriff.

Es gelang mir zum Glück, mich soweit außerhalb dieser Reinszenierung zu bewegen, um tatsächlich tiefe Wertschätzung für die Patientin zu empfinden. Meine Reaktionen in jener Phase der Therapie spiegelten mein genuines Empfinden in bezug auf die Patientin wider. Meine Kommentare waren nicht so sehr fehlende und benötigte Wiedergutmachung als vielmehr authentische und spontane Reaktionen innerhalb unserer Beziehung. Meine Anerkennung und Wertschätzung der Subjektivität der Patientin wirkten insofern verändernd als sie außerhalb des alten Familienmusters und der entsprechenden interpersonellen Dynamik angeboten werden konnten. Edgar Levenson faßt dies treffend zusammen: „Nicht so sehr die Fähigkeit, dem Patienten eine gänzlich neue Erfahrung zu bieten, bestimmt den Fortgang einer Therapie; vielmehr ist es die Fähigkeit, sich nicht in eine alte und bekannte Erfahrung umwandeln zu lassen" (Levenson 1991, S. 64). Die Patientin griff mich an, weil ich das einzige ihr bekannte Schema bedrohte. Als ich das, was sich zwischen mir und der Patientin abspielte, verstanden hatte, war es möglich, darüber zu sprechen. Ich teilte meine (Gegenübertragungs)Gefühle mit, um mit ihrer Hilfe zu arbeiten und zu verstehen. Die Patientin war nun auch als Subjekt anwesend. Es gab Worte und Handlungen, die ihr zugeschrieben werden mußten. Ganz allmählich gelang es uns, ihre Wünsche und ihr Bedürfnis nach Anerkennung direkter anzusprechen. Ganz allmählich bewegte sich der therapeutische Prozeß von der Patientin als Objekt zur Patientin als Subjekt.

Im Rahmen eines eher klassischen Behandlungskonzeptes, das in diesem Fall die Frage nach der Mutterübertragung in der therapeutischen Beziehung vorrangig behandeln würde, wäre eine Therapeutin wohl weniger gewillt, sich diesem Übertragungs-Gegenübertragungsdrama zu ergeben. Vielmehr stünde im Vordergrund, daß die Patientin die Therapeutin als jemanden erlebt, die eine ganz bestimmte Art von Erfolg von ihr erwartet oder sie kritisiert. Man würde diese Aspekte herausgreifen und sie als Wahrnehmungsverzerrungen in der Übertragung deuten. Das Aufzeigen dieser Verzerrungen und das Erleben der Therapeutin als jemanden mit anderen Intentionen als die Mutter würden das Ziel der therapeutischen Arbeit bestimmen.

Der Beitrag einer auf geschlechterideologische Zusammenhänge gerichteten Betrachtungsweise liegt im Verstehen dessen, daß es nicht nur die Zufälligkeiten des individuellen Schicksals sind, die die Patientin an Selbstverleugnung und Demütigung in bezug auf ihr Bedürfnis nach Anerkennung, Angenommenwerden und Subjektivität leiden lassen, sondern daß diese Gefühle auch jene internalisierten Objektbeziehungen von Frauen widerspiegeln, wie sie dem patriarchalen Paradigma entsprechen. Meine Fähigkeit, mich auf die Reinszenierung einzulassen, in der die Subjekthaftigkeit der Patientin verleugnet wurde, gründete nicht nur auf den unbewußten Kräften der Patientin innerhalb der therapeutischen Beziehung, sondern auch auf meiner Haltung und Anfälligkeit, überhaupt „mitzugehen". Ein männlicher Therapeut, der mit eigenen, tief verankerten Vorstellungen von Frauen als Subjekt oder Objekt zu kämpfen hat, würde eventuell ähnliche Erfahrungen machen. Mit Sicherheit ist also das Geschlecht des Therapeuten von großer Bedeutung; es verändert und formt die Übertragungs-Gegenübertragungskonstellation sowie das, was als interpersonelle Erfahrung gemacht wird.

Im folgenden möchte ich zwei weitere, mit ähnlichen Gegenübertragungsreaktionen verbundene Fallberichte kurz skizzieren. Die Übertragungs-Gegenübertragungskonfiguration in diesen beiden Fällen ermöglicht eine Neubewertung der Dynamik der Mutter-Tochter-Übertragung im Lichte der Mutter/Analytikerin als Objekt oder Subjekt.

Kerry ist eine 38jährige Werbegraphikerin. Sie ist verheiratet und hat ein Kind. Joan, 40 Jahre alt, ist Journalistin und lebt seit zwölf Jahren mit ihrer Lebensgefährtin zusammen. Beide sprechen wiederholt über ihre Unzufriedenheit in ihren Beziehungen - sie finden wenig Erfüllung in emotionaler und sexueller Hinsicht und erleben sich als extrem unbezogen. Zu ihren Partnern, die oft bis spät in die Nacht arbeiten, empfinden sie wenig Nähe. Beide Patientinnen sind ausgesprochen frustriert über ihre berufliche Tätigkeit. Mit anderen Worten, die Dinge stehen schlecht, in der Liebe wie in der Arbeit. Sie erleben wenig Befriedigung und fühlen sich wie in einer Sackgasse. Jeglichem Versuch meinerseits, die Ängste genauer zu untersuchen, die ein Verlassen dieser so frustrierenden Lebensumstände verhindern, wird mit äußerster Ablehnung begegnet. Keine Deutung oder Intervention, auch wenn sie sie in vielen Fällen zustimmend aufnehmen, scheint etwas zu bewirken. Beide betrachten sich als Opfer äußerer Umstände und können unmöglich Veränderungen in die Wege leiten.

In meiner Gegenübertragung taucht eine ganze Reihe von Gefühlen auf, extreme Frustration, Wut, Langeweile, Ablehnung eingeschlossen. In manchen Momenten habe ich das Gefühl, sie haben mich überzeugt - es ist hoffnungslos, nichts wird sich ändern. Ich empfinde mich als ebenso festgefahren. Mehr noch habe ich jedoch das Gefühl, mich selbst in einem Klima symbiotischer Depression zu verlieren. Ich fühle mich schikaniert. Beiden Patientinnen, so meine Deutung der Gegenübertragung, ist es gelungen, jene Gefühle in mich zu verlagern, die sie mit ihrer unglücklichen, in Beziehungen (ob Ehe oder mit der eigenen Mutter) gefangenen Mutter erlebten, der es an Subjekthaftigkeit, sichtbarer Präsenz und Selbstbestimmung fehlte. Im Übertragungs-Gegenübertragungsgeschehen wurde ich Bestandteil einer Dyade zwischen Frauen, die innerlich rasen angesichts ihrer Hilflosigkeit und Ohnmacht, mit der sie sich ihren äußeren Lebensumständen und Beziehungen ausgeliefert sehen.

Beide Patientinnen beschreiben die Beziehung zu ihren Müttern als sehr eng und loyal. Kerry, immer an der Seite ihrer Mutter, erinnert sich ganz bewußt ihrer Versuche, die Mutter glücklich zu machen, um sie am Verlassen der Familie zu hindern. Joan wiederum besucht noch mit 37 jedes Wochenende ihre Mutter. Jedes Mal, wenn diese Gefühle symbiotischer Depression und Niedergeschlagenheit in der Gegenübertragung auftauchen, versuche ich, mit mehr oder weniger Erfolg, mich selbst daran zu erinnern, daß mein Erleben die Externalisierung der inneren Realität meiner Patientin darstellt und es Hoffnung gibt. Es wird offensichtlich, daß meine Aufgabe darin besteht, mich außerhalb dieses klebrigen Verschmolzenseins zu stellen, um meine eigene Subjekthaftigkeit zu bewahren und mich in Abgrenzung von der „subjektlosen" Mutter als Subjekt in die therapeutische Beziehung einzubringen. Verlasse ich den Zustand depressiven Verschmolzenseins habe ich das Gefühl, meine Patientinnen einem schwarzen Loch zu überlassen. Es geht um Leben oder Tod, und ich muß mich selbst retten, um psychisch am Leben zu bleiben. Dies war das Dilemma, in dem beide Frauen in bezug auf ihre internalisierten Mütter steckten. Der geringste Versuch der Abgrenzung, Differenzierung, Selbstbestimmung und Schaffung eigener Subjekthaftigkeit, der die eigene Psyche zum Leben erweckt, kam dem Gefühl unerträglichen Verlassenwerdens gleich. Zu verstehen, wie ich in der Gegenübertragung selbst im schwarzen Loch zu versinken drohte und dagegen ankämpfte, machte es mir möglich, den starken Sog zu benennen, den beide Patientinnen spüren mußten. Dieses Aussprechen wurde von mir als auch der Patientin als ein Aufbrechen des Familienmusters erlebt und bedeutete als solches einen Fortschritt in der Therapie. Obwohl wir auch vorher schon darüber gesprochen hatten, wie schwierig es war, ein anderes Leben als die eigene Mutter zu führen, selbstbestimmt und eigenständig zu sein, eine eigene Sexualität zu haben, konnten diese Punkte nun in einer ganz anderen Atmosphäre unserer therapeutischen Beziehung bearbeitet werden.

Dort wo beide Frauen emotionale Bindungen kennengelernt hatten, die auf Verzweiflung und Hilflosigkeit gegründet waren, war es unsere Aufgabe, Bindung neu zu definieren. Dies war notwendig, bevor eine psychische Trennung stattfinden konnte. Behandlungstechnisch heißt das, daß wir ihr Gefühl des Verlassenwerdens durch mich durchleben mußten. Ich mußte das Bindungsangebot, das auf Mitleiden und Verschmelzen im schwarzen Loch basierte, zurückweisen und stattdessen ein Angebot machen, das auf meiner Getrenntheit gründete.

Die Erfahrung der Gegenübertragung und das Benennen dieser Erfahrung ermöglicht es uns, einen Wechsel von Worten und intellektuellem Verstehen hin zu Lebendigkeit (oftmals Angst und Furcht) zwischen uns als Beziehungspartnern zu erleben. In allen drei Fällen wurden zwei Anforderungen an mich gestellt. Erstens, zur „subjektlosen" Mutter zu werden, einer Frau, die sich in Beziehung verliert, ohnmächtig, unzufrieden und hilflos. Zweitens, genug meiner selbst zu bewahren, um einer drohenden Transformation zu widerstehen und als eigenständiges Subjekt in der therapeutischen Beziehung bestehen zu können. Wenn wir diese Haltung mit dem Konzept des „Containers" und des guten Objekts vergleichen, dann wird deutlich, daß heute mehr von uns gefordert ist, als wir noch vor zehn Jahren dachten. Ein Teil der Behandlung mit allen drei Patientinnen mußte zweifelsohne darin bestehen, ihre Klagen über ihre Verzweiflung, Wut und Hoffnungslosigkeit zu hören und die Gefühle der Ungerechtigkeit und Ohnmacht zu überleben. Noch wichtiger mag allerdings mein eigener Kampf um den Erhalt meiner eigenen Subjekthaftigkeit innerhalb der therapeutischen Beziehung sein. Das bin ich mir selbst und meinen Patientinnen schuldig (denn im Zustand des Verschmolzenseins bin ich nutzlos).

Das Verstehen dieser Übertragungs-Gegenübertragungskonfigurationen unter dem Aspekt der Geschlechterdifferenz erinnert uns an die gemeinsamen Erfahrungen von Frauen in einer patriarchalen Kultur. Wir sind angesichts dieser Internalisierungen und Anpassungsmechanismen nicht überrascht, da diese Teil eines Paradigmas sind, das Frauen Subjekthaftigkeit abspricht. Ein Teil unserer Arbeit muß darin bestehen, uns jene Prozesse bewußt zu machen, die unser Leben und Arbeiten innerhalb dieses Paradigmas bestimmen, um Möglichkeiten zu schaffen - für uns ebenso wie für unsere Patientinnen - uns außerhalb dieses vorgegebenen Rahmens in Selbstbestimmung zu bewegen.

Anmerkungen

1 Siehe auch Vertreterinnen der französischen Schule, die diese Punkte von einem etwas anderen Blickwinkel aus betrachten.

2 „Werden die affektiven Erfahrungen eines Kindes kontuierlich mit Mißachtung oder aktiver Zurückweisung gestraft, nimmt das Kind diese Aspekte seiner eigenen Erfahrung als unwillkommen oder für die Pflegeperson schädlich wahr. Ganze Anteile kindlicher Erfahrungswelt müssen dann geopfert (verdrängt) werden, um die benötigte Bindung zu sichern. Diese defensive Abspaltung ... ist der Ursprung des dynamischen Unbewußten" (Stolorow und Atwood 1991, S. 185).

3 Wir beziehen uns auf die Arbeiten des Stone Center, des Women Therapy Center usw.

Literatur

Chodorow, N. (1978): Das Erbe der Mütter. Psychoanalyse und Soziologie der Geschlechter. München (Frauenoffensive) 1985.

Dinnerstein, D. (1976): Das Arrangement der Geschlechter. Stuttgart (Deutsche Verlagsanstalt) 1979.

Eichenbaum, L. und S. Orbach (1982): Understanding women: a feminist psychoanalytic approach. London (Penguin).

Eichenbaum L. und S. Orbach (1983): What do women want? Exploring the myth of dependency. London (Michael Joseph).

Eichenbaum L. und S. Orbach (1987): Bittersweet: facing up to feelings of love, envy & competition in women's friendships. London (Century Hutchinson).

Heimann, P. (1950): On counter-transference. International Journal of Psychoanalysis, 31.

Levenson, E. (1991): The purloined self. New York (Contemporary Psychoanalytic Books).

Mitchell, S. (1988): Relational concepts in psychoanalysis. London/Cambridge, Mass. (Harvard University Press).

Orbach, S. (1987): A note on Vivien Bar's comments on Outside Inside Out. In: S. Ernst and M. Maguire (Hg.): Living with the Sphinx. London (The Woman's Press).

Orbach, S. (1990): Gender & dependency. Journal of Social Work Practice, 4.

Orbach, S. und L. Eichenbaum (1987): Separation and intimacy: crucial practice issues in working with women in therapy. In: S. Ernst and M. Maguire (Hg.): Living with the Sphinx. London (The Woman's Press).

Stoller, R. (1978): Sex & gender: on the development of masculinity & femininity. New York (Science House).

Stolorow, R. D. und G. E. Atwood (1991): The mind & the body. Psychoanalytic Dialogues, I.

Mutterschaft im Mythos

Halldis Leira und Madelien Krips

Die Aufdeckung kultureller Mythen ist ein Weg, psychische Probleme und deren potentielle Lösungsmöglichkeiten zu verstehen. Notgedrungen handelt es sich um „aufdeckende" Arbeit, da mythische Überlieferungen mit einem Tabu belegt sind, es sein müssen, um wirksam zu sein.

Das folgende Kapitel bricht in mehrfacher Hinsicht mit diesen Tabuisierungen. Halldis Leira[1] analysiert die mythologischen, interkulturellen und modernen Modelle zur Mutterschaft, ihre Legitimierung und den Double-bind, in dem sie Frauen gefangen halten.[2] Im Anschluß daran stellt Madelien Krips ein entsprechendes Selbsterfahrungsprogramm für Kindertherapeutinnen vor.

Selbsterkenntnis vor dem Hintergrund der Kultur

Halldis Leira

Mythologische Überlieferungen und kollektive intrapsychische Muster einer Kultur oder Gesellschaft sind Bestandteil unseres (Er)Lebens. Themen und Inhalte der antiken Mythologie begegnen uns in der modernen Literatur und in den schönen Künsten. Als Spiegel der immer wiederkehrenden Dramen unserer Phantasie und äußeren Realität nehmen sie uns gefangen. Der Grund für diese Faszination liegt oftmals im Unbewußten verborgen. Jung (1984) hat diesen Teil menschlichen Lebens und Denkens als das „Kollektive Unbewußte" bezeichnet.[3]

Auf unserer Suche nach Selbstachtung und Würde sind wir durch unsere Kultur gebunden. Hier stellt sich die Frage, welche spezifischen Gegebenheiten einer Kultur Gefühle der Würde versus Scham entstehen lassen (Odegard 1992). Der Entstehungsprozeß selbst impliziert bestimmte kognitiv-emotionale Verarbeitungsmechanismen, wie sie im jeweiligen kulturellen Kontext vorgegeben sind. Immer wieder stehen wir vor der Entscheidung, welche der verschiedenen in unserer Kultur eingebetteten Werte, Normen und Ideale wir aufnehmen und internalisieren wollen und welchen wir mit Ablehnung begegnen. Das Ergebnis dieses lebenslangen und oftmals unbewußt ablaufenden Prozesses, sei es ein Gefühl der Selbstachtung oder des Selbsthasses, unterliegt einer Reihe von äußeren historischen und kulturabhängigen Bestimmungsfaktoren. Zu diesen gehören etwa unterschiedliche politische und ökonomische Systeme (Frieden versus Kriegszustand, Faschismus versus Demokratie, Beschäftigung versus Arbeitslosigkeit, Patriarchat versus Matriarchat usw.), unterschiedliche mythologische Überlieferungen (griechische, römische, nordische usw.), aber auch die Stellung des einzelnen Subjektes in einer Kultur.

Diese äußeren Gegebenheiten führen zu unterschiedlichen kulturellen Rahmenbedingungen, vor deren Hintergrund der innere Dialog zwischen Frauen und Kindern stattfindet. Das Wechselspiel zwischen dem Dialog der Mutter mit der äußeren Realität und jener Zwiesprache, die sie mit ihrer inneren Stimme hält, wirft Fragen auf wie: „Wer bin ich?", „Welchen Sinn hat mein Leben?", „Welche Möglichkeiten habe ich?", „Für welche der Möglichkeiten, die ich für mich sehe, will ich mich entscheiden?". Diese Fragen können immer neue Antworten auf die Frage nach dem eigenen Selbstverständnis eröffnen. Somit entsteht ein kontinuierlicher Dialog zwischen den Fragen der Mütter und den ihnen zur Verfügung stehenden Möglichkeiten.

Die Stellung der Mütter in der Kultur

In den meisten Kulturen unterscheidet sich die kulturelle Position von Müttern von der kinderloser Frauen. Darüber hinaus bestehen Unterschiede in den Attribuierungen, die mit Mutterschaft und ihrer kulturellen Bedeutung verknüpft sind, sowohl was den sozialen Status von Müttern als auch ihre praktische Rollenerwartung angeht.

Es scheint als seien Frauen/Mütter in einen Dialog mit ihrer Kultur eingebunden, in dem sie als bestimmte „Figur" auf einem bestimmten kulturellen „Grund" agieren. Unterschiedlicher „(Hinter)Grund" führt zu unterschiedlichen „Figuren" und umgekehrt. Welche Möglichkeiten bietet unsere Kultur Gefühlen der Würde versus Scham, die in den verschiedenen kollektiven Modellen zur Mutterschaft ihren Ausdruck finden? Und wie sind die kulturellen Rahmenbedingungen beschaffen, in denen das Tun von Frauen und ihre Rechtfertigung dessen eher mit Würde als mit Scham belohnt werden? Das Ziel dieses Aufsatzes ist es, einige der verschiedenen kulturellen Bedingungen für mütterliches Selbstverständnis und Handeln aufzudecken.

Moderne Psychologie und Mutterschaft

Wie werden in therapeutischen Beziehungen die verschiedenen Modelle zur Mutterschaft verhandelt? Ist die Psychologie in der Lage, die Mutter „in ihrer Individualität" zu verstehen, was Freud als eine Aufgabe aller Therapeuten definierte (Freud 1912)? Oder ist die Psychologie, selbst ein Produkt unserer Kultur, blind für die Individualität der Mutter? Freud war der Ansicht, daß die Psychologie die in einer Kultur verankerten oppressiven Mythen aufzudecken vermöge, ohne sie zu legitimieren und ihnen einen quasi-wissenschaftlichen Status zu verleihen.

Es existieren unzählige alte und neue Mythen zum Thema Mutterschaft. Ist die heutige Psychologie tatsächlich in der Lage, die oppressiven unter ihnen zu entlarven, oder genießen diese nach wie vor die alte quasi-wissenschaftliche Legitimierung? Ich sehe keine Möglichkeit, dieses Dilemma aufzulösen. Wenn es der Psychologie - selbst ein Produkt unserer Kultur - nicht gelingt, diese Aufdeckungsarbeit zu leisten, muß sie selbst als eine weitere oppressive Kraft in der therapeutischen Arbeit mit Müttern entlarvt werden. Das Aufdecken mythischer Überlieferungen in diesem mit heftigen Emotionen besetzten Gebiet ist deshalb schwierig, da das westliche Ideal der Rationalität die Existenz magischen Denkens verleugnet.

Es ist ein Irrtum zu meinen, mythisches und magisches Denken endeten mit unserer Kindheit. Magisches Denken ist ebenso Teil des (Er)Lebens erwachsener und gebildeter Menschen. Nehmen wir das Beispiel eines Kritikers, der in seinem Kommentar über einen Dokumentarfilm über Hexenverbrennung argumentiert, daß aus dem Film nicht hervorgehe, ob es sich bei der weiblichen Hauptperson nicht tatsächlich um eine Hexe gehandelt haben könnte. Dieser Kommentar ist keine Ausnahme. Wir vergessen allzu leicht, daß es sich bei mythologischen Themen und Figuren um Konstruktionen der menschlichen Phantasie handelt. In unserer Faszination über Gottheiten der römischen, griechischen, altnordischen Sagen und anderer mythologischer Traditionen verlieren wir allzu schnell die nötige analytische Distanz und verleihen diesen Figuren Wirklichkeit, anstatt sie als Konstruktionen unserer eigenen Phantasie zu betrachten. Mythologische Charaktere spiegeln immer menschliche Probleme, Leidenschaften, Wünsche, Hoffnungen, Konflikte und Bedürfnisse wider. Sie bieten unterschiedliche Lösungen für diese Bereiche unseres Lebens. Die Mythologie ist einer der Schauplätze, auf dem menschliche Macht und menschliche Bedürfnisse ihre Kämpfe miteinander austragen. In der Mythologie erfährt Unterdrückung Legitimation, werden jedoch auch Wege der Rebellion aufgezeigt (Fo 1989).

In seiner Zurückweisung mythologischen Denkens schwächt der westliche Anspruch auf Rationalität jedoch Freuds Anliegen, als Therapeuten Mythen zu entlarven. Dieses setzt voraus, mythologisches Denken und Phantasiegeschöpfe als dem menschlichen Geist entsprungen anzuerkennen. Als Bestandteil unseres kollektiven psychischen Gepäcks repräsentieren sie eine Antriebskraft unseres Lebens.

Mütter und Mythologie

Die Aufdeckung mythologischen Denkens ist besonders schwierig, wenn es um Themen geht, die stark emotional besetzt sind. Dementsprechend kompliziert gestaltet sich die Arbeit mit mythologischen Überlieferungen, in denen das Thema Mutterschaft verhandelt wird, und der Versuch, die daraus gewonnenen Erkenntnisse auf Mütter in ihrer Position als Patientinnen zu übertragen. Der gefühlmäßige Tenor unseres magischen Denkens, wie er dem Thema Muttersein anhaftet, ist besonders stark.

Frauen mit Kindern - Mütter - haben unzählige Modelle und Konzepte zur Verfügung, die sie übernehmen oder ausschlagen können. Selten findet eine bewußte Auseinandersetzung mit diesem Thema statt, da es dem Kollektiven Unbewußten angehört. Es ist an der Zeit, in diesem Bereich etwas an kollektiver Bewußtheit zu entwickeln. Im folgenden werden vier mythologische Modelle vorgestellt, die das Thema Mutterschaft verhandeln, gefolgt von einigen historischen und interkulturellen Mustern, die dazu bereitgehalten werden.

Mythologische Modelle zum Thema Mutterschaft

Im folgenden möchte ich vier verschiedene mythologische Modelle zum Thema Mutterschaft vorstellen: die Mythen der Göttinnen Demeter und Klytämnestra, den Mythos der Idealen Mutter und den Mythos der Jiddischen Mama.[4] Die Geschichten von Klytämnestra und Demeter unterscheiden sich von denen der Idealen Mutter und der Jiddischen Mama hinsichtlich des Machtaspekts. Die beiden letzten Modelle spiegeln Macht in Form von Omnipotenz wieder, während es in den ersten beiden Überlieferungen um weibliche Unterordnung unter patriarchale Machtstrukturen geht: Klytämnestra versus Agamemnon, Demeter versus Zeus. Klytämnestra und Demeter fehlt es beiden an Omnipotenz. Sie unterscheiden sich jedoch in den mütterlichen Strategien, wenn es darum geht, das geliebte Kind vor patriarchalem Machtmißbrauch zu schützen.

Demeter und Klytämnestra

Klytämnestra und Demeter waren ihren Töchtern Iphigenie und Kore (Persephone) in hingebungsvoller Liebe zugetan. Trotzdem war beiden Töchtern ein unterschiedliches Schicksal beschert, denn in der griechischen Mythologie kommen nicht nur Mütter und Töchter vor.

Was wäre aus Iphigenie geworden, hätte ihr Vater Agamemnon anders gehandelt? Der tapfere Agamemnon muß nach Troja segeln, um an der schönen Helena für ihren Betrug an ihrem Gatten Menelaos, Agamemnons Bruder, Rache zu nehmen. Die Winde stehen nicht günstig, als die Reisenden in See stechen wollen. Um sie umzustimmen, tötet Agamemnon seine Tochter als Opfer. Welche Rolle spielt Klytämnestra, Iphigenies Mutter, in diesem Drama? Agamemnon weiß, daß Klytämnestra der Ermordung ihrer Tochter niemals zustimmen würde, also entschließt er sich, seine Frau zu täuschen. Er erzählte ihr, Achilles wolle Iphigenie zur Frau nehmen und sie solle die Tochter zum Hafen bringen, wo die väterliche Flotte vor Anker liegt. Als Klytämnestra schließlich den Verrat entdeckt, unternimmt sie umsonst alle Anstrengungen, den mörderischen Plan zu verhindern. Später wird sie Agamemnon töten, um anschließend sich selbst das Leben zu nehmen.

Demeters Tochter ist ein anderes Schicksal beschieden. Auch Kore wird von ihrer Mutter getrennt. Hades entführt sie in sein Reich der Toten, wo sie mit ihm leben soll. Im Gegensatz zu Klytämnestra gewinnt Demeter ihre Tochter zurück. Demeter ist die Göttin des Lebens, und als solche reagiert sie auf die Entführung ihrer Tochter mit Streik. Sie droht Zeus, ihre lebensspendende Kraft solange zu verweigern, bis ihre Tochter zurückkehren würde. Alles Wachstum auf der Erde endet. Die Flüsse versiegen, kein Baum und kein Strauch gedeihen mehr. Nur die Wüste blüht. Menschen und Tiere sind vom Tod bedroht und rufen Zeus um Hilfe an. Demeter jedoch ist unerbittlich und entschlossen, ihren Streik erst dann zu beenden, wenn sie wieder mit Kore vereint ist. Zeus ist gezwungen einzulenken, und Demeters geliebte Tochter kann zu ihrer Mutter zurückkehren. Die Hungersnot hat ein Ende, und Demeter gewinnt die Liebe der Menschen aus Dank für ihre Hilfe.

Klytämnestra liebt ihre Tochter nicht weniger als Demeter. Die Unterschiede zwischen beiden Müttern liegen auf anderen Ebenen. Demeter und Klytämnestra unterscheiden sich im Hinblick auf ihre Strategien und den Einsatz ihrer Macht, nicht aber in der Qualität ihrer Liebe. Hätte sich Klytämnestra stärker mit Achilles verbündet, hätte sie eventuell mehr an Macht gewonnen - allerdings hätte dies eine Revolte innerhalb des griechischen Heeres bedeutet und den Ausgang der Schlacht unsicher gemacht. Klytämnestra bekämpft Agamemnon mit Worten und Fäusten, aber sie unterliegt. Demeter hingegen „streikt", und da ihre „Untätigkeit" alles Leben auf der Erde bedroht, ist Zeus gezwungen einzulenken, und Demeter wird mit ihrer Tochter wiedervereint. Demeter und Klytämnestra sind ebenbürtig in ihrer mütterlichen Liebe. Sie unterscheiden sich in ihren Strategien und ihrem Gebrauch von Macht. Das Ergebnis ihres Kampfes ist somit zwangsläufig ein anderes.

Die beiden Überlieferungen machen eines deutlich: Es ist unmöglich für Beobachter - Therapeuten, Sozialarbeiter oder andere -, Aussagen über die Liebe einer Mutter zu machen und sich dabei einzig und allein auf ihre Handlungen zu beziehen. Es ist notwendig zu verstehen, mit welcher Art der Machtunterdrückung ihre Handlungen verknüpft sind und über welche Möglichkeiten sie verfügt, ihre mütterliche Liebe zu begreifen. Als Modellvorgaben bieten Klytämnestra und Demeter unterschiedliche Wege, mit Mutterschaft umzugehen. Trotz gleicher Werte sind unterschiedliche Vorgehensweisen möglich.

Die Ideale Mutter

Die Ideale Mutter sieht, versteht und erfüllt alle Bedürfnisse ihrer Kinder. Ihr zentrales Wesensmerkmal, das sie von den mythologischen Schwestern Klytämnestra und Demeter unterscheidet, ist ihre Allmacht (Haavind 1974; 1987).

Die Ideale Mutter ist gütig; sie reagiert auf das menschliche Bedürfnis nach Halt und Trost. Paradoxerweise erleben gerade rationale Atheisten dieses Bedürfnis nach tröstender Fürsorge am stärksten. Der lutherische Protestantismus bietet wenig an Halt und Trost einer Idealen Mutter, da er keine weiblichen Gottheiten kennt. Der Mythos der allmächtigen Guten/Idealen Mutter ist eine Reaktion auf ein Bedürfnis nach Trost. Wir erlangen somit die Fähigkeit - gleich Kindern im Phantasiespiel - uns in Gedanken selbst zu heilen. Wir haben es hier mit dem wertvollsten Aspekt unseres magischen Denkens zu tun: Es ist nie zu spät, eine gute Mutter zu bekommen, sie kann in der eigenen Phantasie geschaffen werden.

Probleme entstehen dann, wenn wir die analytische Distanz zu unserer „Schöpfung" verlieren und sie mit realen Personen in unserem Leben verwechseln. Die Ideale Mutter ist kein passendes Instrument, um die Realität zu analysieren, noch ist sie geeignet, als Vorbild für reale Mütter zu dienen. Wenn allen Launen eines Kindes nachgegeben wird, egoistische und aggressive eingeschlossen, kann daraus die Unfähigkeit erwachsen, sich liebevoll-sorgend auf andere zu beziehen. Kinder, denen in ihrer Aggression keine Grenzen gesetzt werden, laufen Gefahr, ein unangemessenes Selbstbild zu entwickeln. Die Ideale Mutter stellt sich der Aggression und dem Egoismus ihres Kindes nie entgegen. In die Realität übersetzt bedeutet dies, daß eine Mutter keinerlei Raum für sich selbst offenläßt. In diesem Sinne wird aus der alles Gewährenden ein untaugliches Modell, weil es auf Selbstverleugnung gegründet ist (Dahl 1984).

Das Bedürfnis nach der Idealen Mutter ist legitim; das gilt nicht zuletzt für Sozialarbeiter. Die Bewußtmachung dieses mythosgebundenen Bedürfnisses kann der Tendenz entgegenwirken, in eine moralisierende Haltung Müttern gegenüber zu verfallen oder aber dieses Bedürfnis auf diese zu projizieren.

Die Jiddische Mama

Auch die Jiddische Mama ist eine Figur, deren Repräsentation im Mythos auf Allmacht gegründet ist.[5] Sie unterscheidet sich jedoch von der Idealen Mutter insofern als daß sie ein invasiver Charakter ist. Sie ist allmächtig, im Guten (Chagall 1967) wie im Schlechten! Ist sie mit den Zukunftsplänen ihrer Kinder nicht einverstanden, wird sie dafür sorgen, daß sie sie ändern. Ihre Allmacht kennt keine Grenzen. Sie ist nah und fern und durchzieht Leben und Tod. Woody Allen hat ihr in seinem Film „Manhattan" ein Denkmal gesetzt. Vom Himmel aus (den ganzen oberen Teil der Leinwand ausfüllend) gibt sie ihrem Sohn Anweisung, wie er sein Leben zu leben hat, und natürlich gehorcht er ihr, egal ob er möchte oder nicht. Die Zuschauer schmunzeln, sie „verstehen". *Sie* ist der „Grund" einer jeden Entscheidung ihrer Kinder.

Auf dieser Vorstellung des „Ur-Grundes" für alles gründet der Mythos der Jiddischen Mama. Als Instrument der Realitätsprüfung führt diese Art mythischen Denkens zu Reduktionismus. Man wird blind für andere Determinanten, wie z. B. patriarchale Machtstrukturen, sozioökonomische und politische Faktoren, den Willen und die Kreativität der nachfolgenden Generation usw. Und doch bleibt der Mythos wirksam. Trotz unserer Bemühungen einer objektiven Realitätsprüfung bleibt unser Denken unbewußt oft den Inhalten dieser Mythen verhaftet. Auf einer Vernissage, bei der die ausgestellten Werke durchweg Pessimismus und Angst ausdrückten, kamen die Besucher zu dem Schluß, daß der Künstler „eine schlechte Mutterbeziehung gehabt haben muß". Auch dies ist ein weiteres Beispiel einer auf magischem Denken gegründeten „Realitätsprüfung". Vielleicht haben andere Erlebnisse - Holocaust oder Golfkrieg - den Künstler zur Darstellung solcher Düsterkeit veranlaßt. Sowohl o.g. Filmkritiker als auch das Ausstellungspublikum haben ihr magisches Denken mit einer objektiven Analyse der äußeren Realität verwechselt. Nicht so Woody Allen. Er gibt seine Einsicht in seine eigene magische Welt zu erkennen, indem er der Jiddischen Mama ihren Herrschaftsbereich im ganzen oberen Teil der Leinwand zuweist.

Kann die Einsicht Woody Allens - die Erkenntnis, daß zwischen der Jiddischen Mama und der realen Wirklichkeit ein Unterschied besteht - auch bei den jüdischen Pionieren der Psychologie vorausgesetzt werden? Unter den ersten Vertretern der modernen Psychologie war der Mythos der Jiddischen Mama äußerst lebendig und mächtig. Viele von ihnen, darunter Freud selbst, waren Juden aus Zentral- und Mitteleuropa, die in Wien lebten, bis der Antisemitismus der Nazis sie vertrieb.

Die Psychologie, so wollte es Freud, sollte es sich zur Aufgabe machen, Mythen aufzudecken, anstatt sie durch die Verleihung quasi-wissenschaftlicher Legitimation zu verfizieren. Es bleibt jedoch zu bezweifeln, ob dies innerhalb der psychologischen Theorie und Praxis gelang. Vielleicht ist gerade dieser Mythos einer der zentralen Ursprünge für das in der akademischen Psychologie vorherrschende Mutterschaftskonzept, das - bleibt es unaufgelöst - die bekannte Tradition des sogenannten „Mother-blaming" in akademischer und klinischer Psychologie fortsetzt.

Die Mythen von Klytämnestra, Demeter, der Idealen Mutter und der Jiddischen Mama sind allesamt Schöpfungen unserer Phantasie. Modernen Müttern dienen sie als Modelle, die kopiert oder zurückgewiesen werden können. Hier schließt sich eine zentrale Frage an: Was verleiht der Unterdrückung in diesen Mythen Gültigkeit, und inwieweit sind sie geeignet, modernen Müttern Hilfe und Unterstützung zu bieten?

Interkulturelle Muster

Mutterschaftsmodelle sind nicht nur in mythologischen Überlieferungen enthalten. Neben den zahlreichen Vorbildern unserer weiblichen und männliche Ahnen gibt es interkulturell und historisch festgeschriebene Modelle der Kinderbetreuung und -erziehung. Modelle kollektiver weiblicher Kinderbetreuung und väterlicher Verantwortung existieren Seite an Seite mit jeweils soziokulturell bedingten Variationen, wie dem professionellen Kindermädchen, der Haushälterin oder der Figur der Nanny.

Kollektive Formen

Aus psychologischen Lehrbüchern geht nicht immer eindeutig hervor, daß außerhalb Europas und den Vereinigten Staaten viele verschiedene kollektive Formen der Mutterschaft existieren. „Kollektiv" bedeutet hier, daß es sich bei der „Mutter-Kind-Dyade" weder um eine natürliche noch um eine soziobiologische Gesetzmäßigkeit handelt. Die Mutter-Kind-Dyade ist nur eine von vielen kulturellen Möglichkeiten, die Erziehung von Kindern zu organisieren. Westlich sozialisierte Intellektuelle neigen jedoch dazu, die Mutter-Kind-Dyade als einzige Variante zu betrachten. Diese Universalisierung eines kulturellen Musters ist ein theoretisches Konstrukt, das - ob wir wollen oder nicht - auf eurozentristischem Provinzialismus gründet.

Väterliche Verantwortung

Es ist weder natürliches noch soziobiologisches Gesetz, daß die Verantwortung für die Pflege eines Kindes allein der Mutter obliegen soll. Aufgrund der starken Vernetzung von weiblichen Werten und weiblicher Identität mit der Betreuung

von Kindern wird oft übersehen, daß es sich hier auch um ein kulturell vorgege-
benes Muster handelt. Wenn die Soziobiologen unter den Theoretikern gern das
Tierreich als Beispiel anführen, um ihre These zu „beweisen", so genügt ein kurzer Blick auf die Populationen der Löwen, Pinguine und norwegischen Bachstel-
ze, um ihre Annahme zu widerlegen (vorausgesetzt wir bedienen uns der Metho-
de des deduktiven Schließens, in der eine einfache Abweichung zur Falsifikation
einer These ausreicht): In allen drei Fällen sind es die Männchen, die die Brut-
und Nachwuchspflege übernehmen.

Die Frage ist, ob interkulturell gesehen in der Geschichte der Kinderbetreuung
die väterliche Verantwortung eine sehr viel wichtigere Rolle gespielt hat, als wir
bisher festzustellen in der Lage waren. Zumindest war der Anteil groß genug, um
die Schlußfolgerung zu gestatten, daß die These einer Mutter-Kind-Dyade als
einzig gültiges Muster in Natur und Kultur falsch ist.

Westliche Mutterschaftsmodelle

Es gibt in Europa und den Vereinigten Staaten neben der stereotypen Vorstellung
einer Mutter-Kind-Dyade noch andere Formen, Mutterschaft zu organisieren: Der
Stamm der Inuit-Indianer, die Katalanen, das ländliche Frankreich oder das Oslo-
er Eastend - in allen Fällen haben wir es mit einer alternativen Organisation von
Mutterschaft zu tun, die sich von den Durchschnittsfamilien Zentral- oder Nord-
norwegens oder jenen Familien unterscheidet, in denen es seit fünf Generationen
berufstätige Mütter gibt. Die Einflußfaktoren sind zahlreich und komplex. Warum etwa erhielten die Frauen Norwegens im Jahr 1913 das Wahlrecht, während
französische Frauen weitere 36 Jahre warten mußten, bis sie im Jahr 1949 das
erste Mal an die Urnen gehen durften? Welchen Einfluß üben politische Rahmenbedingungen auf die Organisation von Kinderbetreuung aus?

Die stereotype Vorstellung einer dyadischen Mutter-Kind-Beziehung in Europa und den Vereinigten Staaten ist ein durchgängiges Muster. Möglicherweise
handelt es sich um eine ursprünglich patriarchale Form, Kinderpflege und -be-
treuung in der Gesellschaft zu organisieren. Auf dieser engen dyadischen Beziehung zwischen Mutter und Kind mögen auch die für westliche Gesellschaften so
typischen heftigen Trennungsängste begründet sein.

Double-bind

Die Botschaft, die die patriarchale Kultur der Frau als Mutter übermittelt, ist ein
Double-bind, dem sie nicht entkommen kann. Unbewußt internalisiert, versetzt
diese Botschaft Frauen in eine Situation, in der sie es nie recht machen können.
Es unmöglich, in unserer Kultur gleichzeitig eine gute Frau und eine gute Mutter
zu sein.

Die erste Botschaft in diesem Double-bind lautet: Der Wert einer verheirateten Frau liegt in der Mutterschaft. Wir haben es hier mit einem mächtigen Aspekt unseres Kollektiven Unbewußten zu tun. Eine verheiratete Frau, die keine Kinder will, ist eine Bedrohung für das Patriarchat, während eine verheiratete Frau, die keine Kinder bekommen kann, in den Augen des Patriarchats zu bedauern und/oder zu verachten ist (Leira 1985). Kinderlosigkeit bei Paaren ist mit einem Tabu belegt; man scheut sich nachzufragen, warum ein Paar keine Kinder hat. Internalisiert eine kinderlose Frau diese kulturelle Verachtung, sind Gefühle der Scham, Depression, Minderwertigkeit die Folge; in einigen extremen Fällen eine manifeste Psychose (Emechta 1982). Unbewußt weiß somit eine verheiratete Frau in unserer Kultur, daß es Kinder sind, die ihr den Selbstrespekt und die Dankbarkeit ihres sozialen Umfeldes sowie die Würde und den Respekt der Kultur, in der sie lebt, sichern.

Die zweite widersprüchliche Botschaft bezieht sich auf den in unserer Gesellschaft vorherrschenden Code der Geschlechterdifferenz, der Männlichkeit mit Dominanz, Weiblichkeit mit Unterordnung gleichsetzt. Dieser Geschlechtercode spiegelt sich am deutlichsten in unseren Visionen der romantischen heterosexuellen Liebe wider und wird von der Ehe als ihrem primären Sozialisationsagenten festgeschrieben (Haavind 1985). Wie Foucault aufgezeigt hat, ist es genau dieser Mangel eines nicht auf Egalität gegründeten Geschlechtercodes, der die homosexuelle Liebe zwischen Männern und Frauen zu einer solchen Bedrohung für unsere Kultur werden läßt. Eine wichtige Institution zur Bewahrung dieses Codes ist die Ehe. Die Unterordnung der Frau in der Ehe findet möglicherweise in ihrer Funktion als Mutter ihre Legitimation. In der patriarchalen Vorstellungswelt macht Mutterschaft - das Gebären und Aufziehen von Kindern - die Persönlichkeit einer Frau aus (Leira 1985). Mutterschaft verleiht einer verheirateten Frau kulturelle Würde und Respekt, während sie gleichzeitig deren untergeordnete Stellung bestätigt.

Die Botschaften der Kultur an die Frau sind also: 1. Um als Frau in einer Ehe Wert zu haben, muß sie Mutter sein; 2. eine wertvolle weibliche Frau ordnet sich ihrem Mann unter; 3. diese Unterordnung wird durch ihre Mutterschaft bekräftigt. Es ist unmöglich, in diesem System kompetente Mutter und weibliche Ehefrau zugleich zu sein. Eine untergeordnete Mutter ist eine Mutter ohne Autorität. Eine weibliche Ehefrau ist eine inkompetente Mutter, und eine kompetente Mutter kann keine weibliche Ehefrau sein. Ein auswegloses Dilemma also. Eine gute Mutter ist eine schlechte Ehefrau und umgekehrt.

Unfähig, sich aus diesem Double-bind zu befreien, kann die Suche nach einer Lösung in einer ganz bestimmten Richtung erfolgen - dem Versuch, in Strategien der Unterordnung Allmacht zu erlangen. Die begabtesten Frauen mit den entsprechend hoch entwickelten sozialen Fertigkeiten werden auf die kulturellen Double-bind-Botschaften insofern zu reagieren wissen, als sie zu Experten im Umgang mit Unterordnungsstrategien werden und darauf ihre „Omnipotenz" gründen. Dies setzt ein hohes Maß an Aktivität, Autorität und Kreativität voraus, um Strategien dieser Art zu entwickeln und das bewußte Wissen um diese Stärken und Strategien zu verbergen, damit der Unterordnungscode nicht durchbrochen wird.

Außenstehende lassen sich dadurch leicht täuschen. Sie mag ihnen passiv, ohne Autorität, nachlässig oder gar masochistisch erscheinen, da sie die dahinter verborgene Double-bind-Botschaft nicht erkennen. Sie sind blind für das darin enthaltene unauflösbare Dilemma, in dem Frauen stecken. Der Grund für diese „Blindheit" ist derselbe, aus dem Mütter selbst in die Falle der Double-bind-Botschaften geraten: die patriarchalen Werte einer verheirateten Frau mit den entsprechenden Tabuisierungen.

Psychische Probleme, aber auch psychische Entwicklungspotentiale definieren sich dadurch, welchen Problemen eine Kultur Raum gewährt, Betrachtung schenkt und welche sie zur Lösung freigibt und welche Probleme mit einem Tabu belegt werden und somit als „nicht existent" gelten. Solange der patriarchale Mythos der verheirateten Frau als Tabu unangetastet bleibt, so lange sind Frauen und die Kultur, in der sie leben, nicht frei, das oben beschriebene Dilemma aufzulösen. Wie kann eine Frau durch einen einzigen Wert Achtung und Unterordnung zugleich erfahren? Autorität oder Kinderlosigkeit, beide Male bricht sie den kulturellen Code. Wertschätzung und Unterordnung werden somit zu zwei entgegengesetzten Aspekten derselben Botschaft. Die Lebensentwürfe verheirateter Frauen von heute, die Mutterschaft und aktive Teilnahme am Leben in der Gesellschaft umfassen (ein im Vergleich zur Mutterschaft relativ „junger" Lebensentwurf), führen zum Konflikt mit den alten patriarchalen Mustern. In modernen Gesellschaften gibt es keinen Konsens über die Bedeutung verheirateter Frauen mit Kindern. Wir alle sind Zeugen und Beteiligte in der Auseinandersetzung um diesen Punkt. Wert und Bedeutung verheirateter Frauen in unserer Kultur unterliegen jedoch offensichtlich einem patriarchalen Konzept. Keine Frau wäre in der Lage, ein derartiges Konzept zu entwerfen, da es die verheiratete Frau mit Kindern einer gesellschaftlich vorgegebenen Double-bind-Botschaft aussetzt. Das „klassische" Double-bind-Konzept nach Gregory Bateson (1972) führt geradewegs in die Schizophrenie. Die betreffende Person bekommt gleichzeitig zwei widersprüchliche Botschaften übermittelt. Die Reaktion auf die eine führt zum Tadel aufgrund der unterlassenen Reaktion auf die andere. Ein Entkommen ist unmöglich. Wie kann eine Mutter auf dem Hintergrund dieser kulturellen Rahmenbedingungen Orientierung finden, um Selbstvertrauen zu entwickeln? In einer patriarchal geprägten Gesellschaft ist sie verdammt, wenn sie sich unterordnet, und verdammt, wenn sie Autorität einsetzt. Wie kann Würde erreicht und Scham vermieden werden? Und wie können Therapeuten darauf vorbereitet werden, Kinder und Frauen in dieser Auseinandersetzung zu unterstützen, wenn sie selbst in diese Auseinandersetzung involviert sind?

Kulturelle Tabus infrage zu stellen kann, wie Freud feststellte und am eigenen Leib erfahren mußte (Masson 1984), gefährlich sein: „Während der gesamten Geschichte der Menschheit war es mit Gefahren verbunden, die Gesellschaft, in der man lebte, zu genau verstehen zu wollen" (Bernal 1969). Auf der anderen Seite schafft die Aufdeckung tabuisierter Mythen neue Entwicklungsmöglichkeiten. Wenn es um das mythen- und tabubesetzte Phänomen der Mutterschaft geht, sehe ich keine Möglichkeit, dem Dilemma zu entgehen, auf das Freud hingewiesen hat: Entweder wir entlarven die Tabus oder wir verleihen ihnen quasi-wissenschaftliche Legitimation. Die Wirksamkeit von Mythen gründet auf ihrer Tabuisierung. Die Auflösung der um Mutterschaft gerankten Mythen wird somit von großer Bedeutung sein, für Mütter wie auch für Therapeuten.

Selbsterfahrungsprogramme für KindertherapeutInnen und der Kontakt mit Müttern von Patienten

Madelien Krips

Die Interessen des Kindes stehen für gewöhnlich im (emotionalen) Zentrum von Kinder-, und JugendtherapeutInnen sowie FamilientherapeutInnen. Oft aber bieten die Mütter der jungen Patienten Anlaß zur Irritation: Die - in vielen Fällen alleinerziehenden - Mütter „schimpfen und beklagen sich", und jeder Kommentar seitens der TherapeutIn scheint ihr Gefühl der Verunsicherung zu verstärken. Das erhöht den Druck auf die Kinder und die in den TherapeutInnen ausgelöste Irritation.

Das Einbinden frauenspezifischer Interessen in die therapeutische Arbeit bedeutet eine Verlagerung des Schwerpunktes vom Kind zur Mutter. Fünf Themenkomplexe haben sich in einer verstärkten Betrachtung der mütterlichen Seite als hilfreich erwiesen: die Stellung von Mutter und Tochter in den Familien der Therapeutinnen selbst; die „Ideale" Mutter und die „Ideale" Therapeutin; Mütter in Gastarbeiterfamilien; Mütter in Inzestfamilien; und besonders Mütter „ohne Autorität". In den folgenden Abschnitten wird die Arbeit von sieben Kinder-, und Jugendtherapeutinnen im Umgang mit diesen Themenstellungen nachgezeichnet.

Die Mutter-Tochter-Problematik in der Erfahrung der Therapeutin

Beim ersten der fünf Gruppentreffen wurde jede Therapeutin gebeten, die eigene Herkunftsfamilie in Zeichnungen darzustellen. Die anschließende Diskussion zeigte, daß nur wenig Worte nötig waren, um zu sehen, wie sehr die Position der eigenen Mutter das in der Therapeutin bestehende Mutterbild und ihre Erfahrung von Mutterschaft bestimmte.

Zwei unterschiedliche Typen mütterlicher Position kristallisierten sich heraus: eine dominante (wobei die Dominanz hier auf den Kontext der Familie begrenzt ist) oder eine untergeordnete Position. Der wichtigste Aspekt, den Töchter „dominanter" Mütter nannten, war das Rivalisieren um die Zuneigung des Vaters oder die Rivalität unter Geschwistern um die Liebe der Mutter. Die Töchter „untergeordneter" Mütter sprachen von einem Mangel an mütterlicher Liebe und nannten „Parentifizierung" als eine Möglichkeit, diesen Mangel zu beheben. Der Vater wird als übergroß, aber distanziert dargestellt. Brüder und Schwestern scheinen keine signifikante Rolle zu spielen.

Die ideale Mutter

In der Sitzung, in der es um das Thema „ideale" Mutter und „ideale" Therapeutin ging, wurden unter großem Gelächter die typischen Wünsche aufgeführt, wie z.B. „sie sollte ihr eigenes Leben leben, aber immer da sein, wenn ich sie brauche". Es wurde deutlich, daß alle diesen starken Wunsch nach der „idealen" Mutter kannten und wie sehr dieser kollektive Wunsch durch entsprechende soziale Haltungen bestätigt und bekräftigt wird (siehe auch den Beitrag von Jane Flax). Die Erkenntnis einer Verbindung zwischen eigenen unerfüllten Wünschen und der Art und Weise, wie der Therapeutenberuf inhaltlich aufgefüllt wird, war der sich daraus ergebende nächste Schritt.

Alle Therapeutinnen beschrieben ihren großen emotionalen Einsatz, den sie für das Wohlergehen ihrer jungen Patienten leisteten. Sie diagnostizierten außerdem eine gewisse „schulmeisterliche Art" im Umgang mit den Müttern. Die „rivalisierenden" Töchter drückten in ihrer therapeutischen Arbeit ihre Ungeduld offener aus und gaben häufiger Ratschläge, während die „parentifizierten" Töchter ihre etwas herrische Art in Überbesorgtheit verpackten.

Jenseits einer Identifizierung mit den Opfern

Im Laufe der nächsten beiden Sitzungen - zum Thema Mütter in Gastarbeiter- und Inzestfamilien - wurde ein höheres Maß an Identifikation mit der Position der Mütter in den entsprechenden Familien deutlich. Was bedeutet der Umzug in ein fremdes Land, dessen Sprache man nicht spricht? Unter welchen Verlusten leiden die betroffenen Frauen am stärksten, und was unternehmen sie, um sich in ihrer neuen Heimat mehr zu Hause zu fühlen? Das in dieser Arbeitsmethode enthaltene Risiko liegt in einer ausschließlichen Idenitifizierung mit dem Opferelement.

Wird dies nicht erkannt und aufgelöst, kann ein Klima gegenseitiger Ohnmacht entstehen, das den Fortgang der therapeutischen Arbeit behindert.

Während des Rollenspiels wurde die Neigung der „Therapeutin" deutlich, Ratschläge zu erteilen, in der Hoffnung, möglichst schnell eine Lösung herbeizuführen. Diese Lösung verstärkte jedoch in der „Mutter" ein Gefühl der Machtlosigkeit und entwertete sie in den Augen ihres „Kindes". „Therapeutin" und „Mutter" schienen sich - unbewußt - für die einfachste Lösung für einen Konflikt zwischen „Therapeutin", „Mutter" und „Patient" zu entscheiden: die Spaltung in „gute" (die Therapeutinnen) und „schlechte" Mütter (die „realen" Mütter). Der Status quo wird durch diese Spaltung bestätigt.

Diese Selbsterfahrungsarbeit in der Gruppe öffnete den Blick für oftmals verborgene Überlebens- und Machtstrategien, die von den Müttern junger Patienten eingesetzt wurden. Ein ganzes Arsenal indirekter Machtstrategien - sich beklagen, nörgeln, beleidigt sein, das Entwickeln somatischer Beschwerden, Verschiebung der Aggression („Warte nur, bis der Papa nach Hause kommt!") - konnte aufgelistet werden; nicht zu vergessen das mütterliche Besorgtsein, das ebenfalls einen ausgesprochen imperativen und erstickenden Charakter annehmen kann.

Mütter ohne Autorität

Viele der Mütter, die um therapeutische Hilfe ersuchen, haben kein klares Selbstbild. Die Tatsache, Mutter zu sein, wird oftmals als ein erster Schritt in Richtung einer eigenen Identität und Position empfunden. „Sich um jemanden kümmern" ist die Quelle, aus der diese Frauen Stärke und Wissen schöpfen. Direkte Machtausübung oder Aggressionsäußerung vertragen sich nicht mit ihrer Funktion einer guten Ehefrau und Mutter. Sie nehmen Mutterschaft im Sinne eines Mythos wahr, einer kollektiven magischen Lösung, die als Überlebensstrategie funktioniert. Dieser Mythos ist durch eine emotionale Dichotomisierung gekennzeichnet, einerseits die Vorstellung der idealen oder guten Mutter als Synonym für Liebe ohne Autorität und andererseits das Bild der schlechten Mutter - oder negierten Mutter („non-mother") oder Hexe - , die für Autorität ohne Liebe steht.

Mittlerweile fordert jedoch die Realität von Müttern, beides zur Verfügung zu stellen: Liebe (i.S. von Fürsorge) und Autorität (i.S. von Grenzsetzung). Die verschiedenen Entwicklungsstufen eines Kindes verlangen direkte Autorität, um es auf seiner Suche nach eigener Autonomie zu unterstützen und es mit seiner eigenen Kraft und Stärke in Berührung kommen zu lassen. Therapeutische Ratschläge wie „behaupte dich" oder „du hast das Recht auf dein eigenes Leben" oder „zeig ihm/ihr, daß du richtig wütend auf sie bist" stoßen bei einer großen Anzahl von Patienten auf wenig Echo oder führen zu verstärkten Schuldgefühlen. Der Weg, diese einseitige Art der Mutterschaft zu verändern, fällt in das Bezugssystem des „Sich-Kümmerns".

Entwicklungslinien

Altersstufen				
Baby	Kleinkind	Präpubertät	Pubertät	Adoleszenz

Aufgaben				
grenzenlos	Grenze	Anerkennung	Loslassen	
Nähren	Fürsorge	Bestätigung	Einschränkung	Übereinkommen
Pflege	Einschränkung	Schutz	Vertrauen	
Schutz	Stimulierung	Herausforderung	Fürsorge	Konfliktmanagement
	Raum	Erklären	Ausprobieren	

Tabelle 1: Entwicklungslinien

Diese einfache Tabelle soll die verschiedenen Aspekte des „Sich-Kümmerns" - Liebe und Autorität - in den unterschiedlichen Altersstufen der Entwicklung eines Kindes verdeutlichen. Mütterliche Eigenschaften, die während der unteren Altersstufen vorrangig zum Tragen kommen - Nähren und Fürsorge -, sind die innerhalb unseres westlichen Kulturkreises mit der höchsten Wertschätzung besetzten Einstellungen. Eigenschaften, die mit dem Besitz und Ausüben von Autorität in Beziehung stehen - sich abgrenzen, anderen Grenzen setzen und loslassen -, erfahren sehr viel weniger Unterstützung und werden oftmals verurteilt. Therapeutinnen können anhand dieser Tabelle eigene Identifizierungen - als Töchter, Mütter oder Vertreterinnen eines helfenden Berufes -, die Position ihrer jungen Patienten und deren Mütter überprüfen.

Ergebnisse

Die Teilnahme an diesem Selbsterfahrungsprogramm hat nach Aussagen der beteiligten Therapeutinnen die (Zusammen)Arbeit mit den Müttern junger Patienten erleichtert, z. B. in den nun als freundlicher erlebten Verhandlungen mit „dickköpfigen", aber machtlosen Müttern, die kontinuierlich um Ratschläge ersuchen. Einige Therapeutinnen sind auch dazu übergegangen, die oben abgebildete Tabelle regelmäßig mit den Müttern zu diskutieren, so daß oft weniger Worte nötig sind, um sich verständlich zu machen. Viele Mütter erkennen ihre eigene Position in der Tabelle wieder und machen Änderungsvorschläge. Der Ausgangspunkt - Fürsorge nicht nur als liebevolle Bindung, sondern auch als Abgrenzung und Loslassen - hat eine wichtige Saite zum Klingen gebracht. Die Mütter haben das Gefühl, als würde somit ihre Autorität als Mutter mehr an Anerkennung erfahren. Sie setzen sich mit ihren eigenen einschränkenden Mythen auseinander.

Anmerkungen

1 Die Forschungsarbeit wurde vom Norwegischen Research Council finanziert und im in vielfacher Hinsicht Anregung bietenden Centre for Women's Research der Universität Oslo verfaßt.
2 Der Begriff „Modell" in diesem Kontext bezieht sich auf das Konzept des „psychosozialen Beispiels" und unterscheidet sich in seiner Konnotation somit vom „Modellbegriff", wie er in den Naturwissenschaften gebräuchlich ist. Er kann in Anlehnung an das soziologische Modellkonzept von „Models of Motherhood" von A. Leira (1990) verstanden werden.
3 Das Konzept des „Kollektiven Unbewußten" geht auf C. G. Jung zurück. Im vorliegenden Aufsatz bezeichnet es psychokulturelle Prozesse und gründet nicht auf der Annahme biologisch gegebener Archetypen.
4 Zum Mythos Klytämnestras und Agamemnons existieren entgegengesetzte Versionen von Euripides und Äschylos.
5 Der Mythos der Jiddischen Mama ist zum Teil mythologische Überlieferung, zum Teil soziale jüdische Tradition.

Literatur:

Bateson, G. (1972): Steps to ecology of mind. New York (Ballantine Books).
Bernal, J. D. (1969): Silence in history. Harmondsworth (Penguin Books).
Chagall, B. (1967): Burning lights. New York (Schocken Books) 1989.
Dahl, S. (1984): De andre - meg selv (The others - myself). In: I. Anstorp, E. Axelsen und R. Ingebretsen (Hg.): Kvinne(p)syke. Oslo (Universitetsforlaget).
Emechta, B. (1982): Joys of motherhood. New York-Huntington (Fontana Books) 1988.
Fo, D. (1989): Manuale minimo dell'attore. Odense (Drama).
Foucault, M. (1976): Sexualität und Wahrheit 1. Der Wille zum Wissen. Frankfurt a. M. (Suhrkamp) 1977.
Freud, S. (1912): Zur Dynamik der Übertragung. G. W. VIII.
Freud, S. (1913): Totem und Tabu. G. W. IX.
Haavind, H. (1974): Myten om den Gode Mor. Oslo (Universitetsforlaget).
Haavind, H. (1982): Makt og kjoerligehet i ekteskapet (The myth of the love in marriage). In: R. Haukaa, M. Hoel und Haavind (Hg.): Kvinneforskning: Bidrag til Samfunnsteori. Womensresearch. Oslo (Universitetsforlaget), 138-71.
Haavind, H. (1985): Changes in the relationship between women and men. Materialisten, 4, 33-48.
Haavind, H. (1987): Liten og stor. Modres omsorg og barns utviklingsmuligheter (Little and big. Mothers' care and children's developmental possibilities). Oslo (Universitetsforlaget).
Jung, C. G. (1984): Mitt Liv. Stockholm (Wahlstrom & Widstrand).
Leira, H. (1985): Ufrivillig barnloshet, en usynlig psykososial krise (Unwilling childlessness - an invisible psychosocial crisis). Nytt om Kvinneforskning, 4, 4-13.
Leira, H. (1989): Models of motherhood. Oslo (Institut for Samfunnsforskning).
Leira, H. (1990): Fra tabuisert traume til Anerkjennelse og Erkjennelse, del 1 (From tabooized trauma to recognition and conception). In: Tidsskrift for Norsk Psykologforening, 27, 16-22.

Masson, J. M. (1984): Was hat man dir, du armes Kind, getan? Sigmund Freuds Unterdrückung der Verführungstheorie. Reinbek (Rowohlt).

Odegard, T. (1992): Den elsk-verdige kvinnen: Monster og Mangfold (The love-worthy woman: patterns and variety). In: R. Haukaa (Hg.): Nye Kvinner - Nye Menn. Oslo (Ad Notam).

Die Mutter-Tochter-Beziehung - der „schwarze Kontinent"

Ist eine multikulturelle Zukunft möglich?

Martine Groen

Jeglicher Diskurs feministischer Theorie, so Audre Lorde im Jahr 1979, der weder „unsere Unterschiedlichkeit" in Betracht ziehe noch „einen signifikanten Beitrag von armen, schwarzen, lesbischen Frauen oder Frauen aus der Dritten Welt" aufzuweisen habe, verkomme zur puren akademischen Anmaßung. „Jene unter uns, die außerhalb der gesellschaftlich festgeschriebenen Definition akzeptierten Frauseins stehen, jene unter uns, die lesbisch sind, schwarz sind oder älter sind, wissen, daß Überleben keine akademische Fertigkeit ist."

Möglichkeiten für die Entwicklung einer multikulturellen Zukunft scheinen im Schwinden begriffen. Immer neue restriktive Maßnahmen sorgen dafür, daß Raum und Einfluß ethnischer Minderheiten in unseren westlichen Gesellschaften beschnitten werden. Mit zunehmendem Druck werden die Demarkationslinien breiter, so daß den Möglichkeiten multikultureller Gemeinschaften von allen Betroffenen nur wenig Erfolgschancen eingeräumt werden. Ist Integration überhaupt möglich - in einer Gesellschaft, die ohnehin eine Vielzahl von Unterschiedlichkeiten in sich vereint? Sind die Unterschiede tatsächlich so groß und trennend, oder haben wir es mit einem ökonomischen Problem zu tun?

Im Lichte dieser Fragen wird deutlich, daß die Spannung zwischen Individualisierungsprozeß einerseits und der Zugehörigkeit zu einer Gemeinschaft mit unterschiedlichen kulturellen Vorstellungen andererseits ein Grundproblem unseres gesamten Zivilisationsprozesses darstellt. Welche Modelle sind geeignet, dieses Problem anzugehen? Was haben andere Kulturen anzubieten? Ist die Bewahrung einer nach kollektiven Prinzipien oder anderen Organisationsmustern ausgerichteten Kultur in unserer überindividualisierten Gesellschaft möglich? Welche Rolle spielen Frauen in diesem Kulturprozeß? Zumal gerade sie für den Sozialisationsprozeß zukünftiger Generationen wesentlich sind. In zahlreichen Gemeinschaften außerhalb unseres (westlichen) Kulturkreises sind Mutterschaft und „Muttern" anders organisiert und bewertet. Lassen sich Traditionen dieser Kulturen auf unsere Gesellschaft übertragen - und ist dies wünschenswert?

Die zentrale Frage lautet also: Ist die Akzeptanz anderer Formen von Mutterschaft ein erster Schritt, auch andere Formen des Sozialisationsprozesses anzuerkennen? Ausschlußmechanismen existieren in vielerlei Hinsicht und sind oftmals sehr subtil. Im folgenden möchte ich aufzeigen, daß für westliche Frauen die unterschiedlichen Herangehensweisen an das Thema der Geschlechterdifferenz im Kontext der Mutter-Tochter-Dynamik einen großen Gewinn bedeuten. Frauen, die nicht unserem Kulturkreis entstammen, haben andere Beziehungen zu ihren Töchtern und benötigen andere theoretische Konzepte, um ihren Existenzbereich zu vergrößern. Der aus Jamaica stammende Soziologe Stuart Hall bietet mit seinem Ansatz die Möglichkeit, sich dem Phänomen der Unterschiedlichkeit auf andere Art und Weise zu nähern. Die von mir angeführten Beispiele sollen weitere Untersuchungen in diesem Bereich anregen, um mehr Einblick in die verschiedenen Dynamiken von Mutter-Tochter-Beziehungen zu gewinnen.

Ausschlußmechanismen

Frauen als Vertreterinnen von Kulturen, die nicht zur westlichen weißen Hemisphäre gehören, glänzen auf Kongressen durch Abwesenheit. Sind hier die gleichen Ausschlußmechanismen am Werk, wie sie Frauen in der von Männern dominierten akademischen Welt schon seit jeher zu spüren bekommen? Laufen wir nun Gefahr, als weiße Frauen die Diskussion dieser Themen zu beherrschen?

Ausschlußmechanismen operieren auf unterschiedlichen Ebenen. Manchmal offensichtlich und leicht zu identifizieren, sind sie doch ebenso oft das Ergebnis subtilst ablaufender Prozesse.

Die Frau als „Mutter", „Hexe", „Madonna", und nicht zu vergessen als „Hure", hat das Denken über Jahrhunderte hinweg geprägt. Ängste und Wünsche wurden auf das/die Fremde und Unbekannte projiziert und mit Hilfe der „Vernunft" besiegt. Das Gedankengebäude, das der Struktur unserer Gesellschaft zugrunde liegt, vermag Minderheiten - im Sinne der Definition des Philosophen Deleuze - nicht zu tolerieren. Diese Gruppen sind insofern Minderheiten als sie von jeher von jeglicher Machtausübung ausgeschlossen waren und andere, sich von der jeweils herrschenden Norm unterscheidende Lebensformen entwickelten.

Führen wir nun einen ähnlichen Diskurs über Schwarze oder andere ethnische Gruppen, wie er jahrhundertelang über Frauen geführt wurde? Verdecken die herrschenden Vorstellungen unseren Blick, so daß nicht-weiße Frauen ausgeschlossen werden, oder sprechen wir in diesem Kontext über eine andere Form der Macht? In ihrem Briefwechsel mit Mary Daly (der Autorin von *Beyond God*

the Father) beklagt Audre Lorde das Fehlen der ihr vertrauten religiösen Beispiele, wie abstrakt sie auch immer sein mögen. Ähnlich schwierig, so meine ich,
ist es für Frauen aus mutterzentrierten Strukturen, sich in patriarchalen Müttern
wiederzuerkennen. Subtile Ausschlußmechanismen finden sich auch in pauscha-
lisierten theoretischen Aussagen, wenn es um die Unterschiede zwischen Frauen
geht.

Ein eindrucksvolles Beispiel dieser Ausschlußmechanismen ist eine Studie
über alleinerziehende Mütter. Innerhalb unseres westlichen Kulturkreises ist diese
Form der Familienorganisation in vielerlei Hinsicht negativ konnotiert. Sowohl
für Mutter als auch Kind wird sie als schädlich angesehen. Dem Kind werde der
Zugang zur Symbolischen Ordnung usw. verwehrt. Die Tatsache, daß in unserer
Gesellschaft die Erziehung von Kindern von nur einem Elternteil problematisiert
wird, steht in enger Verbindung mit einer völlig unterschiedlichen Sichtweise von
Mutterschaft. Das Netzwerk von Tanten und anderen Verwandten, das etwa Kinder in Surinam oder auf den Antillen umgibt, wird an keiner Stelle als mögliche
Alternative der Familienorganisation beschrieben. Selten, wenn überhaupt, werden die Stärken, die dieser mutterzentrierten Familienstruktur innewohnen, erwähnt. Formen der Mutterschaft, die nicht dem westlichen Modell entsprechen,
werden in der Forschung in der Regel problematisiert. Eher noch wird auf abwei-
chendes Verhalten hingewiesen, für das Mütter verantwortlich gemacht werden.
Forschungsarbeiten in diesem Bereich, ob anthropologisch oder psychologisch
orientiert, sind vom jeweils herrschenden kulturellen Paradigma „gefärbt". Der
Schwerpunkt liegt auf der Andersartigkeit von Einwanderern; diese gilt als der
Ursprung der Probleme (Hull et al. 1982; Rath 1991).

Folgendes Beispiel zeigt in wenigen Sätzen die Unterschiede kultureller Herkunft und das Dilemma einer multikulturellen Gesellschaft:

Meinungsverschiedenheiten mit ihrer Mutter, die sich um die Erziehung ihres Kindes drehen,
führen eine Surinamesin in die Beratungsstelle des Niederländischen Sozialdienstes. Um wieder arbeiten zu können, hatte sie ihre Mutter aus Surinam in die Niederlande kommen lassen,
damit diese sich um ihr Enkelkind kümmere. In der Analyse der Sozialarbeiterin war die Rede
von einer Störung im Individuations-Separationsprozeß. Als Frau, die als extrem um ihre Mutter besorgt erlebt wurde, empfahl man ihr, mehr an sich zu denken und in (selbstausgelösten)
Konfliktsituationen mit ihrer Mutter zu lernen, sich abzugrenzen. Eine surinamesische Sozialarbeiterin, die später mit Mutter und Tochter sprach, definierte die Situation als ein Loyali-
tätsproblem, in dem es galt, gegenseitige Besorgnis und Interessen von Mutter und Tochter aus-
zubalancieren (Babel 1991). Dort wo sie von einer mutterzentrierten Betrachtungsweise aus-
ging, hatte ihre niederländische Kollegin ein Individuationsproblem gesehen.

Dieses Beispiel zeigt deutlich die Spannung zwischen einer individualisierten
Gesellschaft und ihren unpersönlichen Regeln und dem „warmen Nest" eines
engmaschigen Netzwerks von Verwandten im weitesten Sinne. Wir haben es hier

mit einer Lücke zu tun, die nur schwer zu überbrücken ist. Frauen, die sich emanzipieren, scheinen am besten geeignet, Isolierung auszudrücken. (Frauen aus fundamentalistischen, patriarchalen Gemeinschaften haben natürlich mit ganz anderen kulturellen Schwierigkeiten zu kämpfen als Frauen, deren kultureller Hintergrund matrifokalen Traditionen entspringt.)

Unterschiede können durch Schuldgefühle - etwa angesichts rassistischen Gedankenguts und Handelns - verdeckt werden. Ihre lähmende Wirkung kann sich in Besorgnis verwandeln, so daß es Schuldgefühle sind, die hinter einer Problematisierung all dessen liegen, was anders ist. Eine weitere Möglichkeit, mit Andersartigkeit umzugehen besteht darin, sie zu glorifizieren. Nur wenigen scheint es letztlich zu gelingen, das „Andere" als Quelle der Inspiration zu sehen.

Unterschiedliche „Unterschiede"

Differenzierung kann auf vielerlei Ebenen diskutiert werden. Vor allem französische Philosophen waren es, die das traditionelle Dualitätsdenken einer ernsthaften Kritik unterzogen: Das in dualistischen Kategorien abgefaßte Denken, so ihr Einwand, schließt aus und schafft die Illusion, daß nur eine einzige Art des Denkens existiert. Frauen und andere Minderheiten kommen nicht vor; sie sind ausgeschlossen und zählen nicht. Rosi Braidottis „*Patterns of Dissonance*" (1991) ist eine ausgezeichnete Zusammenfassung der unterschiedlichen Positionen, die Frauen im gegenwärtigen (Lacanschen) philosophischen Diskurs einnehmen. Einige betrachten die Geschlechterdifferenz als die Metapher, mit der es in Zukunft zu arbeiten gilt; für andere wiederum liegen die Vorteile in einer genauen Analyse herrschender Machtverhältnisse und Vorstellungen in unserer Gesellschaft.

Manche Theoretikerinnen machen ihre gedanklichen Anleihen bei Lacan und seinen Schülern und sehen die Fähigkeit zur Anerkennung von Unterschieden in der Stärke des Präödipalen verankert. Sie idealisieren das Ozeanische als jene Quelle der Kreativität, aus der Frauen Kraft schöpfen. Julia Kristeva etwa sieht in der präödipalen Mutterbindung einen Ersatz für die Symbolische Ordnung. Notgedrungen müssen hier Einfluß und Bedeutung der Fortpflanzung unklar bleiben. Der mütterliche Körper erfährt Zurückweisung, das Körperliche wird als geheimnisvoll und magisch definiert. Andere Denkerinnen betrachten die Stärke des Präödipalen als eine Möglichkeit, mit der Symbolischen Ordnung zu brechen. Und schließlich die Schule um Luce Irigaray, die die Gleichsetzung von Ratio und Männlichkeit zurückweist und sich für eine andere Symbolische Ordnung, basierend auf dem Weiblichen, stark macht. Ihre symbolische Vielgestaltigkeit ist es, die die Frau einer unilinearen phallischen Repräsentation ihren Widerstand entgegensetzen läßt. In Anlehnung an Deleuze beschreibt Irigaray den Körper als libidinöse Oberfläche, die den Aufbau von Subjektivität via einer Anzahl komplexer Identifikationsprozesse ermöglicht. Unterschiede können ins Unendliche gehen und allen nur erdenklichen theoretischen Optionen und Strategien offenstehen, ohne in Synthese oder Analyse abzugleiten.

Eine ganze Reihe angelsächsischer Philosophinnen, deren Ansätze Braidotti diskutiert, lassen einen Diskurs im Sinne der Geschlechterdifferenz vermissen. Vielmehr gehen sie der Frage nach, ob ein neuer Begriff für das „Körperliche", für den „Körperlichen Raum" geprägt werden soll oder nicht. Neue Begrifflichkeiten könnten zu einer neuen „Körperpolitik" führen, die wesentlich war und ist - etwa im Kampf um Abtreibung -, die aber auch neuen Konzepten und Identitäten Platz machen könnte. Adrienne Rich (1977) unterstreicht die theoretische und politische Tragweite des Konzepts von Körperlichkeit, da es die Möglichkeit bietet, die im dualistischen Denken enthaltenen Ausschlußmechanismen einer kritischen Prüfung zu unterziehen. Das gedanklich-theoretische Angebot, das Rich und Irigaray machen, bietet zahlreiche Anknüpfungspunkte für Elemente aus anderen kulturellen Gemeinschaften. Das Nachdenken im Sinne offener und flexibler Subjekte schafft neuen Raum.

Neben diesem Diskurs existiert eine weitere theoretische Richtung, deren Hauptvertreter, der französische Philosoph Finkelkraut (1987), sich des Themas Differenzierung aus einer kulturellen Perspektive annimmt. Nicht die Geschlechterdifferenz sieht er als das wesentliche Leitmotiv, sondern die in Kultur und Gesellschaft begründeten Unterschiede und ihre Folgen für die westliche Welt. Vertreter des „Multikulturellen" - so seine Aussage - sind oft Gefangene ihrer eigenen Schuldgefühle. Der Forderung nach Anerkennung und Unterstützung von Einwanderern in ihrer jeweiligen Eigenart - nationale Identität, Kultur und Religion - hält er die Frage entgegen, ob tatsächlich alle kulturellen Eigenarten und Gebräuche akzeptiert werden sollen. Mißbrauch von Frauen und Kindern? Die Behandlung von Frauen als Eigentum? In diesem Sinne warnt er davor, alle Errungenschaften der Individualisierung über Bord zu werfen und kulturellem Relativismus zu verfallen. Finkelkraut verteidigt die westliche Zivilisation und weist auf die Gefahren von Nationalismus und Glorifizierung anderer Kulturen hin. Der Respekt für Andersartigkeit hat seine Grenzen; eine davon ist die Nicht-Akzeptanz von Gewalt. In Finkelkrauts Ansatz sind wir „geschlossene" Subjekte. Er denkt in Polaritäten und schließt somit andere Optionen aus.

Stuart Halls (1991) Weiterführung des Konzepts „Unterschied" bereichert die Diskussion um eine weitere Dimension, mit deren Hilfe neue Wege aufgezeigt werden, die bekannten Ausschlußmechanismen zu überwinden und sich in Richtung einer multikulturellen Denkart zu bewegen. Die schuldbeladene Kolonisationsphilosophie, die Ethnozentrismus unterdrückt, verbirgt sich hinter eben diesen Schuldgefühlen und ersetzt sie durch ein „Nicht-Ich". Mit anderen Worten, die

Weißen sind böse, die Schwarzen sind gut. Hall unternimmt den Versuch, politisches Denken mit der dem philosophischen Konzept des „Unterschieds" innewohnenden Macht zu verbinden. Ein Weg, diese Verbindung zu schaffen, liegt in der Einführung einer neuen Terminologie. So solle das Konzept der „Ethnizität" aus seinem kolonialisierten Gebrauch gelöst und „zurückgeholt" werden. „Ethnizität weist der Geschichte, Sprache und Kultur im Entstehungsprozeß von Subjektivität und Identität ihren Platz zu; ebenso erkennt Ethnizität die Tatsache an, daß jeder Diskurs seinen Platz hat und daß alles Wissen nur aus dem Zusammenhang zu begreifen ist. Neue Formen politischer Repräsentation werden sich entlang einer neuen Ideologie um den Begriff „Ethnizität" herausbilden." Halls Absicht ist es, das Konzept des „Unterschieds" in einen neuen theoretischen Rahmen zu stellen. „Unterschied" ist für ihn ein schiefes Konzept. Eine unüberbrückbare Teilung läßt sich damit ebenso benennen wie das Phänomen der Geschlechterdifferenz oder unterschiedliche Positionen, Bedingungen und Umstände. Halls Ansatz eröffnet mehr Möglichkeiten, dem Konzept der „Ethnizität" Form zu verleihen. Wir alle - so Hall - sind ethnisch „verortet" und unsere ethnischen Identitäten sind entscheidend für unser Selbstempfinden. Die „schwarze" Erfahrung nennt er eine Diaspora-Erfahrung mit all den Konsequenzen, wie sie Prozesse der Befreiung, Wiedervereinigung und Hybridisierung darstellen. Kreativität ist nach Hall nur möglich, wenn Erfahrungen der Vergangenheit „wiedererlebt" werden und durch Kategorien des „Heute" eine Neubewertung erfahren. Er zeichnet das Bild flexibler Subjekte und Ethnizitäten, die sich aus unterschiedlichen Elementen anderer ethnischer Gruppen zusammensetzen. Was bedeutet ein derartiges Ethnizitätskonzept im Lichte anderer Sozialisationsmodelle? Haben andere Formen der Mutterschaft eine Chance, innerhalb der westlichen Kultur zu überleben?

Eine andere Form der Mutterschaft

Über ihre Forderung nach Gleichberechtigung haben Frauen der westlichen Welt in den letzten Jahrzehnten versucht, mehr Raum für sich zu gewinnen. Eine weitere Strategie, dieses Ziel zu erreichen, war die Betonung der Geschlechterdifferenz, des Unterschieds zwischen „männlich" und „weiblich". (Vielleicht können Unterschiede nur dann aufgezeigt werden, wenn ein gewisses Maß an Gleichheit existiert.) Die Neudefinition und Schaffung eines eigenen Bereichs ist ganz entscheidend, wenn wir über die Mutter-Tochter-Beziehung nachdenken. Die Aura des ewig Mystifizierten, mit denen Mütter umgeben wurden, haben wir entmythologisiert. Es setzte ein Prozeß ein, in dessen Verlauf Vertreterinnen einer feministischen Psychologie und Philosophie eine bedeutende Stellung als Mütter und somit als Hüterinnen kulturellen Erbes zugewiesen wurde. Diesen beiden theoretischen Traditionen ist die Suche nach neuen Formulierungen gemein, um Platz und Raum für Frauen zu schaffen. In bezug auf die „Haupttheorien" müssen diese Neuformulierungen validiert werden. In der Psychologie bedient man sich psychoanalytischer „Prozeßklassifikationen" wie „präädipal" und „Individuation-Separation"; aber auch Konzepte wie „Autonomie" und „Bindung" finden wir wieder. In der Philosophie ist die Rede von Subjekten, dem Weiblichen und dem Männlichen, Dekonstruktionen und Dekonstruiertem, die mehr als Abstraktionen denn als konkrete Attribuierungen für Männer und Frauen zu lesen sind. Am Ursprung der konfliktreichen Verbindung dieser beiden Traditionen liegt vor allem die Beziehung zwischen Unbewußtem und Sexualität. Die psychoanalytischen Konzepte der Individuation und Separation werden heute weitaus mehr ins Blickfeld feministisch-psychoanalytischer Theoriebildung gerückt als noch vor einigen Jahren. Mit Hilfe dieser Konzepte könnten Frauen theoretisch aus dem Schatten treten und eine eigene Subjektivität entwickeln. Dieser Individualisierungsprozeß hat für uns weiße Frauen zahlreiche Früchte getragen, aber ist es nicht an der Zeit, den Blick auf andere Länder und Kulturen zu richten?

Jede Kultur schreibt Mutterschaft eine andere Bedeutung zu. Eine „europäische" Mutter gibt es nicht; wir alle kennen hingegen eine mehr oder weniger patriarchale Mutter - „patriarchal" im Sinne männlicher Machtausübung, von Frauen unterstützt und anerkannt. Eine italienische Mutter nimmt innerhalb der italienischen Gesellschaft einen anderen Raum und eine andere Stellung ein als eine holländische Mutter. Eine belgische Mutter unterscheidet sich vom nordholländischen Modell usw. Bedeutung, Stellung, Raum und Wert von Mutterschaft sind eng verbunden mit dem eigenen Selbstwertgefühl von Frauen. Italienische, französische und belgische Mütter gelten nicht als Minderheiten, noch werden sie als solche behandelt. Sie gehören noch immer zu unserer imaginären Europäischen Gemeinschaft. Dies gilt jedoch nicht für „ausländische" Einwanderinnen. Entspricht ihr Verhalten nicht der vorherrschenden Norm, werden sie mit einer gesellschaftlich konstruierten Trennungslinie konfrontiert. Sie erfahren unterschiedliche Zuschreibungen und sind somit anders und problematisch (Rath 1991). Dieser soziokulturelle Ausschluß ist ein mächtiger Mechanismus, der weiteres Nachdenken verhindert und den Blick verstellt für Möglichkeiten, die imaginäre Gemeinschaft aufzulösen und der Realisierung anderer Lebensentwürfe Platz zu machen.

Wenn wir mit diesen Gemeinschaften in unserer Mitte konfrontiert werden, begegnen wir ihnen mit Ablehnung. Hier zwei extreme Beispiele für eine andere Art des Mutterns:

Eine Folge der Versklavung des Kreolischen Volkes (und der daraus resultierenden Abwesenheit der Männer) war eine, wenn auch widerwillig vorgenommene, mutterzentrierte Organisation der Gesellschaft. Ein engmaschiges soziales Netz war Voraussetzung, um Armut und Gewalt während der Kolonialzeit abzuwenden und zu überleben. Eine der Stärken dieser Überlebensstrategie liegt in den engen Beziehungen der Frauen untereinander. Mit Hilfe bestimmter Rituale und Codes wird dieser Verbindung in der Gesellschaft Respekt gezollt. Eine Studie über Beschwerden während der Menopause zeigte, daß ältere Surinamesinnen weit weniger darunter zu leiden hatten als ihre westlichen Geschlechtsgenossinnen. Man führte dies auf den hohen sozialen Stellenwert zurück, den diese Frauen mit zunehmendem Alter genießen. Auch Mutterschaft wird innerhalb der Gemeinschaft hoch bewertet. Über Sexualität wird nicht auf die gleiche Art und Weise gesprochen wie dies in Ländern der westlichen Welt der Fall ist. Sexualität ist etwas Vieldeutiges, nicht Benanntes, aber Allgegenwärtiges. Beziehungen kommen und gehen; Familienbande bleiben. Dies wird besonders durch die Position der „mati" verdeutlicht. Obwohl soziale Furcht davor besteht, daß Töchter zu matis werden, wird die Liebe unter Frauen toleriert. Diese Liebe wird in Ritualen und Initiationstänzen gefeiert. Auch Körperlichkeit erhält einen anderen Stellenwert. Neben dem hohen Maß an körperlichem Kontakt im täglichen Leben existiert eine Beziehung zu Körper und Körperlichkeit, die wir so in unserer westlichen Welt nicht kennen. Unterdrückung hat sie gezwungen, finanziell unabhängig zu werden, was heute jedoch als großer Vorteil angesehen wird. Auch die engmaschig geknüpften sozialen Bande weisen zahlreiche Nachteile auf. Die Mißachtung der festgelegten Regeln und Anordnungen kann soziale Ächtung zur Folge haben. Allerdings bieten diese sozialen Netzwerke in Surinam mehr Raum und sind weniger einengend, als dies in anderen Gemeinschaften der Fall ist. Abgesehen von nachteiligen Auswirkungen wird deutlich, daß die Beziehung zwischen Mutter und Tochter größeren Raum einnimmt und positiv konnotiert ist.

Bevor wir uns der Frage zuwenden, ob, und wenn ja, inwieweit, dieses Beispiel übertragbar ist oder als Anregung dienen könnte, möchte ich kurz das zweite Beispiel vorstellen:

Die Angehörigen der Dogon-Kultur in Mali - einer weniger komplexen Gesellschaftsform - gelten als freundliche und liebenswürdige Menschen. Seine ethnologischen Studien dieser Kultur führten den Psychoanalytiker Paul Parin zu der Entdeckung, daß eine ganze Reihe von uns bekannten Phänomenen bei den Dogon nicht existierten. Es scheint, daß Beobachtung und physische Innervation mit weitaus größeren integrativen Fähigkeiten verbunden sind, da Kinder von ihren Mütter getragen werden, bis sie drei Jahre alt sind. Dieser beständige Hautkontakt zwischen Mutter und Kind führt zu einer differenzierteren Beobachtungsgabe, die sich im Dialog zwischen Mutter und Kind entwickelt. Das „Ich" hat Zeit, Empathie und Sensibilität auszubilden. Ein possessiver Umgang mit geschätzten Objekten, Ärger oder affektive Reserviertheit gelten unter den Dogon als pathologisch. Es existiert ein Clanbewußtsein, das nur in der Gemeinschaft operiert. Leitprinzipien des Verhaltens werden von Furcht, Scham, Identifikation oder verschiedenen Formen der Abhängigkeit gesteuert - sehr viel weniger durch Bestrafung oder Schuldgefühle. Die Dogon scheinen eine ausgesprochen starke Identität zu bsitzen, die sie gegen den Zivilisierungsprozeß von Islamisierung und ökonomischen Umwälzungen immun macht. Als einzelnes Individuum hat ein Angehöriger des Dogon-Stammes jedoch nur wenig Überlebenschancen. Dies legt die düstere Schlußfolgerung nahe, daß Qualitäten einer „Wir"-Gemeinschaft in der von Individualisierung bestimmten westlichen Welt dem Untergang geweiht sind.

Die enge Mutter-Kind-Bindung, wie sie aus diesen beiden kurzen Beispielen hervorgeht, gedeiht in einer sogenannten „Wir"-Kultur. Es gibt ein Gruppenbewußtsein. Wenn Angehörige einer „Wir"-Kultur in eine auf Prinzipien der Individualisierung aufbauenden Gesellschaft verpflanzt werden, prallen zwei Kulturen aufeinander, und es entsteht Spannung. Gerade diese Spannung wird in der westlichen Welt als das höhere Gut bewertet; „die individualisierte Gesellschaft und der Wohlfahrtsstaat" als Gegenstück zu einer auf „Gruppenkultur" gegründeten Gemeinschaft. Eine ganze Reihe nicht-westlicher Kulturen übt gerade durch die Tatsache, daß sie unserer unpersönlichen Gesellschaftsform diametral gegenüberstehen, große Anziehungskraft aus. Sie bilden den Projektionsschirm für unsere Wünsche nach einer warmen Gemeinschaft. Eine matrifokal organisierte Gemeinschaft mit ihrem Blick auf Leben, Nähren und die Erde regt unsere Phantasie an. Das Leben in den Händen der Frauen.

Wie ich bereits anmerkte, bieten Hall (1991), Irigaray (1977) und Rich (1977) Anregungen, in dieser Richtung weiterzudenken. Irigaray sieht in der Mutter-Tochter-Beziehung die Sprengkraft für die Subjektwerdung der Frau, aber auch ihre Unterjochung enthalten. Da sie aus dem Rahmen der Symbolischen Ordnung „fällt", hat sie noch keine Existenzberechtigung. Irigaray zufolge ist dies der Nährboden für die leidenschaftlichen Bindungen unter Frauen, die dann oft durch heftigste Gefühle der Eifersucht zerstört werden. Aber Leidenschaft und Anerkennung sind auch Teil der weiblichen Identität. Für Irigaray ist in einer neuen Form der Mutter-Tochter-Bindung revolutionäres Potential enthalten. Frauen und Töchter können aktive Subjekte werden, wenn sie sich positiv mit einer Mutter identifizieren; diese Identifizierung kann zu neuen Formen der Kommunikation führen. In Irigarays Zukunftsszenario ist es die Anerkennung der Andersartigkeit von Menschen mit dem gleichen Geschlecht, die zur Voraussetzung dafür wird, die Beziehung von Frau zu Frau revolutionär aufzufüllen. Adrienne Rich spricht von einer möglichen Neubewertung der körperlichen „Ursprünge" von Subjektivität; einer neuen „Körperpolitik", die - neben politischen Kampagnen gegen sexuelle Gewalt - Platz schaffen könnte für neue Identitäten, z. B. lesbische Mutterschaft. Irigaray bietet als Option eine neue Form der Mutter-Tochter-Bindung, die positiv getönt ist, und Rich unterstreicht die Notwendigkeit von Körper und Raum. Beide Konzepte haben ihre Ursprünge im Denken des Zeitalters der Individualisierung, bieten aber auch Anknüpfungspunkte an die Lebensweisen anderer Kulturen; Ähnlichkeiten mit den in der kreolischen Mutter-Tochter-Bindung innewohnenden Qualitäten werden erkennbar.

Möglichkeiten der Neubewertung von Unterschieden und Ethnizitäten

Soziokultureller Ausschluß ist ein mächtiger Mechanismus, der Weiterdenken behindert und den Blick für Möglichkeiten verstellt, die imaginäre Gemeinschaft aufzulösen und Platz zu schaffen für alternative Lebensweisen. In einem Wohlfahrtsstaat wie den Niederlanden sind die Einflußmöglichkeiten der Regierung auf das alltägliche Leben der Menschen sehr weitreichend. Obwohl es falsch wäre zu behaupten, die Regierung bestimme alle sozialen Prozesse des Landes, so unterliegen doch sehr viele von ihnen staatlicher Strukturierung und Regulierung. Trotzdem ist der Einfluß der Regierungspolitik beschränkt. Die Ursprünge von sozialem Ausschluß liegen sehr tief. Es wäre von großer Bedeutung, die Diskrepanzen und Ähnlichkeiten zwischen westlichen und nicht-westlichen Sozialisationsmodellen genauer zu untersuchen. Zukünftige Generationen sollten verstehen können, welche Rolle diese kulturelle Lücke im Sozialisationsprozeß spielt und wie damit umgegangen werden kann. Dies könnte zu einem konstruktiven Umgang mit der Spannung unter den verschiedenen ethnischen Kulturen führen.

Pauschal betriebene Integrationsbemühungen unter Berücksichtigung der jeweiligen ethnischen Identität sind durch ein Integrationskonzept ersetzt worden, das angeblich zur Auflösung von ethnischen Identitäten in einem einzigen großen Schmelztiegel führt. Zur gleichen Zeit gewinnt unter dem Druck europäischer Integration nationalistisches Gedankengut unbemerkt immer mehr Anhänger. Mit Sicherheit wurden in der Vergangenheit Unterschiede ethnischer Identitäten nicht ausreichend reflektiert. Die Frage ist jedoch nicht, wie wir ethnische Identitäten bewahren, sondern wie wir pluralistische Identitäten entwickeln können. Meines Wissens existiert keine Untersuchung darüber, was es nun genau mit der konflikthaften Dynamik der Mutter-Tochter-Beziehung auf sich hat. Welche Qualitäten birgt das Mutterschaftsmodell, mit dem surinamesische Frauen in die Niederlande kommen? Woran liegt es, daß - im Gegensatz zu meinen holländischen Freundinnen - schwarze Kolleginnen und Freundinnen sich nicht über die Beziehung zu ihren Müttern beklagen? Woran liegt es, daß Selbstachtung für meine schwarzen Freunde eine andere Konnotation besitzt als für meine (weißen) holländischen Freunde? Liegt es daran, daß Scham, Schuld und Loyalität anders erlebt werden? Oder hat dies mehr mit der psychischen Struktur der Dogon-Kultur zu tun? Forschungsarbeiten, die sich dieser Fragestellungen annehmen, könnten dazu beitragen, unsere fehlerhafte Wahrnehmung, die wir in bezug auf unsere eigene westliche Zivilisation haben, zu entmystifizieren. Ein Mehr an Information und die Entwicklung anderer Konzepte könnten den Kulturprozeß unterstützen. Dies kommt Halls Idee sehr nahe, andere Repräsentationsformen zu finden - wie etwa Kino -, die unterschiedlichen Ethnizitäten mehr Möglichkeiten bieten. In Musik, Werbung und Sport finden sich Spuren aller möglichen Kulturen wieder. In der Musik des African Beat zeigt sich, wie Kommerzialisierung, Werbung und Life-Style des Heimatlandes ineinanderübergehen. Unsere niederländische Polizei ist ein gutes Beispiel dafür, wie eine Organisation sich wirksam auf eine multikulturelle Zusammensetzung zubewegen kann.

Und nun Mutterschaft. Es ist an der Zeit, an all den unterschiedlichen Formen von Mutterschaft und ihrer Organisation zu arbeiten, in der Hoffnung, daß eine breitere Perspektive den Zivilisationsprozeß unterstützt. Bis heute waren wir Gesellschaften mit Rassentrennung. Worte reichen nicht aus, wenn wir unsere Gesellschaft öffnen wollen. Wenn keine Schritte unternommen werden, die sozioökonomische Situation (ethnischer) Minderheiten zu ändern, wenn wir unsere Macht nicht mit ihnen teilen, dann ist die Aussicht auf Integration in der Tat düster. Wenn diese Vorbedingungen nicht erfüllt werden, wird eine Veränderung von Einstellungen und Meinungen unerreichbar bleiben.

Literatur:

Babel, M. (1991): Is vrouwenhulpverlening ook toegankelijk voor zwarte vrouwen? Amsterdam (Stichting De Maan).

Braidotti, R. (1991): Patterns of dissonance. Cambridge (Politiy Press).

Deleuze, G. und C. Parnet (1977): Dialogues. Paris (Flammarion).

Finkelkraut, A. (1987): La défaite de la pensée. Paris (Edition Gallilmard).

Hall, S. (1991): Get minimale zelf en andere opstellen. Amsterdam.

Huijbrechts, V. (1990): Hulpverlening aan allochtone vrouwen. Verslag van een literatuurstudie. Utrecht (NCB).

Hull, T., P. Bell Scott, B. Smith (1982): But some of us are brave. New York (The Feminist Press).

Irigaray, L. (1977): Das Geschlecht, das nicht eins ist. Berlin (Merve).

Janssens, M-J. und W. van Wetering (1985): Mati en lesbiennes. Sociologische Gids, 32 (5-6), 394-415.

Kuiperbak, M. (1986): Een demon in de stortkoker. Sociologische Gids, 33 (4), 233-52.

Lorde, A. (1979): The master's tools will never dismantle the master's house. In: C. Moraga und G. Anzaluda (Hg.): This bridge called my back. Latham, NY (Kitchen Table).

Rath, J. (1991): Minorisering: de sociale constructie van „ethnische minderheden". Amsterdam (SUA).

Rich, A. (1977): Motherhood as experience and institution. In: Of women born. London (Virago).

Wetering, W. van (1986): Een sociaal vangnet. Sociologische Gids, 33 (4).

TEIL III
Töchter und Mütter

Töchter und Mütter

Eine Neubewertung weiblicher Subjektivität

Janneke van Mens-Verhulst

Teil I und II des vorliegenden Bandes haben gezeigt, daß der theoretische Diskurs über Mütter und Töchter mancherlei blinde Flecken aufweist. In Anlehnung an ihre auf unterschiedliche Art und Weise vorgebrachte Kritik machten es sich die Autorinnen zur Aufgabe, durch das Herausarbeiten zahlreicher neuer und noch unerkannter Aspekte das Bild von Töchtern und ihren Müttern zu differenzieren. Das dabei zugrundegelegte und derzeit herrschende theoretische Rahmenkonzept - die Objektbeziehungstheorie mit ihrem hauptsächlichen Augenmerk auf Separation als entwicklungspsychologischer Aufgabe - blieb dabei weitgehend unangefochten. Weder wurden die Verknüpfungen zwischen den einzelnen Konstrukten und ihre Bewertung diskutiert, noch wurden alternative rahmentheoretische Konzepte vorgestellt.

Dies soll nun im dritten Teil unserer Aufsatzsammlung geschehen. Zwei alternative theoretische Rahmenmodelle rücken die Betrachtung von Töchtern, Müttern und ihrer Beziehung zueinander in ein neues Licht: das Beziehungsparadigma (relational paradigm) und das multimodale Subjektivitätsparadigma (multiple subjectivity paradigm). Der „Neuigkeitswert" beider Modelle besteht in dreifacher Hinsicht. Beiden ist eine dynamische Sichtweise gemein, die den Faktor „Zeit" als wesentliche Variable impliziert und somit die Vorstellung einer linearen menschlichen Entwicklung oder ihrer Umkehrbarkeit infrage stellt. Der Gedanke fester Grenzen des Selbst als Kernstück unserer Persönlichkeit wird aufgegeben. In diesem Sinne hinterfragen beide Modelle die Existenz eines getrennten, autonomen Subjektes, auch wenn sie sich nicht auf eine alternative Konzeptualisierung von Grenzen in Zeit und Raum einigen können. Beide Konzepte bieten alternative normative Setzungen und Möglichkeiten einer gesunden weiblichen Entwicklung und eröffnen somit den Raum für faszinierende neue Forschungsmöglichkeiten.

Das Beziehungsparadigma (relational paradigm)

Bezogenheit und Gegenseitigkeit - insbesondere zwischen Müttern und Töchtern - als Ausgangspunkt des menschlichen Selbst und zentraler Kern menschlichen Lebens sind die Leitmotive des Beziehungsparadigmas. Einer Psychologie entsprungen, die sich den „Stimmen und Erfahrungen von Frauen" annimmt, impliziert dieses Paradigma eine Aufwertung von Beziehung und Bezogenheit. In den Beiträgen von Surrey, Gilligan und Rogers wird es um die Erläuterung und Anwendung dieses Paradigmas gehen.

Welche Komplexität eine Neubewertung weiblicher Subjektivität impliziert, zeigt Judith Jordan in ihrem Aufsatz auf. Sie macht deutlich, wie Konzeptionen zur Entwicklung von Weiblichkeit durch theoretische Vorannahmen einer westlichen Wissenschaft „diszipliniert" werden, zu deren Grundwerten Getrenntheit, Autonomie und Objektivität gehören. Ein „Vergessen" der auf Beziehung ausgerichteten und empathischen Natur weiblichen Selbstempfindes war die Folge. Die gleiche geschlechtsspezifische Spaltung zwischen Bezogenheit und Getrenntheit spiegelt sich in der Art und Weise wider, wie Männer und Frauen ihre Ich-Grenzen erfahren, und wird verschiedenen Identifikationsprozessen bei Mädchen und Jungen mit ihren gleich- und gegenschlechtlichen Elternteilen zugeschrieben. Schließlich geht es um die Frage, inwieweit Epistemologie und Sprache in der Psychologie einem beziehungsorientierten Verständnis der Entwicklung von Weiblichkeit und Männlichkeit entgegenstehen.

Aus Tabelle 2 wird ersichtlich, in welcher Form sich die Ausgangspunkte theoretischer Betrachtung verschoben haben: von der statischen zur dynamischen Modellbildung; von der zustandsbestimmten zur prozeßfokussierten Betrachtungsweise; von Identität als Dreh- und Angelpunkt zur Konzentration auf Entwicklung; vom getrennten, kontrollierten Selbst und den entsprechenden theoretischen Implikationen zum intersubjektiven Selbst; von der um Autonomie kreisenden Norm psychischer Gesundheit zu einer Ethik, die „Klarheit-in-Bezogenheit" in den Mittelpunkt stellt; von objektivierendem therapeutischem Vorgehen zu einem auf Gegenseitigkeit und Empathie ausgerichteten kognitiv-affektivem Ansatz; von einer unilinearen Betrachtungsweise zu einer Mehrperspektivenebene mit den entsprechenden Integrationensbemühungen.

Die dem Beziehungsparadigma zugrundegelegten theoretischen Vorannahmen ermöglichen die Bewußtmachung der im traditionellen Paradigma der Psychologie enthaltenen Implikationen, deren Blick für neue Möglichkeiten verstellt ist.

Allerdings dürfen wir uns von der positiven Bewertung des Beziehungsparadigmas nicht blenden lassen und die damit verbundenen Schwierigkeiten und Risiken übersehen. Das Denken in beziehungsparadigmatischen Kategorien könnte leicht dazu führen, Getrenntheit und konflikthaftes Erleben zu „vergessen". Haß und Neid könnten als „nicht genuine" Formen der Bezogenheit definiert werden (siehe den Aufsatz von Flax). Zweitens verfügt das Beziehungsparadigma über keine selbst-eingebauten Schutzmechanismen gegen essentialistische Interpretationsversuche, die Frauen von Natur aus - im Gegensatz zu Männern - als nährend, fürsorglich und bezogen zu sehen bemüht sind (Davis 1992). Schließlich haben wir es mit dem naiven Bemühen zu tun, die für dieses Paradigma charakterischen Dichotomien direkt in Verbindung zu setzen mit der Unterscheidung von gesunder und ungesunder persönlicher Entwicklung. Die Konzeption einer strikten Trennung zwischen Bewegung und Stillstand wird nicht hinterfragt, ebensowenig wie die einseitig positiv konnotierten Konzepte der Bewegung/Entwicklung, des dialogischen Lernens, der offenen Grenzen und „Klarheit-in-Beziehung". Eine in dieser Richtung betriebene Argumentationsweise scheint fast zwangsläufig eine neue Ideologie gesunder weiblicher Entwicklung zu produzieren, die aus dem anfänglichen Gefühl der Emanzipation und Erleichterung ein neues Dogma einer überlegenen Subjektivität entstehen läßt, diesmal auf seiten der Frauen.

Multimodale Subjektivität (paradigm of multiple subjectivity)

Das Paradigma multimodaler Subjektivität ist in der postmodernistischen Tradition verankert (Nicholson 1990) und lehnt den Gedanken einer unimodalen Subjekthaftigkeit ab. Mutterschaft und töchterliche Existenz als spiegelbildlich zu betrachten gilt als zu einseitig, ebenso wie die Vorstellung von Mutterschaft als dem unvermeidlichen Schicksal von Töchtern. Töchterliche und mütterliche Existenz als die Möglichkeit schlechthin, Weiblichkeit zu verstehen, wird verworfen. Stattdessen geht es um die Frage, warum Mütter zu den zentralen konstituierenden Agentinnen in der Entwicklung von Subjektivität gemacht werden.

Gesunde Subjektivität - so die Sichtweise des multimodalen Ansatzes - wird nach den Fähigkeiten eines Menschen bemessen, „Ambiguität und Ambivalenz auszuhalten, sowie nach seinem Wunsch, vielfältige Formen von Andersartigkeit - im Sinne genuiner Differenz und nicht in Form von Varianten ein und desselben übergeordneten Ideals - zu bestimmen, zu entwickeln und zu bewahren". Aus feministischer Perspektive ist dem noch ein weiteres Kriterium hinzuzufügen: Frauen, und Männer, müssen in der Lage sein, die pervertierenden Einflüsse ungleicher Beziehungen aufzudecken und diesen - aktiv und wirksam - zu widerstehen (Flax 1991). Die beiderseits bestehenden Ambivalenzen zwischen Müttern und Töchtern werden von ihrer pathologischen Konnotation befreit.

Ein Paradigmenvergleich

Ein Vergleich beider Paradigmen - bemessen am theoretischen Potential - läßt den multimodalen Ansatz als überlegen erscheinen. Traditionelle und „relationale" Sichtweise, mit ihrer entsprechenden Betonung von Getrenntheit bzw. Bezogenheit, sind gleichermaßen im postmodernistischen Ansatz impliziert. Dessen theoretisches Potential umfaßt nicht nur die Erklärung der beiden ersten Rahmentheorien; auch Äquivalenz und Differenz sowohl zwischen Frauen als auch zwischen Männern und Frauen können mit seiner Hilfe analysiert werden.

Der Vergleich der verschiedenen theoretischen Bezugsrahmen könnte jedoch durch die Entscheidung zwischen dem „Alpha"- und „Beta"-Bias erschwert werden (Hare-Mustin & Marecek 1986; 1990). Während das Beziehungsparadigma von der (Alpha-)Voraussetzung ausgeht, das Bedürfnis nach aber auch die Fähigkeit zu Bezogenheit sei bei Frauen größer als bei Männern, scheint das Paradigma einer multimodalen Subjektivität Hand in Hand zu gehen mit der (Beta-)Annahme, daß Männer und Frauen sich in dieser Hinsicht in ihren Bedürfnissen und Fähigkeiten nicht unterscheiden. Die klinische Praxis kennt nach wie vor theoretische Einseitigkeiten dieser Art. Es wäre allerdings falsch, daraus schließen zu wollen, jedes dieser Paradigmen sei - was Ähnlichkeiten und Unterschiede zwischen Männern und Frauen angeht - auf nur ein ganz bestimmtes Bündel theoretischer Vorannahmen beschränkt. Weder schließt das Beziehungsparadigma die theoretische Möglichkeit gleicher Beziehungskompetenzen bei beiden Geschlechtern aus, noch versperrt sich das Paradigma einer multimodalen Subjektivität der Vorstellung, daß Frauen auf ihrer Suche nach Subjekthaftigkeit andere Wege einschlagen als Männer.

Von einem therapeutischen Standpunkt aus betrachtet, bietet das Konzept einer multimodalen Subjektivität eine gute theoretische Basis für die Arbeit mit den verschiedensten männlichen und weiblichen Patienten. Allerdings kann sich die darin enthaltene Idealvorstellung psychischer Gesundheit - Fähigkeit zur Toleranz von Ambivalenz und Ambiguität - oftmals als zu anspruchsvoll erweisen. In manchen Fällen kann ein reduziertes theoretisches Modell schneller und effektiver zum erwünschten Ziel führen. Die Frage muß deshalb lauten: Welches paradigmatisches „Narrativ" eignet sich am besten für welche Kategorie von männlichen und weiblichen Patienten und Therapeuten?

Das im beziehungsparadigmatischen Konzept enthaltene Narrativ impliziert eine von Optimismus geprägte Grundeinstellung gegenüber den Menschen und der Welt, in der sie leben. Hier scheint es - vor allem aufgrund der Betonung von Empathie - in Einklang zu stehen mit den bekannten religiösen Vorstellungen einer besseren Zukunft. Dieses Narrativ bietet Einblick in das Unglück, die Angst und die Wut weiblicher Patienten, deren Ablösung und Individuierung scheinbar erfolgreich verlaufen ist. Es erklärt den erzwungenen Verzicht auf Beziehungen und Liebe unter Frauen und deckt gleichzeitig die „patriarchale Perversion" gesellschaftlicher Arrangements auf. Es ist anzunehmen, daß es hierin den kognitiven Schemata jener weiblichen Therapeuten entspricht, in deren Wertegefüge Harmonie und Entwicklung sowie der Glaube an den Fortschritt von Mensch und Gesellschaft an erster Stelle stehen.

Das Narrativ einer multimodal geprägten Subjektivität bietet ein einleuchtendes Szenario für jene Frauen, die die Chance hatten, aber auch die Fähigkeit besaßen, selbstbestimmt über ihre Lebenentwürfe zu entscheiden. Dazu sind auch Frauen aus nicht-privilegierten Verhältnissen zu zählen, die es kraft ihrer intellektuellen, emotionalen und körperlichen Kompetenzen geschafft haben, ihre Herkunft hinter sich zu lassen. Die Schwierigkeit weiblicher Patienten, zu einer eigenen Identität und Subjekhaftigkeit zu finden, hat in diesem Narrativ ihren Platz. Es betont die Notwendigkeit einer Dekonstruktion der in sozialen Arrangements und theoretischen Konstrukten enthaltenden Geschlechterideologie. „Das Narrativ leben" verlangt ein großes Maß an Kampfgeist bei Frauen, Therapeuten und Patienten (ähnlich dem Narrativ der Objektbeziehungstheorie zu Separation und Individuation). In diesem Sinne wird es jene Therapeuten in ihren kognitiven Schemata bestätigen, die sich den humanistischen und liberalen Werten einer gehobenen Mittelschicht oder Oberschicht verschrieben haben und in den entsprechenden Verhältnissen leben. Es enthält jedoch kein theoretisches Handwerkszeug, um die zwischen den Subjekten oder sozialen Kategorien bestehenden Machtverhältnisse zu hinterfragen (siehe van Mens-Verhulst 1991).

Paradigma	Traditionelles Paradigma	Beziehungsparadigma	Postmodernistisches Paradigma
Konzept	statisch	dynamisch	dynamisch
Zentrale Kategorie	Zustand	Prozeß	Prozeß
Schwerpunkt	Identität	Entwicklung	Entwicklung
Selbstkonzept	getrennt vereinzelt kontrolliert	Intersubjektivität	multimodal
Norm psychischer Gesundheit	Autonomie Selbstbestimmung	„Klarheit-in-Beziehung"	Ambivalenz- und Ambiguitätstoleranz
Therapeutischer Ansatz	objektivierend	gegenseitige Empathie	kontinuierliche Entwicklung des Selbst
Therapeutische Zielrichtung	unilinear	mulitmodal	mulitmodal unter Berücksichtigung soziopolitischer Rahmenbedingungen

Tabelle 2: Vergleichender Überblick paradigmatischer Rahmenkonzepte

Die Antwort auf unsere Frage, welches paradigmatische Narrativ für welchen Therapeuten und Klienten geeignet ist, stimmt mit den Schlußfolgerungen überein, die Hare-Mustin und Marcek (1986) nach ihrer Untersuchung therapeutischer Zielsetzungen (autonomes Subjekt oder Subjekt-in-Beziehung) zogen. Jedes therapeutische Narrativ bestätigt die Werte des jeweiligen Therapeuten in seinen entsprechenden sozialen Bezügen. Den Supermann oder die Superfrau unter Therapeuten gibt es nicht. Man kann nicht von ihnen erwarten, ihrer sozialen Stellung und persönlichen Vorurteilen zu entkommen. Im besten Fall gründet ihr therapeutisches Handeln auf selbstreflexiver Verantwortlichkeit, um ungerechtfertigte Projektionen und Übertragungen zu vermeiden.

Literatur:

Davis, K. (1992): Towards a feminist rhetoric: the Gilligan debate revisited. Women's Studies International Forum, 15 (2), 219-31.

Flax, J. (1991): Multiples: on the contemporary politics of subjectivity. Vortrag, gehalten anläßlich des Jahrestreffens der American Political Science Association am 21. August 1991.

Hare-Mustin, R. T. und J. Marecek (1986): Autonomy and gender: some questions for therapists. Psychotherapy, 23, 205-12.

Hare-Mustin, R. T. und J. Marecek (1990): Making a difference. Psychology and the construction of gender. New Haven and London (Yale University Press).

Mens-Verhulst, J. van (1991): Perspective of power in therapeutic relationships. American Journal of Psychotherapy, 45, 198-210.

Nicholson, L. J. (1990): Feminism/Postmodernism. New York and London (Routledge).

Die Mutter-Tochter-Beziehung

Psychotherapeutische Aspekte

Janet Surrey

Die klassische Sichtweise: Das Problem des „Mother-blaming"*

Wenn es um das Verstehen weiblicher Entwicklung, vor allem aber um Ätiologie und Definition psychischer Probleme bei Frauen geht, dann ist es die Mutter-Tochter-Beziehung, die hauptsächlich dafür verantwortlich gemacht wurde. Unglücklicherweise hat sich an dieser Pathologisierung wenig geändert, so daß den Stärken oder potentiellen Stärken, die dieser Beziehung innewohnen, nur wenig Aufmerksamkeit geschenkt werden. Sogar Freud mußte bereits früh einräumen, daß sich ihm die präödipale Dynamik der - von ihm als Teil des „dunklen Kontinents" bezeichneten - Verbindung zwischen Mutter und Tochter entziehe. Seiner Auffassung nach dauere die präödipale Entwicklungsphase des kleinen Mädchens länger als die des Jungen. Die Ablösung von der Mutter erfolge nie ganz vollständig, aufgrund problematischer ödipaler Lösungsmuster. Die Bindung des Mädchens an seine Mutter galt als regressiv und infantil und wurde für die psychische „Unreife" von Frauen, ihren Masochismus und Narzißmus sowie ihre Passivität und untergeordnete moralische Entwicklung verantwortlich gemacht. Auf Normen dieser Art gründet nach wie vor unsere klinische Theorie, die die „Separation" von Mutter und Tochter festschreibt. Im wesentlichen war für Freud die ödipale Entwicklung des Mädchens der des kleinen Jungen vergleichbar, mit einer Ausnahme: Die schwierige Aufgabe für das Mädchen lag darin, sich mit ei-

---

* „Mother-blaming": (to blame, engl.: Schuld zuweisen, verantwortlich machen). Die ausgeprägte „Mutterlastigkeit" entwicklungspsychologischer Konzepte mancher ObjektbeziehungstheoretikerInnen - etwa Winnicotts Konzept des „good-enough-mothering" - hat dazu geführt, die Verantwortung für das Gelingen (früh)kindlicher Entwicklung einseitig auf seiten der Mütter zu suchen. Feministische TheoretikerInnen haben diese „Jagd auf die Mütter" („mother-hunting") als Festschreibung geschlechterideologischer Rollentrennung kritisiert, die es zu hinterfragen und aufzulösen gilt (Anm. d. Ü.).

ner anatomisch unzulänglichen Mutter zu identifizieren. Konflikte zwischen Müttern und Töchtern wurden auf der Ebene ödipaler Rivalität verhandelt, und die gesunde Lösung dieser Konflikte war von dieser problematischen Identifikation abhängig. Stiver (1986) hat sich mit ihrer Kritik ganz entschieden gegen diese Formulierung weiblicher Entwicklung gestellt und ihr ein tiefgreifendes Mißverständnis der Mutter-Tochter-Verbindung vorgehalten.

Vor allem in den Vereinigten Staaten ging man in den letzten fünfzig Jahren dazu über, die präödipale Beziehung als Grundlage für das Verständnis psychischer Entwicklung und darin auftretender Schwierigkeiten heranzuziehen. Die These einer frühen symbiotischen undifferenzierten Stufe präödipaler Entwicklung, gefolgt von der Phase der Separation-Individuation, in der die Trennung von der Mutter und die Identifikation mit dem Vater (als Repräsentanten kultureller Werte) erfolgen sollen, stieß innerhalb amerikanischer Fachkreise auf breite Zustimmung. Festschreibungen dieser Art sind das Derivat theoretischer Modelle männlicher Entwicklung, in denen Separation, Desidentifikation und Ablösung von der Mutter als entscheidende Markierungen auf dem Weg zur Entwicklung männlicher Geschlechtsidentität betrachtet werden. Im Lichte dieses androzentristischen Denkens wurde dann häufig von einem Separations-Individuations-Konflikt bzw. mißlungener Ablösung von der Mutter gesprochen, die die psychische Entwicklung einer Frau behindere. In sehr vielen Fällen werden Pathologien des „Selbst" i. S. von Identitätskonfusion, Mißlingen der autonomen Entwicklung und Abgrenzungsprobleme als die entscheidenden Entwicklungsdefizite beschrieben, auf die sich Probleme der „Abhängigkeit", „Passivität", „Fixierungen in fürsorglichen Verhaltensweisen" und seit neuestem auch „Co-Abhängigkeit" zurückführen lassen.

Immer häufiger suchen Kliniker die Ursachen psychischer Probleme in der frühen Mutter-Kind-Beziehung, vor allem aber in der Person der Mutter selbst, ohne kontextuellen Faktoren weitere Beachtung zu schenken. Es ist wichtig, daß wir damit beginnen, sowohl biologische und genetische Einflußfaktoren als auch kontextuelle Erklärungsmuster zu integrieren; dazu gehören die Berücksichtigung familiensystemischer Theorien, der Einfluß von ethnischer Herkunft, gesellschaftlicher Schichtzugehörigkeit, Geschlechtspartnerorientierung in all unseren Fallbeschreibungen. Für das Verständnis der Entwicklung der Mutter-Tochter-Beziehung können multikulturelle Betrachtungsweisen von besonderer Bedeutung sein und uns bei der Aufklärung kultureller und systemischer Machtstrukturen und ihrer Auswirkung auf die Beziehungsentwicklung helfen.

Es ist alarmierend, wie häufig Mütter nach wie vor von Patienten und Therapeuten für psychische Probleme verantwortlich gemacht werden, und es ist nicht klar, inwieweit dies eine Einseitigkeit weißer, männlicher Betrachtungsweise innerhalb unserer Profession widerspiegelt. Caplan und Hall-McCorquodale (1985) analysierten 125 Aufsätze, die in den Jahren 1970, 1976 und 1982 in den wichtigsten klinischen Fachzeitschriften veröffentlicht wurden und die 172 verschiedene psychopathologische Störungsbilder nach Ätiologie und Behandlung diskutierten. Wann immer ätiologisch von psychodynamischen Einflußfaktoren ausgegangen wurde, so suchte man diese fast ausnahmslos auf seiten der Mütter. Mütter wurden für die verschiedensten Probleme ihrer Kinder verantwortlich gemacht; diese reichten von nächtlichem Schlafwandeln, Colitis ulcerosa, Hyperaktivität, sozialem Vermeidungsverhalten bis hin zu Wahnvorstellungen, Verzögerungen in der Sprachentwicklung und mangelnden Coping-Strategien im Fall von Farbenblindheit.

Wenn ich meine eigenen Fallberichte ambulanter Behandlungen während der letzten 15 Jahre durchsehe, fällt mir der vorwurfsvolle Ton auf, mit dem problematische Ablösungsprozesse von Müttern belegt sind. Mütter werden als „vereinnahmend", „kontrollierend", „eindringend", „verstrickt", „verführerisch", „nicht einfühlsam", „distanziert" oder „erschöpft" beschrieben. Die Beschreibungen sind häufig grob vereinfacht und negativ konnotiert; die Rede ist dann von „ausfallenden" und „verrückten" Müttern. „Die in der psychologischen Literatur gegen Mütter vorgebrachten Anschuldigungen sind seit jeher so massiv und undifferenziert und entbehren einer klaren Vorstellung von den objektiven Grenzen mütterlicher Macht, so daß damit eine faire Bewertung ihrer tatsächlichen Verantwortung unmöglich gemacht wird" (Smith 1990, S. 17). Ein Teil unserer Arbeit als Therapeuten muß darin bestehen, beim Erkennen und Benennen von Stärken und Schwächen gleichermaßen behilflich zu sein. In ihrem Buch *Don't blame mother* leistet Paula Caplan (1989) einen wichtigen Beitrag in dieser Richtung. Auch von Vätern ist immer häufiger die Rede, insbesondere im Zusammenhang mit sexuellem und körperlichem Mißbrauch. Allerdings ist „Fatherblaming"[*] nicht das geeignete Gegenmittel. Beziehungen und ihre Entwicklung müssen theoretisch neu konzipiert werden, um die Sackgassen, aber auch die Möglichkeiten einer optimalen Entwicklung der Mutter-Tochter-Beziehung genauer definieren zu können.

Diskontinuitäten: „Knoten" in der Mutter-Tochter-Beziehung

Im folgenden möchte ich näher auf eine Reihe von Diskontinuitäten eingehen, die häufig in den Beziehungen von Müttern und ihren Töchtern anzutreffen sind. Diese „Brüche" können entweder der Anstoß für eine positive Entwicklung innerhalb der Beziehung sein oder aber, unter anderen Bedingungen, zu ernsthaften

---

[*] „Father-blaming": Gegenstück zu „Mother-blaming" (Anm. d. Ü.).

Entgleisungen führen, tiefe Wunden schlagen, krank machen oder jegliche Vitalität innerhalb der Mutter-Tochter-Beziehung zum Erliegen bringen.

„Sei wie ich, aber sei anders!"

Diese mütterliche Doppelbotschaft an ihre Tochter spiegelt die Internalisierung widersprüchlicher kultureller Werte in bezug auf weibliche Lebensentwürfe und insbesondere auf Mutterschaft wider. Dies führt dazu, daß sowohl Mütter als auch Töchter jede Veränderung als Bedrohung für ihre Beziehung erleben. Unterschiede werden als Quelle möglicher Trennung gefürchtet; das gleiche gilt für Ähnlichkeiten, Töchter haben Angst, „so wie ihre Mütter" zu werden. Eine Weiterentwicklung der Beziehung, in der sowohl Unterschiede als auch Ähnlichkeiten ihren Platz finden, wird somit unmöglich.

Konflikte zwischen Beschützen und Authentizität

Zahlreiche Mütter und Töchter, egal welchen Alters, wünschen die Privatsphäre der Anderen zu achten und sich gegenseitig vor Kritik, Wut oder Schmerz zu schützen. Allerdings machen es der Wunsch nach Authentizität einerseits und die gegenseitige Sensibilität für die Gefühle der Anderen andererseits schwierig, wenn nicht unmöglich, sich „bedeckt" zu halten oder zu schweigen. Mütter versuchen zuweilen, ihre Töchter vor ihrem Schmerz oder der Intensität ihrer eigenen Bedürfnisse zu schützen (vor allem, wenn sie sich als Gefangene einer unglücklichen oder frustrierenden Ehe fühlen). Gleichzeitig sind Mädchen bereits sehr früh völlig auf ihre Mütter „eingestimmt" und spüren die Gefühle der Mutter. Unausgesprochene, unterdrückte oder verleugnete Gefühle können so ihre ganze Destruktivität entfalten.

Auch Töchter haben den Wunsch oder das Bedürfnis, ihre Erfahrungen und oftmals ihren Schmerz vor ihren Müttern zu verbergen, um diese und sich selbst zu schützen; entsprechend außer sich geraten sie, wenn ihre Mütter ihre Gefühle erspüren und sich einmischen. Diese Spannung zwischen „die Wahrheit sagen" und Selbstschutz, Schutz des Anderen und der gemeinsamen Beziehung kann eine wichtige Quelle für emotionales Reifen innerhalb einer Beziehung sein. Zwischen Müttern und Töchtern kann sie sich allerdings als besonders problematisch erweisen und zu großen Diskontinuitäten führen: „brutale" oder belastende Offenheit, Kritik und Wut auf der einen Seite, Unnahbarkeit, Oberflächlichkeit und mangelnde Authentizität in Beziehungen auf der anderen Seite.

„Zwanghafte Fürsorge" oder „Co-Abhängigkeit"

Die Neigung von Mädchen, offen und einfühlsam auf die Gefühle ihrer Mütter einzugehen (und vice versa) kann zu psychischen Problemen führen. Zu lernen,

schmerzhafte und „unerträgliche" Gefühle in uns und denen, die wir lieben, auszuhalten, gehört zu den schwierigsten Herauforderungen, die das Leben und unsere Beziehungen an uns stellen. Das Glück eines anderen Menschen zu wollen
ist eine Sache; seinen Schmerz zu verleugnen eine andere. Mütter versuchen oft,
den Schmerz und die Wut ihrer Tochter abzuwehren oder zu verleugnen, weil ihnen selbst der nötige Beziehungskontext gefehlt hat, mit ihren eigenen schmerzhaften Gefühlen umgehen zu lernen. Als Frauen haben sie es gelernt, in einer
Kultur zu überleben, die für die Erfahrungen von Frauen blind ist, sie verzerrt
oder pathologisiert.

Eine weitere Schwierigkeit in diesem Zusammenhang liegt in dem sehr weit-
verbreiteten Mißverständnis von Empathie als einer fürsorglichen Haltung. Mütter in unserer Kultur sind oft für die Gefühle ihrer Kinder verantwortlich gemacht
worden; dafür, daß sie es sind, die in erster Linie schlechte Gefühle in ihren Kindern auslösen, und auch dafür, daß es den Kindern wieder „besser geht". Dieses
Muster hyperverantwortlichen mütterlichen Verhaltens wurde durch kulturelle
Normen ebenso gefördert wie durch psychologische Theorien und den darin enthaltenen Trend des „Mother-blaming". Wenn Töchter psychischen Schmerz
empfinden (was unvermeidlich der Fall sein wird), können sich Mütter dazu ver-
leitet fühlen, die Verantwortung für die Gefühle ihrer Töchter zu übernehmen,
sich Vorwürfe zu machen und versuchen, die Gefühle zu ändern („damit es ihr
besser geht"), anstatt ihren Töchtern zu helfen, ihre Gefühle zu erleben und aus
eigener Kraft zu handeln. Diese „zwanghafte Fürsorge" darf nicht mit Empathie
gleichgesetzt werden. Empathie bedeutet ein verständnisvolles Mitgehen mit den
Erfahrungen des Anderen, um dessen eigene psychische Kraft zu stärken. Wut
und Depression auf seiten der Mütter sind das Ergebnis ihrer Unfähigkeit, es für
die Tochter wieder „in Ordnung zu bringen"; dies kann dazu führen, daß nun der
Tochter, offen oder verdeckt, alle Schuld zugeschoben wird („Daughter-
blaming").

Via Identifizierung mit dieser Beziehungseinstellung entwickeln viele Frauen
ein konflikthaftes und hypertrophiertes Gefühl der Verantwortung für ihre Mütter. Sie fühlen sich im tiefsten Innern verantwortlich, überfrachtet und wütend
darüber, daß sie selbst sich entweder als das eigentliche Problem empfinden oder
aber nicht in der Lage sind, ihre Mutter ausreichend zu unterstützen oder zu stärken. In unserer therapeutischen Praxis haben wir es oft mit erwachsenen Töchtern
zu tun, die depressiv und wütend sind und streng mit ihren Müttern ins Gericht
gehen. Darunter verbergen sich ein entsetzlicher Mangel an Selbstwertgefühl, ein
Gefühl eigener Unfähigkeit und Verzweiflung darüber, jemals gesunde Beziehungen zu anderen Menschen aufzubauen. Die eigentliche Quelle des Schmerzes
- der Schmerz der Trennung und das Gefühl der Tochter, in ihrem Verantwor-

tungsgefühl für den Schmerz der Mutter gefangen zu sein - bleibt von dieser Wut und Kritik jedoch unberührt.

Dieses übermäßige Verantwortungsgefühl kann bei Mutter und Tochter gleichermaßen zur gegenseitigen Verleugnung des Schmerzes führen - er erscheint überwältigend und unveränderbar. „Fröhliche Verleugnung" (Ruddick 1986) oder extreme Oberflächlichkeit und Distanz in der Beziehung sind die Folge. Weder Mutter noch Tochter fühlen sich in der Lage, die Beziehung authentischer zu gestalten.

Beziehungsangst

Wir haben es hier mit einem Problem zu tun, dem wir als Therapeuten häufig begegnen und das auf eine große Angst vor den in einer Beziehung auftretenden intensiven Gefühlen schließen läßt. Sowohl Mutter als auch Tochter halten sich von der Tiefe und Intensität ihrer in Beziehung ausgelösten Gefühle fern. Defensive Wut oder distanzierte und oberflächliche Beziehungen sind die Folge. Gerade dieses Gefühl der Oberflächlichkeit ist folgenreich, da keine von beiden zum eigentlichen gelangt. Gemeinsam wird versucht, die mit dem Trennungsschmerz verbundene fürchterliche Kränkung und Trauer zu vermeiden. Und wieder entsteht das Bild chronischen Ärgers oder Konflikts, Kontaktvermeidung oder Oberflächlichkeit. Auch wenn chronischer Ärger, Jammern und Kritik im Vordergrund stehen, der eigentliche Ursprung des Schmerzes ist das Gefühl des Getrenntseins.

Der folgende kurze Gesprächsauszug soll dies verdeutlichen. Die Patientin ist eine 23jährige unverheiratete Collegeabsolventin im ersten Jahr ihrer Therapie.

Patientin: Meine Mutter ist so schwierig, so rechthaberisch. Meine Brüder und mein Vater wissen, wie sie mit ihr umgehen müssen, aber ich kann es einfach nicht dabei bewenden lassen.

Therapeutin: Vielleicht sind Sie diejenige innerhalb der Familie, die Ihre Mutter am meisten ernst nimmt.

Patientin (erstaunt): Ja, das stimmt. Aber warum muß ich ständig auf ihr rumhakken und versuchen, sie zu ändern? Warum kann ich sie nicht einfach akzeptieren? Das ist doch total verrückt!

Therapeutin: Wir müssen darüber nachdenken, was es genau ist, wie Ihre Mutter sein soll und was Sie da brauchen. Ich denke, wenn Sie wissen, was Ihnen so wichtig ist, dann würde es sich nicht so verrückt anfühlen.

Patientin: Ich glaube, ich will, daß sie anders ist, so daß sie mich akzeptieren und besser verstehen kann, vielleicht auch, daß ich sie dann mehr lieben und respektieren könnte - dann würde es mir besser gehen.

Therapeutin: Vielleicht ist es zu schmerzhaft, sich so getrennt zu fühlen, und Sie versuchen alles, um die Beziehung zu verbessern - so als würde sich etwas verändern, wenn Sie sich nur genug anstrengen.

Manchmal sind die Verletzungen und die durch Trennung geschlagenen Wunden größer und haben zum Stillstand innerhalb der Mutter-Tochter-Beziehung geführt. Auch dann kann nur die Fähigkeit, den Schmerz abzutrauern und die Tiefe und Bedeutung des Verlusts anzuerkennen, es der Tochter ermöglichen, sich aus ihren Gefühlen der Verzweiflung oder Verbitterung zu lösen.

Das Stone-Center-Modell

Häufig ist es das Wachsen neuer Verbindungen und Beziehungen, die alte Beziehungserfahrungen von Frauen transformieren (oder auch nicht), das zur Entwicklung der weiblichen Erfahrung beiträgt. In unserer theoretischen Arbeit im Stone Center konzentrieren wir uns auf die Entwicklung neuer Begrifflichkeiten und Modelle, um emotionales Wachstum aus dieser Beziehungsperspektive zu beschreiben. Eine Psychologie der Beziehungen und der Beziehungsentwicklung unterstreicht die Bedeutung von Verbundenheit, nicht des Selbst, als dem primären Kernstück psychischer Entwicklung (Jordan et al. 1991). Ein „Hineinwachsen in Beziehung" bezeichnet in diesem Sinne die wachsende Fähigkeit, sich frei und offen in Beziehungen einzubringen und zur Schaffung von Beziehungen beizutragen, die halten, unterstützen und die psychische Entwicklung aller Beziehungspartner fördern. Eine gesunde Beziehungsentwicklung nimmt ihren Anfang sehr früh im Leben und deutet auf Kontinuität, wachsende Komplexität und Differenzierung von Bindungen. Der Weg, der der Entwicklung zur Beziehungsfähigkeit zugrunde liegt, ist noch nicht vollständig nachgezeichnet, aber mit Sicherheit steht sie in Zusammenhang mit der Entwicklung einzelner wie auch mit einem ganzen Netzwerk an Beziehungen sowie der Art und Weise, wie individuelle Beziehungen innerhalb eines Gesamtbeziehungskontextes existieren. Die Fähigkeit, eine dyadische Beziehung innerhalb eines Kontextes verschiedener, sich überschneidender Beziehungen zu integrieren, ist ein wesentlicher Aspekt einer wachstumsfördernden Mutter-Tochter-Beziehung.

Die Differenzierung zwischen dem eigenen Selbst und dem Anderen oder „Separation" werden nicht als die entscheidenden Momente in der Entwicklung gesehen. Obwohl sie entwicklungspsychologisch sicherlich relevant sind, betrachten wir sie nicht als Dreh- und Angelpunkt unserer Entwicklung. Der Schwerpunkt liegt vielmehr auf der Fähigkeit, zu wachsen und Beziehungen aufrechtzuerhalten, was die Zugrundelegung eines komplexeren, auf Gegenseitigkeit gegründeten theoretischen Modells verlangt. Entsprechend würde Stern (1985) hier die Bedeutung der Erfahrungen des „Selbst *und* der Anderen" und des „Selbst *mit* dem Anderen" hervorheben.

Gegenseitigkeit ist der Schlüssel zu jeglicher Form gesunder Verbundenheit. Hierbei handelt es sich nicht um ein Äquivalent von Gleichheit, Reziprozität oder Intimität, sondern beschreibt eine Form des „In-Beziehung-Seins", wo beide oder alle Beziehungspartner in ihrer Authentizität präsent sein können; wo sie sich in der Lage fühlen können, offen ihren Gefühlen, Gedanken und Wahrnehmungen Ausdruck zu verleihen und somit innerhalb der Beziehung mehr Raum, Klarheit und Ausdrucksmöglichkeiten für individuelle Unterschiede geschaffen werden. Auf Herrschaft, Unterdrückung, Verzerrung, selektiver Unaufmerksamkeit oder Verleugnung gegründete Beziehungen sind nicht wachstumsfördernd oder authentisch. Am wichtigsten sind „Entwicklungsfähigkeit" (moveability) oder Offenheit (openness) in einer Beziehung, nicht vollkommene Empathie oder vollkommenes Verständnis. Dies impliziert die Bereitschaft, sich kontinuierlich an Veränderungen anzupassen und die Frustration zu akzeptieren, noch nicht zu verstehen oder verstanden zu werden. Es gibt wohl keine Beziehung, in der Veränderung stärker verhandelt wird als dies in der Mutter-Tochter-Beziehung während des gesamten Lebenszyklus hindurch der Fall ist - mit der Adoleszenz als dem Zeitabschnitt, in dem die größten Veränderungen auftreten.

Konflikte zwischen Müttern und Töchtern können als Teil des Kampfes für oder als Teil der Sehnsucht nach Verbundenheit aufgefaßt werden, als Frustration oder Folge einer Trennung, aus der sich die Beziehung nicht in Richtung gegenseitigen Verstehens entwickeln kann. Der oft drängende und häufig lebenslang bestehende Wunsch nach Verbundenheit und Gegenseitigkeit sowie die damit einhergehende Enttäuschung in der Mutter-Tochter-Beziehung helfen uns dabei, sowohl die große Angst, Wut, Verzweiflung und Hilflosigkeit zu verstehen, die diese Beziehung in so vielen Fällen auszeichnet, als auch die Freude und Erleichterung in den Augenblicken, in denen eine Verbindung möglich wird.

Mütter und Töchter bleiben oft äußerst empfänglich für die jeweiligen Gefühlszustände der Anderen. Wird durch einen offenen Austausch eine Klärung des Beziehungsprozesses möglich, kann dies zur emotionalen Reifung von Mutter und Tochter sowie der gemeinsamen Beziehung beitragen. Diese Beziehung kann dann als der Beginn eines gemeinsamen Wachstums- und Lernprozesses betrachtet werden. Im folgenden möchte ich drei dynamisch-interaktive Prozesse beschreiben, die am Beginn einer solchen optimalen Beziehungsentwicklung stehen: Gegenseitige Verpflichtung, gegenseitige Empathie/Authentizität und gegenseitiges „Empowerment" (Surrey 1984).

Gegenseitiges „Sich-Einlassen"

Hierunter verstehe ich das beiderseitige Interesse, sich aufmerksam und konzentriert auf eine gemeinsame emotionale Auseinandersetzung einzulassen - ob in Form einer zweistündigen intensiven Diskussion am Abendbrottisch oder eines lautstarken Streits. Auseinandersetzungen dieser Art tragen dazu bei, die Versuche adoleszenter Töchter zu verstehen, ihre Mütter auf offene, ehrliche und kraftvolle Art und Weise zu „verpflichten", nicht selten indem sie einen Streit provozieren, um sich von Gefühlen der Depression, Apathie oder Getrenntheit zu befreien. Es handelt sich hier eher um Versuche, authentischen Kontakt herzustellen oder die Beziehung zu verändern, als um das Bemühen, sich von der Mutter zu lösen. Manche Mütter wiederum sehen sich zuweilen vor dieser Intensität an Gefühlsaustausch und Offenheit zurückweichen.

Gegenseitige Empathie/Authentizität

Dies bezeichnet den gegenseitigen Wunsch zu verstehen - das Gegenüber zu kennen und sich von ihm verstanden und erkannt zu fühlen -, wahrzunehmen und in jedem Augenblick sowie über die Zeit hinweg gesehen zu werden. Dieser Wunsch ist die Triebfeder dafür, über unsere eigene Erfahrung hinauszugehen und die Erfahrungswelt der/des Anderen zu erfassen. Der Wunsch nach Gemeinsamkeit bringt uns dazu, unseren Erfahrungen Ausdruck zu verleihen, um sie der/dem Anderen mitzuteilen, was zur Entwicklung und Stärkung unserer Authentizität führt. Authentizität und Empathie sind unauflösbar miteinander verwoben und beide notwendig für Beziehungsentwicklung.

Häufig haben Mütter mehr Schwierigkeiten mit Authentizität als mit Empathie, da es in der Tradition unserer Kultur für Mütter nicht vorgesehen ist, sich in ihrer eigenen Subjekthaftigkeit in die Beziehung zu ihren Kindern einzubringen, sondern dies ängstlich zu vermeiden. Dieses Fehlen gegenseitiger Authentizität innerhalb der Mutter-Tochter-Beziehung - in der entweder die Stimme der Tochter oder der Mutter zum Schweigen verurteilt ist - ist verantwortlich für Diskontinuitäten in der Beziehung. Im echten Dialog besitzen beide gleichermaßen die Fähigkeit, der Stimme der Anderen Gehör zu schenken, ihr zu antworten sowie die unterschiedlichen subjektiven Realitäten gleichzeitig zu halten und mit ihnen zu gehen.

Gegenseitiges „Empowerment"

Damit ist das beiderseitige aktive Bemühen um sowie die Fähigkeit für wirksame Beziehungsgestaltung gemeint. Beide Beziehungspartnerinnen spüren ihre Fähigkeit, Einfluß zu nehmen und sich um Authentizität innerhalb ihrer Beziehung zu bemühen; gleichzeitig sind beide aufnahmefähig und in der Lage, sich vom Beziehungsgeschehen „tragen" zu lassen. „Empowerment" in der Beziehung kann somit als ein durch kraftvolles „Miteinander" geprägtes Interaktionsmodell umschrieben werden.

Wir stehen erst am Anfang unserer Bemühungen, ein Modell für eine optimale Entwicklung von Bezogenheit und Gegenseitigkeit in der Mutter-Tochter-Beziehung zu entwerfen. Nur wenige Beziehungen treffen auf unsere Modellvorstellung zu. Die meisten Beziehungen sind gekennzeichnet durch Kontinuität und Diskontinuitäten. In gesunden Beziehungen können Konflikte oder Diskontinuitäten ein Anreiz dafür sein, emotional in der Beziehung zu wachsen und Bezogenheit herzustellen. Das Fehlen dieser Konflikte kann auf eine überidealisierte oder unauthentische, oberflächliche Beziehung hindeuten. Natürlich gibt es auch schwerwiegende Diskontinuitäten, die Veränderung oder Bewegung in dieser Form nicht mehr möglich erscheinen lassen und zur Quelle psychischer Probleme werden.

Psychotherapeutische Aspekte: Die Förderung gegenseitiger Empathie

Ich bin der Ansicht, daß der Blick auf das Bemühen, durch gegenseitige Empathie Bezogenheit herzustellen, unsere klinische Arbeit verbessern kann. Ich beziehe mich hier auf ein Sich-Öffnen für empathisches und „verbundenes" Wissen. Empathie ist eine komplexe psychologische Fertigkeit, die eine Mischung an kognitivem und emotionalem Wissen verlangt, eine Fähigkeit, über die eigene Erfahrung hinauszugehen, um den Anderen aufzunehmen und eine Verbindung mit ihm einzugehen (vgl. Jordan & Surrey 1986). Empathie ist nicht gleichzusetzen mit Mögen oder Nett-Sein oder Sich-Kümmern oder gar emotionaler Nähe (auch wenn es einige dieser Aspekte in sich bergen mag). Die Fähigkeit empathischen Antwortens geht nicht mit dem Verlust der eigenen Grenzen oder einer Grenzverwirrung einher. Gegenseitige Empathie ist gegründet auf der Fähigkeit, das Gegenüber in seiner Eigenart im jeweiligen Augenblick aufzunehmen, zu akzeptieren und zu verstehen und seiner Perspektive oder Realität zu gestatten, Teil des Beziehungsgeschehen zu sein.

Vielen weiblichen Patienten fehlt es in ihren Beziehungen an Authentizität und Empowerment, vor allem aber in der Beziehung zu ihren Müttern. Ein großer Teil der therapeutischen Arbeit richtet sein Hauptaugenmerk auf genau diesen Aspekt. Gleichzeitig geht es jedoch auch um die Entwicklung und Stärkung empathischer Fähigkeiten in bezug auf andere, d.h. um die Entwicklung von Beziehungsfertigkeiten, die Vertrauen, Verständnis, Akzeptanz, Flexibilität, die Fähigkeit zu verzeihen und Offenheit für Veränderung fördern, ohne Gefühle von Verletztheit, Enttäuschung, Wut oder Frustration zu opfern oder auszublenden. Eine schwierige Aufgabe, um so mehr, als sie von den kulturell und klinisch festgeschriebenen

Konstrukten der „Separation" und des „Mother-blaming" keine Unterstützung erfährt.

In ihrer Verbindung zu den elementarsten Aspekten des Lebens - Geburt, Wachstum, Trennung, Verlust und Tod - ist die Beziehung zwischen Mutter und Tochter von enormer Kraft. Tiefe und Ausmaß dieser Aspekte, die Intensität der Empfindungen und die lebenslang zu verhandelnden Veränderungen stehen natürlich in Zusammenhang mit den ungeheuren Möglichkeiten und Herausforderungen, die dieser Beziehung und ihrem emotionalen Wachstum innewohnen. Jeder Lebensabschnitt bedeutet neue Herausforderungen und Möglichkeiten für Mutter und Tochter, weitere Aspekte in ihre Beziehung zu integrieren.

Müttern und Töchtern fällt es oft nicht leicht, in ihrer Beziehung im Hier und Jetzt zu bleiben. In ihrer Erinnerung tragen Mütter das Bild ihrer Kinder, als diese noch klein waren; es ist das Kind, das sie in ihren heranwachsenden oder erwachsenen Söhnen und Töchtern sehen (und wachrufen). Ein großer Teil der Entwicklung der Beziehung zwischen Mutter und Tochter wird - vor allem in späteren Jahren - um die empfindliche Frage kreisen, wer von beiden Mutter und wer Kind (Tochter) ist.

Das Entwickeln von Empathie für die eigene Mutter scheint einen wichtigen Reifungsschritt widerzuspiegeln. Empathie wächst nur langsam, oft in kaum wahrnehmbar kleinen Schritten. Zuweilen jedoch trifft das Verständnis für die eigene Mutter die Tochter wie ein Blitzschlag. Mit großem Erstaunen bemerkte eine Patientin, wie sie zum ersten Mal ihre Mutter als „Tochter meiner Großmutter" wahrnahm; dieser Augenblick markierte den Beginn eines völlig neuen Bewußtseins sowie ein Gefühl dafür, daß die Tatsache, ihre Mutter so sehen zu können, ihr eigenes emotionales Reifen sowie ihre gewachsene Beziehungsfähigkeit widerspiegelten. Oft sehen Kinder ihre Mütter in erster Linie als „Mütter", und eine Erweiterung des eigenen Wahrnehmungshorizonts tritt erst dann ein, wenn dieses Bild in einen größeren Beziehungskontext eingebettet werden kann - die Mutter als Lehrerin, Ärztin, Ehefrau und Tochter der Großmutter. Eine junge Patientin, die in einer früheren psychotherapeutischen Behandlung darum bemüht war, den Zusammenhang zwischen den eigenen heftigen Schwankungen ihres Selbstwertgefühls und Selbstvertrauens und den starken Stimmungsschwankungen ihrer Mutter herzustellen, war nun, während ihrer zweiten therapeutischen Behandlung, allmählich in der Lage, auch die Alkoholabhängigkeit ihres Vaters ins Blickfeld zu rücken und ihn als Mitverursacher der Depression ihrer Mutter zu erkennen.

Die Sensibilität der Tochter für die Gefühle ihrer Mutter macht die Mutter häufig zum „Blitzableiter", über den die Tochter allen Schmerz und alle Spannung innerhalb der Familie erfährt. Diese Erweiterung des töchterlichen Wahrnehmungshorizonts soll in keinster Weise mit Verleugnung oder Verdrängung ihrer Gefühle in bezug auf ihre Mutter einhergehen, sondern den Blick für größere Zusammenhänge eröffnen, in die Leben und Person der Mutter eingebettet sind.

Nur allzu oft müssen Patientinnen lernen, die Grenzen ihrer Beziehung mit ihren Müttern zu akzeptieren, ohne dabei die Berechtigung eigener Bedürfnisse aufs Spiel zu setzen. Alte Erwartungen und alte Wunden müssen abgetrauert werden, wenn sie sich einen eigenen, neuen Beziehungsrahmen schaffen. Beziehungstheoretische Ansätze unterstreichen die Bedeutung gesunder Beziehungen - oft in Form einer therapeutischen Beziehung - als Medium der Veränderung, nicht so sehr die Arbeit mit unbeweglichen oder festgefahrenen Positionen. Für gewöhnlich kann ein in dieser Richtung gestecktes therapeutisches Ziel ohne die totale Loslösung von der Mutter erreicht werden. Verantwortung für sich selbst zu übernehmen heißt nicht, andere nicht mehr für ihr Verhalten zur Verantwortung zu ziehen oder die eigenen Bedürfnisse oder Wahrnehmungen innerhalb einer Beziehung nicht mehr zu formulieren.

Heranwachsende Töchter in unserer Kultur werden ebenso wie ihre Mutter die kulturell begründete und gesellschaftlich sanktionierte Vorgabe einer „Auflösung" ihrer Beziehung internalisieren. Mütter sind oft sehr kritisch und streng mit sich selbst, wenn sie sich ihrer Wünsche nach Aufrechterhaltung der Beziehung zu ihren Töchtern bewußt werden; oft versuchen sie dann, diese Bedürfnisse zu unterdrücken oder verleugnen sie. Wir brauchen neue Modelle, die eine angemessene Validierung der Stärken und Sehnsüchte wie auch Schwierigkeiten und Probleme ermöglichen, die Beziehungen dieser Art erwachsen.

Zur Illustrierung ein kurzes Fallbeispiel: Die Patientin, eine 56jährige Sozialarbeiterin, ist geschieden und Mutter zweier erwachsener berufstätiger Töchter, 30 und 33 Jahre alt. Die beiden jungen Frauen sind alleinstehend. Die Beziehung zwischen Mutter und den beiden Töchtern ist sehr eng, jede nimmt regen Anteil am Leben der anderen. Die Patientin hat Sorge, das enge Verhältnis zu ihren Töchtern könne deren Verheiratung im Wege stehen. Es ist hilfreich, den Wunsch der Patientin - und ihrer beiden Töchter - nach gegenseitiger Verbundenheit und Wertschätzung zu bestätigen. Neben ihrem Bemühen, auch andere Freundschaften aufzubauen, ist sie nun aktiv an der Gestaltung der Beziehung zu ihren Töchtern beteiligt und hat damit begonnen, ein höheres Maß an Offenheit, Authentizität und Gegenseitigkeit zu erreichen. Erst das Anerkennen ihrer Wünsche nach Bezogenheit hat es ihr ermöglicht, eigenen Gefühlen und Bedürfnissen wirksamer Ausdruck zu verleihen. Ihren Töchtern als erwachsenen Frauen kann sie nun in weitaus größerer Offenheit und Wertschätzung gegenübertreten.

Die therapeutische Arbeit mit Müttern und Töchtern kann auch bedeuten, jeder der Beteiligten dabei behilflich zu sein, die Andere in deren Bezugsrahmen wahrnehmen zu lernen und dabei Normen und Anforderungen der jeweiligen Generation zu berücksichtigen. Dies gestaltet sich umso schwieriger, als wir in einer Zeit leben, in der das Leben von Frauen und die an sie gestellten Rollenerwartungen dramatischen Veränderungen unterworfen sind. Jede der beteiligten Generationen hat hier mit Schwierigkeiten zu kämpfen, und ein Verurteilen der Mütter (oder Töchter) als unempathisch oder narzißtisch (und sei es „nur" durch Aufrechterhaltung dieses Bildes in unserer klinischen Arbeit) wird diesen Entwicklungsprozeß erschweren. Um Müttern und Töchtern dabei zu helfen, sich aus diesem Gefühl des Mißverstehens und der Ungerechtigkeit zu befreien, kann es oft nützlich sein, eine generationenübergreifende Gruppenerfahrung für beide vorzuschlagen.

Abschließende Bemerkungen

Wenn in meinen Ausführungen die Rede ist von Empathie für Mütter, werden nicht selten kritische Stimmen laut, die mir vorwerfen, ich würde die Tatsache übersehen, daß es doch auch schlechte Mütter gibt oder man doch auch von linearen Prozessen oder Stufen der Ent-Idealisierung auszugehen hat. Natürlich besteht das Ziel einer Psychotherapie darin, einem Klienten oder Patienten dabei zu helfen, ein realistisches Bild der eigenen Mutter zu entwickeln, aber nur allzu oft ist es gerade die negative oder grob vereinfachte Variante, die betont wird. Wenn wir vom Paradigma eines „getrennten" Selbst ausgehen, kann es passieren, daß in unserem Bemühen, uns in die Perspektive des Anderen hineinzuversetzen oder den Anderen in seinem jeweiligen Beziehungsgefüge zu sehen, Klarheit und Authentizität verloren gehen. Wir hätten es dann mit einer Fehlinterpretation von Empathie als einem Konstrukt des „Entweder/Oder" zu tun. „Entweder" sehe ich es mit meinen Augen, „oder" ich versetze mich in deine Lage. Ein Beziehungsparadigma bietet die Möglichkeit, mehr als nur eine Perspektive einzunehmen und sich so der subjektiven Realität des Anderen zu öffnen, ohne die eigene Realität zu opfern oder aus dem Blick zu verlieren. Ich bin der Ansicht, daß diese Fehlinterpretation von Empathie auf einem Modell der Differenzierung zwischen Selbst und Anderen gründet, in dem die Betonung eher auf dem Finden und Halten der eigenen Position liegt als auf der Fähigkeit, genug Flexibilität zu besitzen, um sich in der Interaktion mit anderen zu verändern und zu wachsen. Solange die mütterliche Stimme nach wie vor als potentiell bedrohlich für die Entwicklung der kindlichen Identiät (insbesondere des Jungen) angesehen wird, werden Mütter auch weiterhin voller Schuldgefühl davor zurückschrecken, ihren Gefühlen und Wahrnehmungen in der Beziehung zu ihren Kindern direkt Ausdruck zu verleihen. Wie wir gesehen haben, besteht diese Gefahr besonders für heranwachsende Mädchen, die häufig in der Adoleszenz damit beginnen, ihre Stimme in Beziehung zu anderen, insbesondere Männern, zum Schweigen zu bringen. Wenn ihnen als Töchtern das Vorbild aktiver und selbstbestimmter Mütter fehlt, ist es nur allzu wahrscheinlich, daß es auch ihnen in ihren Beziehungen an „Wirkmächtigkeit" fehlen wird.

Eine weitere Variante dieses „Entweder/Oder"-Selbstkonzepts besteht in der Sorge, Empathie würde nur auf eine noch stärkere Mutterbindung hinauslaufen und uns somit in unserer Freiheit und Selbstentfaltung einschränken. In Wirklichkeit ist es gerade wahre Empathie, die für mehr Freiheit und Effektivität in einer Beziehung Platz schafft. Unglücklicherweise haben die üblichen klinisch-therapeutischen Strategien zur Förderung von Trennung und Ablösung oft zu emotionaler Unterdrückung geführt, indem durch emotionale Abstumpfung, den Einsatz von Wut, Verachtung oder Verurteilung der Versuch unternommen wurde, Distanz zu schaffen. Wenn Frauen dazu angehalten werden, sich einer dieser Stratgien zu bedienen, um sich von ihrer Mutter zu „trennen", kann dies zur Entfremdung ihrer affektiven Erfahrungen führen, die eine Quelle der Lust, Stärke und des Wachstums in einer Beziehung sein können. Ärger und Wut als Werkzeug zur Ablösung einzusetzen, anstatt den Töchtern dabei zu helfen, unangenehme Gefühle auf konstruktive Art und Weise in die Beziehung einzubringen, kann auf lange Sicht gesehen negative Auswirkungen haben.

Die Ent-Identifizierung von der eigenen Mutter ist ein ausgesprochen häufiges Thema weiblicher Patienten. Mit aller Macht versuchen Töchter, sich aus der Identifikation mit der Mutter zu lösen, Unterschiede hervorzuheben, vor jeder kleinsten Ähnlichkeit zurückzuschrecken, wobei sie ihre Mütter (wie sich selbst) mit den Augen der durch Kultur und Gesellschaft geprägten Normen und Werturteile wahrnehmen (wie sie Mütter oft genug selbst internalisiert haben). Die kulturell tradierte Botschaft „Sei nicht wie deine Mutter" macht das Mädchen zu einer Gefangenen einer generationsübergreifenden Lösung der Probleme ihrer Mutter: „Wenn ich nicht wie sie bin, dann wird alles anders sein für mich". Dies hindert Mütter und Töchter daran, aus und von den Erfahrungen der Anderen zu lernen und sich beide in einem größeren, gemeinsamen Kontext als Frauen zu begreifen.

Die implizit am „Mother-blaming" festhaltenden Mechanismen müssen von uns als Therapeutinnen aufgedeckt werden. Wir erweisen unseren Patientinnen einen schlechten Dienst, wenn wir nicht die potentielle Bedeutung und heilende Kraft der Mutter-Tochter-Beziehung respektieren. Es ist entscheidend, Frauen dabei zu helfen, zu einem ausgeglicheneren und gültigen Verständnis ihrer selbst und ihrer Mütter als Frauen in einer patriarchalen Kultur zu gelangen.

Die Überwindung traditioneller Paradigmen zur Selbstentwicklung ermöglicht eine wirksamere Gestaltung der Beziehungsentwicklung. Konflikte und Mißverständnisse sind wohl unvermeidlich. Das, was das Wachstum einer Beziehung ausmacht, ist ein durch gewachsene Beziehungskompetenz, Konfliktfähigkeit und Wertschätzung von Beziehungsqualitäten erreichtes Mehr an Authentizität, Empathie und Gegenseitigkeit.

Vom klinisch-therapeutischen Standpunkt aus betrachtet ist es ganz wesentlich, diese positiven Veränderungen zu unterstützen und nicht - im Namen einer (Konflikt)"-Lösung" - auf eine vorzeitige Trennung hinzuwirken oder grobe Vereinfachungen in Form von unzulässigen Schuldzuweisungen an Mütter zuzulassen. Wie können wir Bindung und Gegenseitigkeit erleichtern? Unsere Kultur stellt zahlreiche Ansprüche und unrealistische Erwartungen an Frauen, insbesondere Mütter, gleichzeitig wird der Wunsch von Frauen nach Wachstum in Beziehung und Verbundenheit entwertet und mißverstanden. Das Wissen um diese Aspekte weiblicher Realität muß Eingang in unsere klinische Arbeit finden.

Literatur:

Caplan, P. (1989): Don't blame mother: mending the mother-daughter relationship. New York (Harper & Row).

Caplan, P. und I. Hall-McCorquodale (1985): Mother-blaming in major clinical journals. American Journal of Orthopsychiatry, 55, 345-53.

Jordan, J. und J. Surrey (1986): The self-in-relation: empathy and the mother-daughter relationship. In: T. Bernay und D. Cantor (Hg.): The psychology of today's women: new psychoanalytic visions. Hilldale, NJ (Psychoanalytic Press).

Jordan, J., A. Kaplan, J. B. Miller, I. Stiver und J. Surrey (1991): Women's growth in connection: writings from the Stone Center. New York (Guilford Press).

Ruddick, S. (1986): Maternal thinking. Boston (Beacon Press).

Smith, J. (1990): Mothers: tired of taking the rap. New York Times Magazine, 142, 17.

Stern, D. (1985): Die Lebenserfahrung des Säuglings. Klett-Cotta (Stuttgart) 1992.

Stiver, I. (1986): Beyond the Oedipus complex: mothers and daughters. Work in Progress, 26. Wellesley (Stone Center for Developmental Services and Studies).

Surrey, J. (1984): Self in relation: a theory of women's development. Work in Progress, 13. Wellesley (Stone Center for Developmental Services and Studies).

Mütter und Töchter

Paradigmenwechsel in der Psychologie

Carol Gilligan und Annie Rogers

Paradigmenwechsel

In der Psychologie hat sich ein Paradigmenwechsel vollzogen, der damit begann, Frauen mehr und mehr Gehör zu schenken. Eine Psychologie, deren Sichtweise menschlicher Existenz auf Trennung und Getrenntheit ausgerichtet war, hat einer Psychologie Platz gemacht, die menschliches Leben als etwas betrachet, das seinem Wesen gemäß in Beziehung erfahren wird (Gilligan 1977, 1982; Miller 1976; siehe auch den Beitrag von Jordan in diesem Band). Im Rahmen der alten Psychologie galten Beziehungen als ein Mittel zur Trennung - „Separation" -, Individuation und Autonomie waren das Gütesiegel menschlicher Entwicklung oder psychischen Wachstums. Die Voraussetzung schlechthin für eine positive Entwicklung wurde in der Beziehung zwischen Mutter und Kind gesehen. Im wesentlichen bewegten sich Frauen in einem Beziehungsrahmen, in dem Beziehungen einerseits als notwendig, gleichzeitig aber auch als entbehrlich erachtet wurden. Folglich wurden Mütter - gezwungen, ihre Kinder gleichzeitig zu halten und doch gehen zu lassen - idealisiert und entwertet zugleich.

Intrapsychisch führte Freud die Idealisierung und Entwertung von Frauen auf ungelöste ödipale Bestrebungen zurück bzw. auf die Unfähigkeit von Männern, entweder an ihre Mütter gebunden zu bleiben oder sie zu verlassen (Freud 1910; 1912; 1918). Da Gesellschaft und Kultur zum größten Teil von Männern geschaffen wurden und somit tief in der männlichen Erfahrungs- und Erlebniswelt verankert sind, waren es die Gefühle und Gedanken von Männern über ihre Mütter, die die vorherrschenden Konzepte von Müttern und Mutter-Kind-Beziehungen, inklusive Beziehungen zwischen Müttern und Töchtern, formten. In unserem Bemühen, die verschiedenen Sichtweisen der Mutter-Tochter-Beziehung von den aktiven Ausgestaltungen mütterlicher und töchterlicher Lebensentwürfe zu trennen, beginnen wir mit den „Stimmen" von Mädchen und Frauen als dem Schlüssel einer neuen Psychologie, da diese „Stimmen" die Bedeutung von Liebe und Verständnis der Realität transformieren. Beschreibungen von Beziehungen zwischen Müttern und Töchtern rufen in der Regel Bilder von Frauen mit kleinen Mädchen wach. Selbst in Beschreibungen therapeutischer Beziehungen zwischen erwachsenen Frauen wird die Mutter-Tochter-Beziehung im allgemeinen als Neuauflage oder Reinszenierung der Beziehung zwischen einer Mutter und einem kleinen Mädchen oder Baby gesehen. In den letzten Jahren haben feministische Psychologinnen und Therapeutinnen dieses Bild einer Mutter-Tochter-Beziehung infrage gestellt und die Aufmerksamkeit (wieder!) auf heranwachsende Mädchen und junge Frauen sowie auf die Beziehung zwischen adoleszenten Töchtern und ihren Müttern gelenkt (Apter 1990; Breuer & Freud 1895; Deutsch 1944; Horney 1926; Josselson 1987, 1992; Rogers, im Druck; Thompson 1964).

Unsere Forschungen zur psychischen Entwicklung von Frauen haben uns gelehrt, daß es sich bei Beziehungen zwischen Mädchen und Frauen um Beziehungen mit tiefreichendem Entwicklungs- und Veränderungspotential handelt. Mädchen, die in die Pubertät kommen, legen oft einen gesunden Widerstand an den Tag, um sich gegen den Verlust ihrer „Stimme" und das Aufgeben authentischer Beziehungen zuliebe idealisierter Beziehungen zur Wehr zu setzen (Brown 1989; Brown & Gilligan 1992; Gilligan 1990, 1991; Rogers, im Druck). Von der Klarheit, mit der Mädchen in dieser Zeit ihrer Entwicklung ihrer „Stimme" Ausdruck verleihen, werden zahlreiche Frauen angerührt. Sie ruft schmerzliche Erinnerungen wach und wirft die schwierige Frage auf, ob notwendig erscheinende Verluste tatsächlich unumgänglich sind. Vom entwicklungspsychologischen Standpunkt aus betrachtet, wird der gesunde Widerstand von Mädchen in der Adoleszenz gegen Diskontinuitäten in ihren Beziehungen allmählich zum politischen Widerstand oder Kampf gegen unauthentische Beziehungen und Korrumpierung von Autorität und Liebe. Diese Form politischen Widerstands droht sich loszulösen und in psychischen Widerstand zu verwandeln (Gilligan 1990). Adoleszente Mädchen inszenieren und „erzählen" von dieser Dissoziation. Die Reaktionen erwachsener Frauen auf diese „Erzählungen" - die von psychischen Veränderungen zu berichten wissen, an die sie selbst sich nur noch vage erinnern mögen - läßt die Lebensentwürfe von Müttern und Töchtern in einem neuen Licht erscheinen.

Den Äußerungen von Frauen und Mädchen folgend mußten wir erkennen, daß die Entwicklung von Beziehungen innerhalb patriarchaler Gesellschaften und Kulturen eine Sackgasse darstellt, die für Frauen mit Brüchen in ihren Beziehungen verbunden ist. Bei Jungen kommt es zu dieser Form der Diskontinuität in der frühen Kindheit, bei Mädchen während der Adoleszenz. Mit dem Erreichen der Adoleszenz führen gesunder Widerstand oder natürlicher Mut bei Mädchen (Rogers, im Druck) zu offenen Konflikten oder Kämpfen, und dieser Kampf um Beziehung enthüllt Realitäten, die in der Regel ungesehen und ungeäußert bleiben. Mütter werden auf diese Weise tief von ihren Töchtern und deren „Stimmgewalt" angerührt - und sehen sich gleichzeitig schwierigen Fragen ihres Mutter-Seins ausgesetzt.

Für Frauen steht das Einstimmen in den gesunden Widerstand von jungen Mädchen und das Wiedererlangen des Mutes, „mit dem Herzen zu sprechen", nur allzu oft in Widerstreit mit psychischem und politischem Druck, die gesprochenen Realitäten heranwachsender Mädchen zu untergraben und den jeweiligen Status quo aufrechtzuerhalten. Diese Unterminierung, die im Grunde einen als zutiefst schmerzhaft empfundenen Verlust in der weiblichen Entwicklung darstellt, hinterläßt nicht selten einen bitteren Nachgeschmack. Der Verlust an Beziehung ist psychisch durch die Idealisierung und Entwertung sowohl von Müttern als auch der Beziehungen zwischen Müttern und ihren Töchtern gekennzeichnet. Idealisierung und Entwertung von Mutter-Tochter-Beziehungen oder Beziehungen zwischen weiblichen Therapeuten und ihren Patientinnen sind eine Widerspiegelung dieses im Laufe der Entwicklung erlebten Verlustes. Aus diesem Grund ist gerade das Erleben junger Mädchen in der Präadoleszenz entscheidend, um Beziehungen zwischen Müttern und ihren Töchtern zu verstehen und um die psychische Entwicklung von Frauen in einen neuen Bezugsrahmen zu setzen. Die „Stimmen" junger Mädchen werden zum Prüfstand für die Bemühungen von Frauen, wieder jene Authentizität in Beziehung zuzulassen, von der sie sich im Laufe ihres Lebens entfernt haben. Jungen Mädchen, die über Beziehungen zu ihren Müttern berichten, Gehör zu schenken, verändert die Bedeutung von Liebe und das Verständnis von Realität. Die „Stimmen" junger Mädchen werden so zum Schlüssel eines Paradigmenwechsels in der Psychologie.

Die Beziehung zwischen Müttern und ihren Töchtern: Dilemmata

Nach dem Abschluß einer fünfjährigen Studie zur Entwicklung von Mädchen im Jahr 1989 - eine Darstellung der Inszenierungen und Beschreibungen dissoziativer Prozesse bei jungen Mädchen vom Kindesalter bis zur Adoleszenz (Brown 1989; Brown & Gilligan 1992; Gilligan 1990, 1991; Rogers, im Druck) - entschlossen wir uns dieses Mal, uns dem Leben und Erleben junger Mädchen mit der Frage zu nähern, ob sich die Stärken ihrer Kindheit nicht aufrechterhalten ließen. Unser Forschungsprojekt sah ursprünglich einwöchige Veranstaltungen mit Theatergruppen, Schreibwerkstätten und „Outing Clubs" vor, an denen elf- und zwölfjährige Mädchen teilnehmen sollten, die wir über einen Zeitraum von drei

Jahren bis in ihre frühe Adoleszenz begleiten wollten. Im Laufe des Projekts wurde von seiten der Mütter der Wunsch geäußert, an den Veranstaltungen teilnehmen zu dürfen. Außerdem gab es wöchentliche Treffen mit neun- und zehnjährigen Mädchen, die aus ethnisch und sozioökonomisch unterschiedlichen Gruppen kamen; auch diese Gruppe von Mädchen beobachteten wir über einen Zeitraum von drei Jahren. In der Gruppe der jüngeren Mädchen richteten wir unser Augenmerk mehr auf unsere Beziehung mit den Mädchen, darauf, wie die Mädchen uns individuell „ansprachen" und unsere Beziehungen untereinander beeinflußten. In beiden Projekten stand uns Normi Noel, Theaterdirektorin, Schauspielerin und Stimmtrainerin als „dritte Frau" zur Seite. Einmal im Jahr interviewten wir jedes Mädchen einzeln. Im vorliegenden Aufsatz werden wir, wenn auch nur ausschnitthaft, von unserer Forschungsarbeit berichten.

Wir wollen mit den „Stimmen" von Mädchen beginnen, um einen Eindruck davon zu vermitteln, wie differenziert und nuanciert sie das Bild ihrer Mütter und ihrer Beziehung zueinander zu zeichnen in der Lage sind. Über ihre Beschreibungen war es uns möglich, die für das Leben von Frauen typischen Schwierigkeiten, Herausforderungen und Sackgassen zu begreifen. Themen, die sich wie ein roter Faden durch unsere Arbeit mit präadoleszenten Mädchen zogen, betrafen vor allem die Frage nach offen geäußerten Gefühlen in Beziehungen, insbesondere nach Gefühlen der Wut und des Ärgers; Kontinuität in Beziehung; Bindung an und Abhängigkeit von Müttern; nach dem Beharren auf „direkter Rede" in Beziehungen und nach ihren Konsequenzen. Mit dem für Kinder typischen Sinn für Details und ihrer Fähigkeit, Leben und Beziehung jeden Moment neu zu beschreiben, sprachen die von uns befragten Mädchen in einer ausgesprochen selbstverständlichen Art und Weise über die Realitäten im Leben von Frauen - die Erschöpfung und Depression von Müttern; die Bereitschaft von Müttern, im Fall von Unstimmigkeiten nachzugeben oder sich selbst zu verraten; die Bereitschaft von Männern, in solchen Situationen Druck auszuüben. Mädchen über mehrere Jahre hinweg bis in ihre frühe Adoleszenz zu begleiten führte uns in eine Zeit, in der sie und ihre Mütter beginnen, ihre eigentlichen Gedanken und Gefühle zurückzuhalten, die „direkte Rede" abzulegen und - in einem ersten Schock dieses Verlustes - nicht nur den Verlust ihrer Verbundenheit mit ihren Müttern zu spüren, sondern auch den Verrat, den dies für ihre Wahrheiten in diesen für sie so wesentlichen Beziehungen bedeutet. Gleichzeitig sind es die tiefer werdenden Emotionen und gewachsenen kognitiven Fähigkeiten, die Töchter in die Lage versetzen, mit scharfem Blick das Leben ihrer Mütter zu betrachten und die Entscheidungen ihrer Mütter als Frauen in einer patriarchalen Kultur und oftmals auch patriarchal geprägten Partnerschaft genau zu hinterfragen. Kurzum, das Kreisen der Mädchen um echte und falsche Beziehungen in der Präadoleszenz wird beim Eintritt in die Adoleszenz zur schmerzlichen Erfahrung vieler auswegsloser Situationen zwischen Mädchen und Frauen, in denen Lüge und Wahrheit, Liebe und Verrat an der Liebe verhandelt werden.

In den folgenden Interviewauszügen wird das Dilemma, von dem uns die Mädchen unserer Projektgruppe berichteten, deutlich. Die elfjährige Amy auf die Frage nach ihrer Beziehung zu ihrer Mutter und eventueller Meinungsverschiedenheiten zwischen ihnen:

„Ja klar. Also, meistens schreien wir uns an, sie schreit, und ich schreie sie an, dann geh´ ich, und später sag´ ich dann, daß es mir leid tut, und dann ist es auch in Ordnung. Beiden von uns geht´s dann besser.“

Dieser offene Ausdruck starker, wütender Gefühle ist Teil von Amys Alltag. Ihre Geschwister, ein Bruder und eine Schwester, bezeichnet sie als „total unmöglich“, vor allem beim Abendessen, worauf die Mutter mit dem bekannten „Nicht schon wieder“ reagiert. Wie in einem Unwetter bricht der Ärger los und verfliegt dann. Meinungsverschiedenheit, lautstarke Auseinandersetzungen, Anschreien, gefolgt von Sich-Entschuldigen und Versöhnung.

Nach der Frage *„Deine Mama und du, seid ihr voneinander abhängig?“* unterbricht Amy die Interviewerin:

„Natürlich bin ich von meiner Mutter abhängig. Ich weiß nicht, ob sie von mir abhängig ist, aber wenn ich bei einer Freundin übernachte, ich weiß auch nicht, warum, dann denke ich schon immer an meine Mutter; weil, sie weiß, daß ich damit Probleme hab´ und so ... Und ich bin von ihr abhängig, weil sie da ist, wenn ich ihr was sagen muß ... Sie hört zu, egal was ist.“

Die Leichtigkeit dieser Abhängigkeit ähnelt der Leichtigkeit, mit der wütenden Gefühlen Ausdruck gegeben werden kann. Nähe und Liebe liegen eng beieinander mit Wut und Auseinandersetzung - wohl weil Amy ihre Mutter anschreien kann, ohne fürchten zu müssen, den Kontakt zu ihr zu verlieren, weil sie ihr „alles sagen“ kann, ohne um den Verlust der Beziehung fürchten zu müssen.
Amy bestätigt diesen engen und klar geäußerten Kontakt auf die Frage hin
„Kannst du deiner Mutter sagen, wie es dir geht und was du wirklich denkst?“

„Ja, schon. Ich kann schon, weil sie wirklich zuhört und mich versteht,und sie gibt mir Ratschläge, wenn ich welche brauche, aber manchmal sage ich nur: ‘Sag` jetzt nichts, hör´ nur zu.’“

„Gibt es Dinge, die dir schwer fallen zu sagen?“

„Hm. Ich weiß' nicht. (5 Sekunden Pause). Es gibt schon 'was, wo meine Freundinnen sagen, daß ich das nicht erzählen soll, und ich sag' auch nichts, wenn ich mich nicht verplappere ... Ich frag' sie dann einfach, ob ich's meiner Mutter sagen kann. Und sie sagen dann: 'Nein, niemandem'. Aber da gibt's nicht viel."

Die Direktheit der Elfjährigen ist erstaunlich; sie spricht unbefangen mit ihrer Mutter und hat Schwierigkeiten, sich nicht zu verplappern, wenn sie Geheimnisse ihrer Freundinnen nicht ausplaudern soll, und sie spricht unbefangen über sich selbst.

Die elfjährige Eve auf die Frage *„Gibt es Dinge, die du deiner Mutter sagen kannst, und andere Dinge, über die es schwerer ist zu reden?":*

„Na ja, so Schulkram (d.h. auf welche Schule sie gehen soll), darüber können wir ganz gut reden, aber mein Papa, wenn's um den geht, dann ist das schon schwer."

„Du meinst, es ist schwierig für dich, mit deiner Mutter über deinen Vater zu reden?"

„Ja. Weil's dann irgendwie schwierig wird, so emotional. Und ich will halt nicht, daß sie dann so verständnisvoll ist und so ... weil, dann mein' ich, jetzt regt sie sich wieder auf, und das mag ich nicht. Also versuch' ich halt, daß ich nicht darüber spreche ... Aber richtig streiten tun wir eigentlich nie, eher so kleine Sachen ... Aber sie kann mir ganz schön Schuldgefühle machen."

„Was machst du dann, wenn sie dir Schuldgefühle macht?"

„Na ja, ich kann halt nicht nachgeben, weil dann fühl' ich mich noch schuldiger... Sie hat gesagt: 'Ich mag' dich nicht immer durch die ganz Stadt kutschieren, damit du in die Ballettstunden gehen kannst.' Dann hab' ich gesagt: 'Nur du beschwerst dich da immer.' Das muß ich sagen, sonst fühl' ich mich wieder schuldig ... Ich muß ihr das hinreiben und ihr manchmal einfach widersprechen. Ich muß dann richtig stur sein."

„Warum ist es so wichtig für dich, so stur mit deiner Mutter zu sein?"

„Weil sie nicht stur ist, sie kriegt mich dann immer rum, so wie sie will, genau wie mein Bruder. Mein Bruder ist auch nicht stur, genau wie meine Mutter. Irgendwie stellen die sich nicht quer oder sagen nein."

„Ist das etwas, was du an dir selbst magst?"

„Ja, weil ich nicht mag, wenn man mich überzeugen will, weil das irgendwie so ein Sich-Herumdrücken um etwas ist ... Ich kenn' das, wie das ist, Schuldgefühle zu haben, und ich mag das nicht, anderen Schuldgefühle einzujagen. *(Aha).* Und ich mag ihnen einfach sagen, was ich für Gefühle habe, ich will einfach, daß sie das wissen. Manchmal weiß ich nicht, was meine Mutter von mir will, wenn sie so auf mich einredet und mich von irgendwas überzeugen will."

Was Eve hier beschreibt, sind Botschaften ihrer Mutter, die so indirekt sind, daß sie sie nicht entschlüsseln kann. Im Gegensatz zu Amy hat Eve das Gefühl - auch wenn sie zuweilen sehr direkt sein kann („Nur du beschwerst dich da immer") -, daß sie stur sein und sich gewissermaßen zurückhalten muß, um ihre Mutter vorsichtig zu beobachten. Amys freimütiger Dialog mit ihrer Mutter unterscheidet sich von Eves Gefühl einer indirekten und persuasiven Mutter. Ihr Bemühen, sich der Überredungskunst ihrer Mutter zu widersetzen, führte anfänglich dazu, daß sie sich weigerte, die Schule zu besuchen, die ihre Mutter für sie ausgesucht hatte, obwohl es eigentlich auch die Schule ihrer Wahl gewesen war. Mit ihren elf Jahren entscheidet Eve, wo es lang geht.

Die Direktheit und Klarheit, die die von uns befragten Mädchen an den Tag legten, werden dadurch erschwert, daß Mädchen die wachsende Angst ihrer Mütter übernehmen, was passieren wird, wenn sie (die Töchter) sich weiterhin offen äußern und frei bewegen. Die nunmehr zwölfjährige Amy liefert dafür ein besonders eindrückliches Beispiel:

„Gab es Zeiten, in denen du etwas sagen wolltest, es dann aber doch nicht getan hast?"

„Wenn ich wütend auf meine Schwester bin oder so, weil, wenn ich wütend bin oder was sagen will, das wirklich gemein ist, dann kommt sofort meine Mutter und sagt:'Hör auf damit, sie hat doch nichts getan'. Und dann streiten wir total. Dann behalt´ ich´s für mich; ich wünschte, ich könnte solche Sachen sagen, aber ich tu´s nicht."

„Was hättest du denn sagen wollen und was wäre denn so gemein oder böse?"

„Einfach, 'Hau ab', oder 'Verschwinde', oder so was. Wenn sie in mein Zimmer kommt und ich will gerade Hausaufgaben machen und meine Mutter ist auch da, dann kann ich das nicht einfach so sagen. Also laß ich´s auch. Und meistens verschwindet sie dann ja auch. Ich wünschte, ich könnte sie freundlicher darum bitten, anstatt so wütend zu werden, aber manchmal werde ich einfach total wütend.

„Und sagst, 'Hau ab'."

„Ja."

„Und was passiert dann? Was passiert, wenn du das sagst?"

„Dann verschwindet sie; sie geht. Und meine Mutter kommt dann und sagt: 'Amy, das hätte nicht sein müssen'".

„Und was denkst du dann?"

„Ich denke, daß es doch schon irgendwie gehen müßte, daß man so was sagt, weil, jeder ärgert sich doch über den anderen; und wenn ich das nicht sagen darf, dann ärgere ich mich noch mehr; ich werde wütender und wütender und wütender. Und dann bin ich nur noch wütend und kann gar nicht mehr nett zu ihr sein."

„Sagst du das deiner Mutter?"

„Nö, das würde sie wahrscheinlich nicht verstehen. Aber ich weiß nicht, warum eigentlich nicht."

Das Bemühen von Amys Mutter, ihrer Tochter nahezulegen, ihren Impuls, „Hau ab" zu sagen, zurückzuhalten, schützt Amys Schwester wie auch Amy selbst, indem sie lernt, ihrem Ärger auf freundliche Art und Weise Ausdruck zu verleihen und andere nicht zu beleidigen. Die Absichten ihrer Mutter treffen jedoch auf Amys psychologische Einsicht, daß Schutz dieser Art im Grunde Beziehung unterminiert. Unausgesprochene Gefühle verstärken sich so lange, bis sie alle anderen Gefühle überdecken. Wenn Amy ihrem Ärger nicht Ausdruck verleihen kann, ohne gemein oder unhöflich zu sein, dann - so stellt sie scharfsinnig fest - wird es immer schwieriger, wirklich nett und freundlich zu sein.

Situationen dieser Art sind typisch für die Beziehung zwischen Müttern und ihren adoleszenten Töchtern; sie hinterfragen die gemeinsame Beziehung und wollen auch wissen, was es mit (ihrer) Liebe auf sich hat. Die 13jährige Joan berichtet von ihrer Beziehung zu ihrer Mutter; sie ziehen sich gegenseitig auf, aber auf spielerische Art, sie vertrauen einander, sie sind sich einig, daß „eines der wichtigsten Dinge in unserer Beziehung unser gegenseitiges Vertrauen ist" - und sie belügen einander. Joans Kleiderexperimente werden von ihrer Mutter mit den Worten „zu eng" und „provokativ" kommentiert, und obwohl Joan dies nicht ganz nachvollziehen kann, beginnt sie damit, ihre Kleidung unter weiten Pullovern zu verbergen, die sie erst in der Schule auszieht. Auf die Frage

„Aber du würdest mit ihr nicht darüber sprechen?" antwortet sie:

„Also, ich könnte schon mit ihr darüber reden, aber irgendwie will ich nicht. Das wär' so, als ob, ach nein. Muß ich ihr das sagen? Nö, irgendwie will ich das nicht. Es ist einfacher, wenn ich nichts sage."

In einem Aufsatz schreibt Joan darüber, was es für sie bedeutete, als ihre Eltern ihr „Grund dafür lieferten, (mein) Vertrauen in sie zu verlieren":

„Dieses Vertrauen ist nicht mehr da. Es ist nicht mehr da seit dem Tag, an dem meine Eltern mir sagten, daß sie sich scheiden lassen wollten. Nicht, daß ich das nicht schon tief unten gewußt hätte, aber ich hatte zu großes Vertrauen, um es zu glauben."

Rückblickend stellte sich heraus, daß Joan in dem Moment begann, ihre Mutter über ihre Kleidung zu belügen, als diese ihrer Tochter nicht ehrlich über die Probleme ihrer Ehe Auskunft gab. Folglich erlebte Joan die Ankündigung ihrer Eltern, sich scheiden lassen zu wollen, wie einen Verrat.

In unseren Interviews stießen wir wiederholt auf Beispiele dafür, wie Mädchen damit begannen, ihre wahren Gefühle und Gedanken vor ihren Müttern zu verbergen, wohlwissend, daß auch ihre Mütter ihre wahren Gedanken und Gefühle vor ihnen verheimlichten. Dies wird insofern als endgültiger Verrat erlebt, als dadurch die von beiden Seiten so sehr gewünschte Kontinuität der Beziehung aufgebrochen wird. Die Fähigkeit zur größeren emotionalen Tiefe wie auch die wachsende kognitive Komplexität, die in der Adoleszenz erreicht wird, ermöglichen eine andere Art von Beziehung zwischen Müttern und ihren Töchtern - auch deshalb, weil Töchter nun in der Lage sind, sich in ihre Mütter und deren Leben hineinzuversetzen. Das Beziehungswissen, das Mädchen dadurch erlangen, wirft für Frauen schwierige Fragen auf: Was dürfen Mädchen (Töchter) wissen und erfahren? Was wollen Frauen ihren Töchtern (Mädchen im allgemeinen) über ihr Leben berichten?

Was es für Mädchen an der Schwelle zur Adoleszenz bedeutet, Töchter zu sein und sich damit zurechtfinden zu müssen, wurde im Rahmen eines „Outings", das wir in einem Kunstmuseum durchführten, deutlich. Auf die Bitte, mit einer der Frauen auf den ausgestellten Gemälden in einen mündlichen oder schriftlichen Dialog zu treten, eröffnet Rachel das Gespräch: „Hi, wer bist du?" Die Frau auf dem Gemälde antwortet: „Ich weiß nicht". Rachel fährt fort, „Warum nicht?" Das Gemälde erwidert: „Weil man mich nicht als Individuum gemalt hat." - „Als was dann?" - „Als Mutter".

Nina, eine weitere unserer jungen Protagonistinnen, schlendert durch das Museum und listet die Aktivitäten von Frauen auf: „Hält Baby, küßt Mann, wird entführt, begeht Selbstmord, wird von Männern angegriffen, wird von Männern getröstet, spielt Instrument, betet, trägt Kleider, pflückt Blumen, ist Mutter, gefühlvoll, Verführerin, passiv, weint".

Zu der Zeit, als unsere Mädchen ihre Aufzeichnungen machten, waren sie allem Anschein nach unbelastet. Sie waren außerordentlich erfolgreich in der Schule, schienen selbstbewußt und hatten gute Beziehungen zu anderen. Sie schienen psychisch offensichtlich gesund; als blieben sie unberührt von dem, was sie aufnahmen; als wüßten sie nicht, was sie hörten und sahen; als zögen sie keine Schlußfolgerungen aus dem, was sie wußten, oder spürten nicht die Gefühle, die das, was sie aufgenommen und über Frauen und Mütter erfahren hatten, im Grunde implizierten.

Liebe und Realität

Im zweiten Jahr unserer wöchentlichen Zusammenkünfte mit der Gruppe der ursprünglich Neun- und Zehnjährigen, brachten uns die Mädchen zwei Spiele bei. Sie bestanden darauf, sie mit uns zu spielen, als Gegenleistung sozusagen für ihre Bereitschaft, für uns zu schreiben und Theater zu spielen. Das erste Spiel nannten sie „Agony Tag", ein Fangspiel, bei dem eine Person den Anfang macht und sich stöhnend und schreiend auf dem Boden wälzt und dabei versucht, andere Mitspieler zu berühren, die wiederum andere erwischen müssen. Das Spiel geht so lange, bis alle Mitspieler sich - in Agonie - jammernd und stöhnend auf dem Boden wälzen. Das zweite Spiel heißt „Killer". Eine Person benennt den Killer, während alle anderen die Augen schließen. Das Spiel beginnt damit, daß jeder der Mitspieler durch den Raum wandert, die anderen mit einem Lächeln begrüßt und ihnen höflich die Hand schüttelt. Der Killer hat die Aufgabe, während des Händeschüttelns mit seinem Zeigefinger leicht auf das Handgelenk seines Gegenübers zu klopfen. Die Spielregel schreibt vor, daß der so zum Tode Verurteilte nicht sofort sterben kann, sondern zuvor noch einen anderen Mitspieler „begrüßen" muß, bevor er einen melodramatischen Tod stirbt. Die Aufgabe besteht darin, den Killer zu identifizieren - hinter die Masken lächelnder Gesichter und freundlicher Stimmen zu blicken, um herauszufinden, welche Beziehungen sicher und welche gefährlich sind.

Wir waren beeindruckt von der Kreativität und dem Scharfsinn der Spiele. In „Agony Tag" geben Mädchen und Frauen ihren schmerzlichen Gefühlen Ausdruck; in „Killer" lernt man, unter die Oberfläche falscher Beziehungen zu sehen. Unser gemeinsames Spiel wurde dann wichtig, als unsere Mädchen sich genau dem Alter näherten, ab dem das Äußern negativer Gefühle als „grob" und „unhöflich" galt und falsche Beziehungen für junge Frauen zur Falle werden können. Mädchen wünschen sich den Kontakt zu Frauen, wenn sie allmählich über den Rand ihrer Kindheit zu blicken beginnen und aufnehmen, was diese Welt für sie als Frauen bereitstellt. Wie im Fall von Amy und ihrer Mutter sollten wir oft nur zuhören und keine Ratschläge erteilen. Indem wir zuhörten und die „Stimmen" der Mädchen in uns „nachklingen" ließen, konnten wir Erinnerungen an die Zeit in uns wachrufen, in der wir selbst im Alter dieser Mädchen waren. Dies wiederum machte es möglich, unser Verständnis der Mutter-Tochter-Beziehung in ein neues Licht zu rücken.

Im zweiten Jahr unserer Arbeit mit der Gruppe der anfänglich Elf- und Zwölfjährigen äußerten die Mütter dieser Mädchen den Wunsch, in unser Projekt miteinbezogen zu werden. Zuerst wollten sie einen Tag mit uns, den Projektleite-rinnen, allein verbringen; dann wollten sie auch ihre Töchter dabeihaben. Viele Mütter fürchteten, ihre adoleszenten Töchter zu verlieren; einige erinnerten sich an ihre eigene Adoleszenz und den Bruch, den sie damals in der Beziehung zu ih-ren Müttern erlebt hatten. Einige wiederum führten diesen Bruch ganz explizit auf ihre Sexualität und das Gefühl zurück, von zu Hause ausziehen zu müssen. Eine Mutter äußert ganz offen ihr Unbehagen darüber, daß ihre Tochter ganz of-fensichtlich sexuell neugierig ist und Erfahrungen sammelt.

Die Liebe zwischen Müttern und Töchtern, aber auch ihr Wissen um die Reali-tät, wird zum Kern(problem) von Vertrauen und Verrat. Der Umgang mit Liebe und Realität ist für Mütter und Frauen einfacher in ihren Beziehungen zu kleinen Mädchen. Die Abhängigkeit des kleinen Mädchens versichert die Frau ihrer (des Mädchens) Liebe; das kleine Mädchen besitzt noch nicht die emotionale und ko-gnitive Reife einer Adoleszenten, das Leben ihrer Mutter zu hinterfragen und die entsprechenden Realitäten zu benennen. In der Präadoleszenz erleben Mädchen oft den Verlust ihrer Kindheitsbeziehungen angesichts der Forderung ihrer Müt-ter, ihre Gedanken und Gefühle - im Grunde ihr Wissen über die Welt - für sich zu behalten. Mädchen, die gegen den Verlust ihrer „Stimme" ankämpfen und sich weigern, ihre Beziehungen - paradoxerweise zum Wohle von „Beziehungen" - aufzugeben, stellen die größte Herausforderung für Frauen dar; vor allem Mütter sind durch sie aufgerufen, über ihr Erleben von Liebe und Realität nachzudenken.

Die Hilfe ihrer Töchter könnte Frauen in die Lage versetzen, die Gegebenhei-ten sozialer Ordnung auf psychischer und politischer Ebene zu verändern, d.h. die Liebe nicht aufzugeben und die Realität - gerade angesichts des starken Bedürf-nisses, den schwierigen Fragen der Töchter auszuweichen - beim Namen zu nen-nen. Mutter-Sein hieße dann, Liebe zu meinen und die Realität mit Töchtern zu kennen. Tochter-Sein würde bedeuten, an dieser Liebe und diesen Wahrheiten festzuhalten. Die Fähigkeit von Frauen, in Liebe und Realität zusammenzublei-ben, ist der Schlüssel zur Transformation von Gesellschaft und Kultur, die in der gesunden psychischen Entwicklung von Frauen angelegt ist. Im Rahmen unseres Forschungsprojektes spiegelte sich diese Kraft in Gedichten wider, die von den beteiligten Frauen und Mädchen - d.h., jede schrieb abwechselnd eine Zeile - ge-meinsam verfaßt wurden. Wir möchten unseren Beitrag mit Auszügen aus diesen Gedichten beenden:

> A white feather drifts, falls into
> a night filled with stars ...
> My mother wanted to play
> agony tag with the chair.
> And she came to tell me ...
> She wasn't so good at saying when she needed help

So she worked all night
And dreamed of pomegranates and thunder.
And she came to tell me ...
Her daughter was a second self who knew too much
I remember knowing someone who
I dream about, laughing.
And she came to tell me
coming home, cold, I remember oatmeal in a steamy blue bowl
and at night I dream of walking quietly through the snow
with my mother, her eyes like friends
and my daughter, full of laughter, craziness and energy.

(Eine weiße Feder weht, fällt
In eine Sternennacht ...
Meine Mutter wollte spielen
Agony Tag mit dem Stuhl.
Und sie kam, um mir zu sagen ...
Es fiel ihr nicht leicht, um Hilfe zu bitten
Also arbeitete sie die ganze Nacht
Und träumte von Granatäpfeln und Donner.
Und sie kam, um mir zu sagen ...
Ihre Tochter war ihr zweites Selbst, das zuviel wußte
Ich kannte einmal jemanden
Von dem ich träume, lachend.
Und sie kam, um mir zu sagen
Ich komme nach Hause, friere, und erinnere mich an Hafermehl in einer
Dampfenden blauen Schüssel
Und in der Nacht träume ich davon, langsam durch den Schnee zu
Stapfen
Mit meiner Mutter, ihren Augen wie Freunde
Und meiner Tochter, voller Lachen, Verrücktheit und Leben.)

Anmerkungen

1 Mit Hilfe der Theaterworkshops, Schreibwerkstätten und Outing Clubs wurde ein Rahmen geschaffen, der den beteiligten Mädchen die Möglichkeit bot, in einer kritischen Phase ihrer Entwicklung den Kontakt zu Gleichaltrigen und anderen Frauen zu suchen und zu halten, um somit ihr Erleben, ihren Widerstand und ihren Mut zu stärken.
2 Für eine genaue Beschreibung der beiden Gruppen und des Settings siehe Gilligan, Rogers und Noel (1992).

Literatur:

Apter, T. (1990): Altered lives: mothers and daughters during adolescence. New York (St. Martin's Press).
Breuer, J. und S. Freud (1895): Studien über Hysterie. G. W. I.
Brown, L. (1989): Narratives of relationship: the development of a care voice in girls ages 7 to 16. Unveröffentlichte Dissertation. Cambridge (Harvard University, Graduate School of Education).

Brown, L. und C. Gilligan (1992): Meeting at the crossroads: women's psychology and girls' development. Cambridge (Harvard University Press).

Deutsch, H. (1944): Psychologie der Frau. Eschborn (Fachbuchhandlung für Psychologie) 1988.

Freud, S. (1910): Über einen besonderen Typus der Objektwahl beim Manne. G. W. VIII.

Freud, S. (1912): Über die allgemeinste Erniedrigung des Liebeslebens. G. W. VIII.

Freud, S. (1918): Das Tabu der Virginität. G. W. XII.

Gilligan, C. (1977): In a different voice: women's conception of self and of morality. Harvard Educational Review, 47, 481-517.

Gilligan, C. (1982): Die andere Stimme. Lebenskonflikte und Moral der Frau. München (Piper) 1988.

Gilligan, C. (1990): Joining the resistance: psychology, politics, girls and women. Michigan Quarterly Review, 29, 501-36.

Gilligan, C. (1991): Women's psychological development: implications for psychotherapy. Women and Therapy, 11, 5-31.

Gilligan, C., A. Rogers und N. Noel (1992): Cartography of a lost time: women, girls and relationships. Vortrag, gehalten anläßlich der Lilly Endowment Conference on youth and caring, Miami.

Horney, K. (1926): Flucht aus der Weiblichkeit. Der Männlichkeitskomplex der Frau im Spiegel männlicher und weiblicher Betrachtung. In: Die Psychologie der Frau. Frankfurt a. M. (Fischer) 1984.

Jordan, J. (1993): The relational self: a model of women's development.

Josselson, R. (1987): Finding herself: pathways to identity development in women. San Francisco (Jossey-Bass).

Josselson, R. (1992): The space between us: exploring the dimensions of human relationships. San Francisco (Jossey-Bass).

Miller, J. (1976): Toward a new psychology of women. Boston (Beacon).

Rogers, A. (im Druck): Voice, play and a practice of ordinary courage in girls' and women's lives. Harvard Educational Review.

Thompson, C. (1964): Interpersonal psychoanalysis. New York (Basic Books).

Das Beziehungsselbst

Ein Modell weiblicher Entwicklung

Judith Jordan

In klinischen und entwicklungspsychologischen Theorien liegt die Betonung für gewöhnlich auf der Herausbildung eines autonomen und individuierten Selbst. Zunehmende Selbstkontrolle, ein Empfinden für das eigene Selbst als Urheber von Handlung und Intention, die wachsende Fähigkeit, sich abstrakter Logik zu bedienen, sowie das Entwickeln von Selbstgenügsamkeit sind die charakteristischen Wesenszüge des idealen reifen Selbst unserer westlichen Zivilisation. Auch wenn die meisten Theoretiker bemüht waren, sich mit dem Problem der Verdinglichung des Selbst auseinanderzusetzen, so sind doch alle bis zu einem gewissen Grad dem mächtigen Sog erlegen, dieses theoretische Konstrukt zu dekontextualisieren und zu abstrahieren.

Die klassische Theorie

Verschiedene theoretische Voreingenommenheiten haben die klinisch-entwicklungspsychologische Theorie des Selbst geprägt. Psychologie als akademische Disziplin entstammt der Newtonschen Physik und ist somit eher um Anerkennung als „harte" Wissenschaft bemüht, als daß sie sich als verlängerter Arm der Philosophie, Theologie oder anderer humanistischer Traditionen begreifen wollte. Das theoretische Postulat Newtonscher Physik geht von der Existenz einzelner, getrennter Entitäten im Raum aus, die in vorhersagbarer und meßbarer Art und Weise aufeinander einwirken. Von hier aus war es nur noch ein kleiner Schritt zum Entwurf eines Selbst als vergleichbar gebundene und kontrollierte „molekulare" Einheit; eine Vorstellung, die von der Existenz separater Körperidentitäten abhing. Es war naheliegend und verführerisch, Selbst und „Verkörperung" einer Person gleichzusetzen.

Ein weiterer Einflußfaktor in der Theoriebildung des Selbst ist der soziopolitische Kontext westlicher Demokratien mit ihrem Ideal der Unantastbarkeit und Freiheit des einzelnen, das jedoch die zwingenden Realitäten der auf Gemeinschaft und Interdependenz basierenden Natur des Menschen übersehen ließ. Dieses gesellschaftliche Paradigma, das seinen klassischen Ausdruck in der (nord)amerikanischen Gesellschaft findet, erhebt den sozialisatorischen Anspruch, die „Hilflosigkeit" und „Abhängigkeit" des Kindes in zunehmende Selbstgenügsamkeit und Unabhängigkeit zu verwandeln.

Auch das Freudsche Theoriegebäude gründet auf der Vorstellung eines „getrennten Selbst". Freuds Verständnis der menschlichen Psyche entspringt einer psychopathologischen Betrachtungsweise, der zufolge das Ich entsteht, um uns vor den Angriffen intrapsychischer Triebimpulse sowie vor Anforderungen zu schützen, die die äußere Realität an uns heranträgt. Die beziehungsstiftende Funktion des Ich wird in diesem Konzept übersehen. „Für den lebenden Organismus ist der Reizschutz eine beinahe wichtigere Aufgabe als die Reizaufnahme" (Freud 1920). Nachfolgende psychoanalytische Theorien konzipieren menschliche Entwicklung als einen Loslösungs- und Individuationsprozeß, in dessen Verlauf die undifferenzierte symbiotische Phase in einen letztlich getrennten, individuierten Zustand mündet (Mahler et al. 1975).

Das Freudsche Paradigma betonte die Macht angeborener Triebkräfte, die Herausbildung einer intrapsychischen Struktur sowie die zunehmende Unabhängigkeit von der Bedürfnisbefriedigung durch andere. Beziehungen wurden als zweitrangig oder als Derivat der Befriedigung primärer Triebe (z. B. Hunger oder Sexualität) angesehen. Der intrapsychischen Entwicklung galt das eigentliche Interesse. Die „Entwicklung des Selbst" (oder Ich-Entwicklung) wurde als ein Prozeß definiert, in dessen Verlauf die Versorgung durch Pflegepersonen und andere internalisiert wird, mit dem Ziel, eine zunehmend einzigartige, getrennte, selbstgenügsame Struktur zu schaffen: das Selbst. Damit verbunden sind die zahlreichen Konnotationen von Kontrolle, Wirkmächtigkeit und Beherrschung triebhafter Impulse und äußerer Realität.

Dreh- und Angelpunkt dieser individualistischen Sichtweise des Menschen ist das Lustprinzip (Freud 1920; Jordan 1987). Das Erlangen von Wunsch- und Bedürfnisbefriedigung ist das vorrangige Ziel allen menschlichen Handelns und formt unser Selbst. In dieser Tradition (der sich neben der Psychoanalyse auch der Behaviorismus verpflichtet hat) ist „das Selbst" die individuelle Geschichte von Wunscherfüllung und Frustration sowie der Projektion dieser auf die Zukunft in Form von Intention (Jordan 1987). Obwohl von Anfang an abweichende Stimmen und Meinungen zu Freuds theoretischen Konzepten laut geworden waren (Sullivan 1953; Erikson 1957; Horney 1926; Thompson 1941), konnten diese nie den Einfluß auf Kulturtheorie und Praxis für sich verbuchen wie Freuds Ideen selbst.

Den britischen Objektbeziehungstheoretikern verdanken wir unser Wissen um die zentrale Bedeutung von Beziehungen für die menschliche Entwicklung. Aber auch ihnen gelang es nicht, sich von vielen der zentralen Prämissen Freudscher Psychologie und Theoriebildung zu distanzieren; nach wie vor wurde der/die „Andere" als „Objekt" einem Subjekt gegenübergestellt, d.h. ein Objekt, das durch die im Subjekt wirkenden Triebimpulse definiert ist. In jüngerer Zeit war es Kohut, der das nie endende Bedürfnis des Menschen nach Beziehungen klinisch untermauerte.

In einer sowohl psychoanalytisch als auch entwicklungspsychologisch ausgerichteten Untersuchung gelang es Daniel Stern eindrucksvoll, neue Formen des „Zusammenseins" (being with the other) aufzuzeigen. In seiner Arbeit zeichnet er frühe Muster der Differenzierung und Bezogenheit nach, an der Mutter und Kind in Form einer sich gegenseitig regulierenden Beziehung teilhaben (Stern 1986). Trevarthan (1979) hatte einige Jahre zuvor auf das angeborene Entwicklungspotential einer „primären Intersubjektivität" im Menschen hingewiesen.

Eine kontextuelle oder relationale Betrachtungsweise des Selbst weist verschiedene Verknüpfungspunkte sowohl mit den frühen Arbeiten der symbolischen Interaktionisten auf (Baldwin 1897; Cooley 1902; Mead 1925) als auch mit dem existentialphilosphischen Ansatz, in dem dem „Mit-dem-Anderen-Sein" ebensolche Bedeutung beigemessen wird wie der konkreten Existenz des einzelnen selbst.

Die Schwerpunktverschiebung in beziehungsparadigmatischer Hinsicht ist dem vergleichbar, was andere Theoretiker als eine Entwicklung in Richtung dialektischer Schemata beschrieben haben (Basseches 1980). Piagets Modell der Adaptation, in dem Akkomodation und Assimilation im ständigen Wechselspiel einen Zustand des Gleichgewichts herzustellen bemüht sind, ist hilfreich für die Konzeptualisierung eines Modells der Beziehungsentwicklung, das auf (Inter)Aktivität, Veränderung und Kontinuität gründet.

Das „Sein-in-Beziehung" (relational being)

In den letzten fünfzehn Jahren lieferten vor allem feministische Psychologinnen mit ihren Unmutsäußerungen angesichts der bestehenden theoretischen Konstrukte zur weiblichen Entwicklung und zum „weiblichen Selbst" einen wichtigen Anstoß dafür, das Selbstmodell innerhalb der Klinischen Psychologie und der Entwicklungspsychologie einem Paradigmenwechsel zu unterziehen. Auch die Angemessenheit bestehender Theoriemodelle zur Beschreibung von Männlichkeit und männlicher Entwicklung wurde infrage gestellt, wenn auch nicht mit dem gleichen Nachruck wie auf weiblicher Seite. Miller (1976), Chodorow (1978) und Gilligan (1982) sind die bedeutsamsten Vertreterinnen dieser neuen Bewegung, die mit ihren Arbeiten die bestehenden Konzeptualisierungen weiblicher Entwicklung und Persönlichkeitsorganisation hinterfragen. Von allen wird auf die männliche (phallozentristische) Voreingenommenheit innerhalb klinischer und entwicklungspsychologischer Theoriebildung hingewiesen. Millers Reflexion findet auf der breiten Grundlage eines kulturpsychologischen Ansatzes statt - „Die Vorstellung eines `Selbst`, wie es das Erbe unserer Kultur bereithält, scheint nicht mit den Erfahrungen von Frauen zusammenzupassen" (Miller 1984) -, greift aber auch auf klinische Arbeiten und Erfahrungen zurück, um ihre alternative Betrachtungsweise des „In-Beziehung-Seins" zu differenzieren. Carol Gilligans Überlegungen zur Natur weiblicher Entwicklung entspringen ihrer Erkenntnis, daß sich die vorherrschenden Theorien zur Moralentwicklung (Kohlberg 1976) nicht auf Frauen übertragen lassen, sondern in ihrer Anwendung Frauen als moralisch fehler- und mangelhaft erscheinen lassen.

Die Diskrepanz zwischen den Erfahrungen der Frauen und der Darstellung der menschlichen Entwicklung, wie sie in der gesamten psychologischen Literatur vorherrscht, wurde bisher im allgemeinen als Entwicklungsproblem der Frauen interpretiert. Die Tatsache jedoch, daß Frauen nicht mit den bislang formulierten Modellen menschlichen Wachstums übereinstimmen, könnte - so ist meine These - auf ein Problem einseitiger Darstellung hindeuten, auf eine Beschränktheit in der Wahrnehmung der Conditio humana, auf ein Ausklammern bestimmter Wahrheiten in bezug auf das Leben.

(Gilligan 1982, S. 9-10)

Der amerikanischen Soziologin Nancy Chodorow wiederum gelang es mit ihrer Arbeit, auf einen wesentlichen Bestandteil sozialer Realität hinzuweisen, der bis dahin „übersehen" worden war: der Einfluß, den die ganz spezifische Ethik von Kinderbetreuung und Beziehung im Leben von Frauen spielte. Ihre Neubewertung der Objektbeziehungstheorien führte sie zu der Schlußfolgerung, daß die traditionelle psychoanalytische Theorie die Bedeutung der länger anhaltenden Bindung zwischen dem kleinen Mädchen und seiner Mutter und die sich daraus ergebenden Konsequenzen nicht berücksichtige. Chodorow zufolge führt diese Form der Bindung zwischen Mutter und Tochter dazu, daß das Mädchen Grenzen und Identität in der Beziehung zur Mutter anders erlebt und erfährt als der andersgeschlechtliche kleine Junge.

Im Zielfeuer der Kritik all dieser Theoretikerinnen steht eine alte Tradition innerhalb psychologischer Theoriebildung, die sich in einer Aussage Aristoteles' auf den Punkt bringen läßt: „Das Weibliche ist deshalb weiblich, weil es ihr an bestimmten Qualitäten fehlt; wir sollten die weibliche Natur als naturgegeben fehlerhaft betrachten" (zitiert und frei übersetzt nach Sanday 1988). Den bestehenden klassischen Theorien zur „menschlichen Entwicklung" gelinge es nicht, so eine Kernaussage genannter Forscherinnen, die Beziehungskomponente weiblichen Selbstempfindens anzuerkennen und zu würdigen. Daran schließen sich explizite oder implizite Forderungen, etwa von Miller und Gilligan, nach einem mehr kontextuellen Paradigma bzw. Beziehungsparadigma für die Erforschung von Selbsterleben an.

Ein Aspekt des „interagierenden Selbstempfindens" (interacting sense of self), des „Selbst-in-Beziehung" (self-in-relation) oder „Beziehungsselbst" (relational self), wird gegenwärtig im Stone Center am Wellesley College näher erforscht (Miller 1984; Jordan et al. 1991) und gründet auf den Arbeiten von Miller (1976) und Gilligan (1982). Die neue Beziehungstheorie des Selbst, vergleichbar der „neuen Physik" der Quantentheorie und der damit einhergehenden Unvorhersagbarkeit, betont die kontextuellen, approximativen, responsiven und prozeßorientierten Erlebnisfaktoren - mit einem Wort, Beziehung und Verbindung. In diesem Modell geht es weniger um eine primäre Betrachtungsweise des Selbst als geformte und in sich geschlossene Struktur als vielmehr um die interaktive, in Beziehung entstehende Natur menschlichen Erlebens. Diese Betrachtungsweise erkennt die Existenz eines „gefühlten Selbstempfindens" an, konzipiert es aber als ein „von dynamischer Interaktion untrennbares Selbst" bzw. „interagierendes Selbstempfinden" (Miller 1984). Von diesem intersubjektiven Blickwinkel aus betrachtet sind die Prozesse des Sich-Aufeinander-Beziehens sowie der gegenseitigen Initiative und Responsivität die zentrale Entwicklungs- und Organisationsdynamik im Leben von Frauen, vielleicht aller Menschen (Jordan 1989). Diese Sichtweise geht über die bloße Feststellung hinaus, daß Beziehungen für Frauen wichtig sind; vielmehr postulieren wir, daß das tiefste Seinsempfinden kontinuierlich in Verbindung mit anderen geformt wird und unauflösbar mit Beziehungsentwicklung und Beziehungsgeschehen verbunden ist. Der daran geknüpfte primäre „Wesenszug", den wir nicht so sehr als eine durch Getrenntheit und Autonomie gekennzeichnete „Struktur" begreifen, ist die wachsende empathische Responsivität im Kontext von Gegenseitigkeit.

Empathie

Empathie als der dynamische, kognitiv-affektive Prozeß des verstehenden Eingehens auf das subjektive Erleben des Gegenübers ist für unsere „relationale" Betrachtungsweise von zentraler Bedeutung (Jordan 1984). Gegenseitige Empathie - das einfühlsame Aufeinander-Eingestimmtsein - führt neben einer Veränderung der traditionellen Grenzen zwischen Subjekt und Objekt auch zu einer tiefgreifenden Veränderung des eigenen Empfindens als getrenntes Selbst. Im empathischen Austausch ist jeder/jede sowohl Objekt als auch Subjekt, bereit, sich affektiv zu beteiligen sowie sich affektiv beteiligen zu lassen, das Gegenüber zu erkennen bzw. anzuerkennen sowie als Gegenüber (an)erkannt zu werden. In einer auf gegenseitiger Empathie basierenden Beziehung trägt jeder/jede zu mehr Klarheit, Realität und Bezogenheit des/der Anderen bei; jeder/jede formt den/die Andere/n (Jordan 1987).

Somit wird im gegenseitigen empathischen Verstehen (und Verständnis) die innere Überzeugung eines „getrennten Selbst" in Frage gestellt. Der empathische Prozeß wird so zum „Teilen und Verstehen des momentanen psychischen Zustandes einer anderen Person" (Schafer 1959) bzw. zu einer „Probeidentifikation" (Fliess 1942). Die Grenzen und funktionellen Unterschiede zwischen Subjekt und Objekt, zwischen dem, der erkennt, und dem, der erkannt wird, zwischen affektiv und kognitiv, verändern sich im Prozeß empathischen Sich-Einfühlens. Das subjektive Erleben des Anderen wird zum eigenen subjektiven Erleben. Hierin besteht der Kern des „In-Beziehung-Seins" und der Ursprung von Handlung, Kreativität und Intentionalität.

Empirische Forschungsarbeiten zeigen, daß es im empathischen Eingestimmtsein auf den Anderen neben dem kognitiven Wissen um den innersubjektiven Zustand des Gegenübers auch zu einer emotionalen und physischen Resonanz auf das Erleben des Anderen kommt (diese spiegelnde physiologische Erregung wird oft auch als „stellvertretende affektive Erregung" bezeichnet). Die emotionale/physische Resonanz auf die affektive Erregung eines Gegenübers ist bei Frauen stärker ausgeprägt als bei Männern (Hoffman 1977). Ein bis zwei Tage alte Säuglinge reagieren auf das Wehklagen anderer Säuglinge mit Geschrei, wobei bereits hier geschlechtsspezifische Unterschiede deutlich werden: Die Reaktion weiblicher Säuglinge auf das Schreien anderer Babys ist heftiger (Simner 1971; Sagi & Hoffman 1976). Die geschlechtsspezifischen Unterschiede zu diesem frühen Zeitpunkt lassen sich nicht ohne weiteres erklären; bedeutsamer scheint vielmehr die Tatsache, daß von der allgemeinen Existenz einer intrinsischen empathischen Responsivität im Menschen ausgegangen werden kann. Dieses einfache Beispiel zeigt auf eindrucksvolle Weise die tiefe Verbundenheit zwischen Menschen, die von den herkömmlichen Konzeptualisierungen eines „getrennten Selbst" übersehen wird. Nicht nur Zielsetzungen, Wertvorstellungen und Glaubenssysteme, sondern auch Gefühle und Körpererleben sind bei Frauen durch Verbundenheit und ein entsprechendes Selbstempfinden charakterisiert. Eine genauere Erforschung der Entwicklung empathischer Fähigkeiten könnte somit eine Möglichkeit darstellen, die innerhalb der westlichen Psychologie so lange ignorierte Entwicklung von Beziehung und intersubjektiven Prozessen nachzuzeichnen.

Die Frage der Grenzen

Die Schwerpunktverlagerung von einer Theorie des getrennten Selbst zu einer Perspektive des In-Beziehung-Seins wirft die Frage auf, wie wir Grenzen erleben und uns unsererseits abgrenzen. Unsere Metaphern für „Sein" sind ausgesprochen räumlich konnotiert. Somit wird das Selbst typischerweise als im Raum existierende Struktur konzipiert, die sich durch den „Besitz" verschiedenster einzigartiger Attribute auszeichnet (eine spezifische Organisation physischer, kognitiver, psychologischer und geistiger Wesenszüge) und die auf die eine oder andere Art und Weise begrenzt bzw. abgegrenzt ist (über „offene" oder „geschlossene" Grenzen). Die Interaktion mit „der Welt draußen" erfolgt von einer Position der Getrenntheit und Kontrolliertheit. Bei diesem Selbstkonzept handelt es sich um ein von Grund auf dekontextualisiertes Selbst. Die Betonung der Grenzfunktionen als schützend und abgrenzend im Gegensatz zu beziehungsstiftend verstärkt das Konzept eines Selbst in Form „getrennter" Einheit sowie im Gegensatz zu „Sein" als einem kontextuellen und interaktionellen Prozeß.

Wenn das Selbst als kontext- und beziehungsgebunden konzipiert wird, mit der Fähigkeit, befriedigende Beziehungen aufzubauen - was Kreativität ermöglicht und zu mehr Klarheit und Vertrauen innerhalb einer Beziehung führt - dann können der/die Andere als aktiv Beteiligte des Beziehungswachstums wahrgenommen werden. Im empathischen Angerührtwerden erleben wir auf kognitiver und physischer Ebene eine starke Verbundenheit. Zeichnet sich der Kontakt durch Gegenseitigkeit aus, werden beide Beziehungspartner durch den jeweiligen Beziehungskontext beeinflußt, bewegt und verändert; gleichzeitig haben beide teil an der Ausformung und Entwicklung des „anderen" Selbst. Diese Art des Beziehungswachstums gründet sozusagen auf den Prinzipien der „Mitbestimmung" und gegenseitigen Förderung. Diese Betrachtungsweise des „Selbst mit Anderen" ist bezeichnend für die sozialisatorischen Ansprüche der Fürsorge und des Empowerments anderer, wie sie in westlichen Kulturen an Frauen herangetragen werden.

Die Art und Weise, wie wir unseren „Platz" in der Welt bestimmen, beeinflußt unser Welt- und Menschenbild, unsere Bedeutungszuschreibungen und unsere Wertvorstellungen. Wenn das „Selbst" als getrennte, monadische und „kontrollierte" Struktur aufgefaßt wird, dem persönlichen Leistungsprinzip und der Beherrschung der Natur verpflichtet, so besteht die Gefahr, andere als potentielle Rivalen, gefährliche Eindringlinge oder zum Ziel des eigenen Fortkommens manipulierbare Objekte wahrzunehmen. Ein System, das das Selbst als separate und hierarchische Einheit definiert, ist in westlichen Kulturen für gewöhnlich durch Macht- und Herrschaftsstrukturen charakterisiert. In diesen Systemen dienen die Selbstgrenzen dazu, vor der äußeren Realität zu schützen; das Bedürfnis nach Verbundenheit, Bezogenheit und Kontakt mit anderen wird dem Bedürfnis nach Schutz des getrennten Selbst unterworfen. Abstrakte Logik gilt dem „Beziehungswissen" als überlegen (Belenky et al. 1986). Sicherheit in einer auf Machtstrukturen gegründeten Gesellschaft scheint solide Grenzen zu verlangen; ein Sich-Öffnen wird sorgfältig überwacht, da das Wissen über das eigene innere Erleben gegen einen verwendet werden kann. Dies beschreibt, wenn auch in karikierter Form, die männliche Sozialisation unserer westlichen Kultur.

Es erstaunt daher nicht, daß im Erleben von Grenzen bedeutsame geschlechtsspezifische Unterschiede zwischen Männern und Frauen bestehen. Bei Frauen ist es der Zustand der Verbundenheit mit anderen, in dem sie sich am sichersten, lebendigsten und am meisten bei sich selbst fühlen, bei Männern ist es der Zustand der Getrenntheit (Pollack & Gilligan 1982).

Nancy Chodorows Ansatz liefert eine Erklärung für diese geschlechtsspezifischen Unterschiede im Umgang mit Grenzen. Die Sozialisationspraktiken westlicher Kulturen - so Chodorow - gestatten es dem kleinen Mädchen, sehr viel länger präödipal an die Mutter gebunden zu bleiben; d.h. die unmittelbare und enge Bindung der Tochter an die Mutter und die sich daraus ergebende Identifikation mit ihr sind über einen langen Zeitraum hinweg ungestört. Die Erfahrung des Jungen andererseits ist geprägt durch eine abrupte Unterbrechung der frühesten Identifikation mit der Mutter und die Hinwendung zum Vater, wenn er den „Mangel", d.h. die Penislosigkeit seiner Mutter und die Überlegenheit des Vaters erkennt. Er wird von der Mutter vor allem als andersgeschlechtliches Objekt bestätigt, nicht so sehr als Subjekt, das mit der Mutter identifiziert ist. Diese unterschiedliche intrapsychische Entwicklung führt nach Chodorow zu „durchlässigeren Grenzen" beim Mädchen und zur stärkeren Betonung von Separation und Abgrenzung beim Jungen. Aufgrund der unterschiedlichen Rollen, die Väter und Mütter in der traditionellen Kindererziehung übernehmen - ständige Präsenz von Müttern bei gleichzeitiger Abwesenheit der Väter - führt nach einer These von Lynn (1962) zu großen Unterschieden in den Identifikationsprozessen bei Jungen und Mädchen. Jungen haben somit die Aufgabe, sich mit einer „abstrakten Rolle" zu identifizieren und nicht mit einer bestimmten, interagierenden Person. Diese Dynamik allein reiche bereits aus, die größere Kontextbezogenheit bei Mädchen und das stärkere Bedürfnis nach Abstraktion und Separation bei Jungen zu begreifen. Ich würde dem hinzufügen, daß die männliche Sozialisation ein nach den Prinzipien der Macht und Herrschaft ausgerichtetes Selbsterleben impliziert, während die Sozialisation von Mädchen und Frauen ein In-der-Welt-Sein anstrebt, das durch Liebe und Empathie getragen ist (Jordan 1987). Männliche Sozialisation unterstreicht die Diskontinuität zwischen dem eigenen Selbst und seinem Gegenüber sowie eine geringere empathische Resonanz;

weibliche Sozialisation impliziert gegenseitige Wachstumsförderung. Diese beiden sehr unterschiedlichen Ansätze, das eigene Selbsterleben zu organisieren, haben weitreichende Folgen für alle Bereiche unseres Lebens, unsere jeweilige Theoriebildung eingeschlossen. Psychologische Theorien des Selbst, vor allem jene stark besetzten Vorstellungen eines ideal funktionierenden Selbst, prägen wiederum unser Selbsterleben ganz wesentlich und sind voller geschlechterideologischer Verzerrungen.

Voreingenommenheit in Wissenschaft und Sprache

Evelyn Fox Keller zeichnet die Konsequenzen dieser ideologischen Voreingenommenheit innerhalb der Wissenschaft nach. Sie nennt zwei Ansätze, die die wissenschaftliche Erkenntnishaltung grundlegend geprägt haben: das Baconsche Modell, in dem Wissen Macht und „Bemächtigung" der Natur bedeutet, und das Platonische Modell, das den Erwerb von Wissen durch das Eintreten in die Welt des Erkenntnisobjektes vorsah (Fox Keller 1985). Das Baconsche Modell preist die Fähigkeit zur Abstraktion und Objektivierung, während Platons Modell eine sehr viel kontextgebundenere Ausrichtung aufweist. Der Baconsche Ansatz korreliert mit den Macht- und Herrschaftsstrukturen, wie sie die Ethik männlicher Sozialisation in westlichen Gesellschaften durchziehen. Diese Art der Erkenntnishaltung führt zu dem, was Belenky et al. das sogenannte „getrennte Wissen" nennen. Platons Modell dagegen steht für die empathische Form der Erkenntnisgewinnung - „verbundenes Wissen" -, die in der traditionellen weiblichen Entwicklung gefördert wird.

In keiner Wissenschaft wird die Voreingenommenheit des Wissenschaftlers und seiner Erkenntnishaltung den zu untersuchenden Gegenstand mehr beeinflussen als innerhalb der Psychologie. Ich stelle die Behauptung auf, daß wir immer, selbst im Rahmen härtester empirischer Forschung, bemüht sind, etwas über uns selbst in Erfahrung zu bringen; im schlimmsten Fall versuchen wir, uns selbst etwas zu „beweisen". Unserem Bemühen um Objektivität werden von unseren Vorurteilen, Bedürfnissen und Konditionierungen Grenzen gesetzt. Unser wissenschaftliches Unterfangen ist voller Widersprüche. Gelänge es uns, diese Widersprüchlichkeit zu erkennen und anzuerkennen, kämen wir wohl dem komplexen Fluß des Lebens einen Schritt näher. Ich bin jedoch der Ansicht, daß die Psychologie als wissenschaftliches Unternehmen voller Scham ihren eigenen Grenzen „objektiver Macht" gegenübersteht und gerade deshalb um so mehr bemüht ist, die epistemologische Trennung von Subjekt und Objekt zu propagieren und dabei die subjektive Natur des eigenen Seins zu verleugnen. Dieser erkenntnistheoretische Druck kann dazu führen, daß menschliche Prozesse nicht im Sinne von Bewegung und gegenseitiger Einflußnahme erforscht werden, sondern daß statt dessen Dualismen gefeiert werden, die Subjekt und Objekt gegenüberstellen und somit die Metapher des „getrennten Selbst" bestärken. Belenky et al. machen auf den Unterschied zwischen Wissen und Verstehen aufmerksam, ein Unterschied, mit dem Kliniker sehr vertraut sind. Wissen „impliziert die Trennung vom und Herrschaft über das Objekt", während Verstehen „Intimität und Gleichheit zwischen Selbst und Objekt" herstellt (Belenky et al. 1986).

Leider schlagen Versuche oftmals fehl, diese erkenntnistheoretische Voreingenommenheit zu transzendieren, vor allem in sprachlicher Hinsicht. Unsere Sprache, diese genaue Trennung einzelner Worte in Substantiva und Verben, macht jede weitere Diskussion dieser Themen fast unmöglich. Immer wieder werden wir mit Versuchen konfrontiert, abstrakte Einheiten zu bilden. Das Bemühen, zu einer Erkenntnishaltung zu gelangen, die auf „Verbundenheit" (Belenky et al. 1986) und „Beziehungsentwicklung" (Jordan 1989) gründet, ist gleichzeitig auch der Versuch, eine Sprache der „Struktur" und des „Dualismus" durch Begrifflichkeiten zu ersetzen, in die sich prozeßhaftes Geschehen fassen läßt. Die traditionellen Polaritäten von Egoismus versus Altruismus, Selbst versus der/die Andere, sollen transzendiert werden.

Jede theoretische Auseinandersetzung zum Thema „Selbst" konfrontiert uns mit dem zentralen Dilemma zwischen Prozeß und Struktur. Unserer Fähigkeit, verschiedene Seinsweisen nachzuzeichnen und Kontinuitäten von Intention, Gedächtnis, Energie und Empfindung aufzuzeigen, werden von unserer Sprache Grenzen gesetzt; schnell greifen wir zurück auf den Modus der Verdinglichung und „verfestigen" das, was in Bewegung ist. Ich ziehe den Ausdruck „Sein-in-Beziehung" dem des „Beziehungsselbst" oder des „Selbst-in-Beziehung" vor, da er der prozeßhaften Natur des Erlebens am nächsten kommt. Die Ambiguität, die dem Begriff des „Seins" (being) innewohnt (Substantiv oder Verb, Prozeß oder Struktur?), spiegelt das Paradoxon der Grenzverbindung zwischen Prozeß und Struktur wider. Die Erfahrung, „wirklich" zu sein (Struktur), wie sie für das Selbstempfinden zentral ist, kann somit nur im Kontext kontinuierlicher Bezogenheit entstehen (Prozeß). Die Metapher der „Stimme", die häufig zur Kennzeichnung von Selbsterleben herangezogen wird, ist durchaus angemessen, da die Qualität unserer Stimme durch die jeweilige Zuhörerschaft, ob real oder imaginär, geformt wird. Anstatt kontextuelle und dialogische Argumentation mit einem Mangel an struktureller Integration gleichzusetzen, sollten wir die Konstanten dieser interpersonellen Interaktionen und die Art und Weise, wie sie unser Selbstempfinden prägen, genauer untersuchen. Die Erforschung intersubjektiver Bezogenheit ist eine notwendige Ergänzung zur Erforschung intrapsychischer Vorgänge.

Zusammenfassung

Eine „relationale" Betrachtungsweise sieht den Menschen mit einem primären Bedürfnis nach Verbundenheit und Kernbezogenheit ausgestattet. Diesem Bedürfnis wird durch empathisches Einfühlen entsprochen; Voraussetzung dafür wiederum ist eine auf Gegenseitigkeit basierende authentische Bezogenheit. In Beziehungen erleben wir Klarheit sowohl in bezug auf uns selbst als auch in bezug auf unser Gegenüber; wir verfügen somit über die Fähigkeit zu handeln und unserem Handeln Sinn zu verleihen, unsere Vitalität zu steigern und weitere Verbindungen herzustellen. Beziehungskompetenzen und Beziehungsgeschehen existieren vom Zeitpunkt der Geburt an; ihre Entwicklung ist nie abgeschlossen.

In unserer Kultur gibt es eine geschlechterspezifische Spaltung zwischen dem Ideal des getrennten, autonomen, objektiven männlichen Selbst und dem auf Beziehung und Verbundenheit ausgerichteten empathischen weiblichen Selbst. Dementsprechend existieren geschlechtsspezifische Wert- und Moralvorstellungen, Motivationen, Erkenntnishaltungen, Einflußsphären und Modi, interpersonelle Erfahrungen zu organisieren.

Wissenschaftliche Erkenntnis hat sich den Ansprüchen „objektiver Wahrheit" und Herrschaft über die Natur verpflichtet; somit repräsentiert diese Erkenntnishaltung ein Männlichkeitsideal. Trotz der Erkenntnisse der modernen Physik zur gegenseitigen Beeinflussung von Bewegung und Struktur, halten sich der Mythos und die Arroganz dieser Vorstellung einer unpersönlichen, objektiven Wahrheit hartnäckig.

In der Psychologie gilt es, vorsichtig mit Sprache umzugehen: Benennen schafft Realitäten. Das heißt, wir „schaffen" bestimmte Forschungsbereiche und eliminieren andere. Wir brauchen eine Psychologie der Beziehung mit der Möglichkeit, intersubjektive Realitäten zu erforschen; dazu sind entsprechende Begrifflichkeiten nötig, die Beziehungsgeschehen angemessen erfassen. Im Kontext weiblicher Sozialisation ist an der Wichtigkeit dieser Forderungen nicht zu zweifeln, sie sollten jedoch über diesen Rahmen hinausgehen. Ein Paradigmenwechsel vom Primat des getrennten Selbst zum Sein-in-Beziehung ist notwendig, um menschliches Erleben angemessen begreifen zu können.

Anmerkungen

1 Teile dieses Aufsatzes wurden veröffentlicht in: Jordan, J. (1991) „The relational self: a new perspective of women's development". In J. Strauss and G. Goethals (Hg.) „The self: interdisciplinary approaches. New York: Springer Verlag.

Literatur:

Baldwin, J. (1897): The self-conscious person. In: C. Gordon and K. Gergen (Hg.): The self in social interaction. New York (John Wiley and Sons, Inc.) 1968.

Basseches, M. (1980): Dialectical schemata: a framework for the empirical study of the development of dialectical thinking. Human development, 23, 400-21.

Belenky, M., B. Clinchy, N. Goldberger und J. Mattuck (1986): Women's way of knowing: the development of self, voice, and mind. New York (Basic Books).

Chodorow, N. (1978): Das Erbe der Mütter. Psychoanalyse und Soziologie der Geschlechter. München (Frauenoffensive) 1985.

Cooley, C. H: (1902): The social self: On the meanings of „I". In: C. Gordon und K. Gergen (Hg.): The self in social interaction (1968). New York (John Wiley and Sons, Inc.).

Erikson, E. H. (1957): Kindheit und Gesellschaft. Stuttgart (Klett-Cotta).

Fliess, R. (1942): The metapsychology of the analyst. Psychoanalytic Quarterly, 11, 211-27.

Fox Keller, E. (1985): Liebe, Macht, Erkenntnis. Männliche oder weibliche Wissenschaft. München (Hanser) 1986.

Freud, S. (1920): Jenseits des Lustprinzips. G. W. XIII.

Gilligan, C. (1982): Die andere Stimme. Lebenskonflikte und Moral der Frau. München (Piper) 1984.

Hoffman, M. (1977): Sex differences in empathy and related behaviours. Psychological Bulletin, 84, 712-22.

Horney, K. (1926): Flucht aus der Weiblichkeit. Der Männlichkeitskomplex der Frau im Spiegel männlicher und weiblicher Betrachtung. In: Die Psychologie der Frau. Frankfurt a. M. (Fischer) 1984.

James, W. (1890): The self. In: C. Gordon und K. Gergen (Hg.): The self in social interaction (1968). New York (John Wiley and Sons, Inc.).

Jordan, J. (1984). Empathy and self boundaries. Work in progress, 16. Wellesley (Stone Center for Developmental Services and Studies).

Jordan, J. (1987): Clarity in connection: empathic knowing, desire and sexuality. Work on progress, 29. Wellesley (Stone Center for Developmental Services and Studies).

Jordan, J. (1989): Relational development: therapeutic implications of empathy and shame. Work in progress. Wellesley (Stone Center for Developmental Services and Studies).

Jordan, J. (im Druck): Relational development through empathy: therapeutic applications. Work in progress. Wellesley (Stone Center for Developmental Services and Studies).

Jordan, J., A. Kaplan, J. B. Miller, I. Stiver und J. Surrey (1991): Women's growth in connection. New York (Guilford).

Kaplan, A. (1984): The self-in-relation: implications for depression in women. Work in progress. Wellesley (Stone Center for Developmental Services and Studies).

Keller, E. (1985): Liebe, Macht und Erkenntnis. Männliche oder weibliche Wissenschaft? München (Carl Hanser) 1986.

Kohlberg, L. (1976): Moral stages and development: the cognitive developmental approach. In: T. Lickona (Hg.): Moral development and behaviour: theory, research and social issues. New York (Holt, Rinehardt and Winston).

Kohut, H. (1984): Wie heilt Psychoanalyse? Frankfurt a. M. (Suhrkamp) 1984.

Lynn, D. (1962): Sex role and parental identification. Child development, 33, 555-64.

Mahler, M. S., F. Pine und A. Bergmann (1975): Die psychische Geburt des Menschen. Frankfurt a. M. (Fischer).

Mead, G. H. (1925): The genesis of the self. In: C. Gordon und K. Gergen (Hg.): The self in social interaction (1968). New York (John Wiley and Sons, Inc.).

Miller, J. B. (1976): Toward a new psychology of women. Boston (Beacon Press).

Miller, J. B. (1984): The development of women's sense of self. Work in Progress, 12. Wellesley (Stone Center for Developmental Services and Studies).

Piaget, J. (1952): Das Erwachen der Intelligenz beim Kinde. Stuttgart (Klett) 1969.

Pollack, S. und C. Gilligan (1982): Images of violence in thematic apperception test stories.
Journal of Personality and Social Psychology, 42, 159-67.

Sagi, A. und M. Hoffman (1976): Empathic distress in newborns. Developmental Psychology,
12, 175-6.

Sanday, P. R. (1988): The reproduction of patriarchy in feminist anthropology. In: M. Gergern
(Hg.): Feminist thought and the structure of knowledge. New York (Universities Press).

Schafer, R. (1959): Generative empathy in the treatment situation. Psychoanalytic Quarterly,
28, 342-73.

Simner, M. (1971): Newborn's response to the cry of another infant. Developmental Psychology, 5, 135-50.

Stern, D. (1986): Die Lebenserfahrung des Säuglings. Stuttgart (Klett-Cotta) 1992.

Sullivan, H. S. (1953): The interpersonal theory of psychiatry. New York (Norton).

Thompson, C. (1941): Cultural processes in the psychology of women. Psychiatry, 4, 331-9.

Tiryakian, E. (1968): The existential self and the person. In: C. Gordon and K. Gergen (Hg.):
The self in social interaction. New York (John Wiley and Sons, Inc.).

Trevarthan, C. (1979): Communication and co-operation in early infancy: a description of pri-
mary intersubjectivity. In: J. M. Bullower (Hg.): Before speech: the beginning of interpersonal communication. New York (Cambridge University Press).

Mütter und Töchter im Diskurs

Jane Flax

„Es kann kein Zweifel darüber bestehen, daß Frauen diesen eigentümlichen, längst dem Vergessen anheimgefallenen Zweikampf immer wieder aufnehmen; einen Kampf, in den sie vor so langer Zeit mit ihren Müttern verstrickt waren. Komplizenschaft über das Nicht-Gesagte, stillschweigendes Einverständnis über das Unsagbare, ein kurzer Blick, der Klang einer Stimme, eine Geste, eine Farbe, ein Geruch: Wir leben in solchen Dingen, unseren Namen und Identitätsnachweisen entflohen, treiben wir in einem Meer von Kleinigkeiten, einer Datenbank des Unsagbaren ... In diesem unheimlichen weiblichen Hin und Her, das mich aus der namenlosen Gemeinschaft von Frauen hinauswiegt, hinein in den einsamen Kampf mit einer anderen Frau, ist es beunruhigend, 'Ich' zu sagen ... Ein Musikstück, dessen sogenannte orientalische Höflichkeit jäh unterbrochen wird durch Akte der Gewalt, Mord, Blutbäder: Ist das nicht die Art 'weiblichen Diskurses', wie sie uns erwarten würde?"

(Kristeva 1985b, S. 113-114)

Leidenschaften

Eine Patientin (eine junge Frau Ende zwanzig, berufstätig, aus einer wohlhabenden und angesehenen Familie stammend) kommt aufgebracht in die Sitzung. Sie berichtet folgende Geschichte: Ein Arbeitskollege, den sie auf einer Geschäftsreise kennenlernt, lädt sie zum Abendessen ein, als er beruflich in der Stadt zu tun hat (es ist ihre erste gemeinsame Verabredung). Nach dem Essen bittet er sie, bei ihr übernachten zu dürfen, da es zu spät sei, noch nach Hause zu fahren. Sie nennt ihm mehrere Hotels in der näheren Umgebung, worauf er jedoch nicht eingeht. Auf ihren Einwand, sie sei nicht auf Gäste eingestellt, meint er, es würde ihm nichts ausmachen, auf dem Boden zu schlafen. Nach ungefähr zehn Minuten Hin und Her willigt sie schließlich ein und nimmt ihn mit zu sich nach Hause. Nachdem sie sich noch etwas unterhalten und fernsehen (beide sitzen dabei auf dem Bett) wird die Patientin müde, zieht ihren Schlafanzug an und schlüpft unter die Decke, um zu schlafen. Kurze Zeit später wacht sie auf und bemerkt ihren Gast neben sich unter der Bettdecke, eine Hand auf ihrer Schulter und heftig atmend. Sie nimmt seine Hand weg, er aber legt sie zurück, läßt sie an ihrem Kör-per hinabgleiten, wobei er weiterhin heftig atmet. Wieder schüttelt sie ihn ab, wieder legt er seine Hand zurück, bis sie ihn schließlich anfährt: „Was soll das?", eine Decke nimmt und sich auf den Boden legt. Er verläßt am nächsten Morgen das Haus und ruft sie später an. (Sie beantwortet seinen Anruf jedoch nicht).

Die Patientin ist außer sich. Sie fühlt sich ausgenützt, ist aber auch wütend auf sich selbst, auf ihre „Nettigkeit" und darüber, aus Angst vor einer Auseinander-setzung einem Konflikt aus dem Weg gegangen zu sein. Sie ruft am Morgen ihre Mutter an, um ihr von dem Vorfall zu erzählen; bevor sie jedoch mit ihrer Ge-schichte zu Ende ist, beginnt ihre Mutter (so erlebt es die Patientin), sie zu kriti-sieren, daß sie dem Mann keine Chance gegeben hätte. Sie sei einfach zu eigen. Irgendetwas stimme nicht mit ihr; sie sei doch schon mit so vielen Männern aus-gegangen, und noch immer sei keiner dabei gewesen, den sie hätte heiraten wol-len. Wann würde sie sich endlich niederlassen? Die Patientin fährt dann fort, ih-rer Mutter den Rest der Geschichte zu erzählen, was diese wiederum mit Kritik quittiert, diesmal angesichts der Unvorsichtigkeit ihrer Tochter. Wie konnte sie einen Mann, den sie kaum kannte, so einfach mit nach Hause nehmen? Was hatte sie denn erwartet? Wie konnte sie nur so dumm sein?

Die Patientin war voller Wut und fühlte sich von ihrer Mutter zurückgewiesen; nichts konnte sie richtig machen, sie wurde kritisiert, egal, ob sie dem Mann nun eine Chance geben würde oder nicht. Warum konnte ihre Mutter nicht mitfühlend auf sie und ihre Gefühle eingehen und verstehen, daß man ihr zu nahe getreten war und sie beschämt hatte? Warum war ihr ihre Mutter im Umgang mit Nähe und Distanz, den Regeln des Anstands und potentiellen Verbindungen mit Män-nern nicht behilflich? Hatte sie nur den einen Gedanken, ihre Tochter verheiratet zu sehen? Warum waren denn ihr beruflicher Erfolg und Einfluß nicht genug? Stimmte etwas nicht mit ihr und damit, wie sie mit dieser Situation umgegangen war? Mit ihren Erwartungen an und ihrer Reaktion auf ihre Mutter? In ihren Be-ziehungen zu Männern?

Die Fragen der Patientin brachten mich in eine schwierige Situation. Ihre Er-zählung - so mein erster Eindruck, der sich durch weiteres Nachdenken nur noch erhärtete - war ein Paradebeispiel für die Problematik weiblicher Subjektivität: Sexualität, Macht sowie die Beziehung zwischen Mutter und Tochter mit den entsprechenden Phantasien. Die Patientin hatte sich mehrere, widersprüchliche, Reaktionen erhofft: empathisches Einfühlen in ihren Schmerz, ihre Wut und Scham angesichts der Situation und der unbefriedigenden Antworten ihrer Mut-ter; Beruhigung und Wiederherstellung ihres Selbstwertgefühls und ihrer Fähig-keit, zu lieben und geliebt zu werden; die Erlaubnis, eine eigene, selbstbestimmte Sexualität zu haben; eine kritische Analyse ihres Verhaltens und ihrer Konflikte angesichts der (von ihrer Mutter in ihr ausgelösten) Wünsche und ihrer Ambivalenz in bezug auf ihre Sexualität und ihre Beziehung zu Männern.

Der Kontext, innerhalb dessen diese Fragen an mich gerichtet wurden, war eine dreijährige therapeutische Beziehung mit dieser Patientin, in der wir das mangelnde affektive „Verstehen" zwischen ihr und ihren Eltern bearbeitet hatten. Dieser Mangel trug zum geringen Selbstwertgefühl der Patientin bei. Wir hatten die Rivalität mit ihrer Schwester um den ersten Platz in der Familie thematisiert und über ihre Ambivalenz in bezug auf Sexualität und Aggression gesprochen. Überdies veranlaßt mich meine feministische Sozialisation, besonders sensibel auf Macht- und Herrschaftsstrukturen, Fragen der Geschlechterorganisation sowie Anzeichen für sexuelle Nötigung durch Freunde und Bekannte zu achten; dabei bemühe ich mich, die für unsere Gesellschaft so typischen einseitigen Schuldzuweisungen an Mütter zu vermeiden. In der therapeutischen Arbeit mit dieser Patientin war mir daran gelegen, ihr Verständnis für die Geschichte ihrer Mutter zu wecken, in deren traditioneller Sozialisation sich die Zwänge weißer Mittelschichtfamilien durch Heirat mit einem beruflich erfolgreichen Mann, Mutterschaft und durch eine zweite Karriere, sobald die Kinder alt genug waren, auszahlten. Als Psychoanalytikerin höre ich natürlich besonders auf Anzeichen abgespaltener und verleugneter Gefühle wie Neid, Begehren, Ambivalenz, Ehrgeiz, bestimmte Beziehungsmuster; ich achte auf das Selbstbild meiner Patienten, auf Phantasien zu Mutterschaft - auf „brave" Mädchen und gehe der Frage nach, wie sich diese Gefühle und Phantasien auf die Beziehung zwischen Mutter und Tochter auswirken.

Kulturell bedingte Phantasien über die gute Mutter haben auch mich nicht unbeeinflußt gelassen. Auf die Erzählung der Patientin reagierte ich unmittelbar mit Einfühlung in ihre Verletztheit angesichts ihrer unempathischen Mutter. Ich deutete sie im Kontext ihrer gegenwärtigen Beziehung. Meine Antwort auf die Frage, was sie von Männern wollte, zielte darauf ab, der Patientin aufzuzeigen, daß sie in gegenwärtigen Beziehungen - als Wiedergutmachung für die Vergangenheit - ein hohes Maß an emotionaler Einfühlung brauchte. Meine Entscheidung, in dieser Richtung vorzugehen, hieß jedoch auch, die Wut der Tochter zu umgehen, die meine Aufforderung, ihr Verhalten und ihre Motive kritisch zu beleuchten, unweigerlich ausgelöst hätte.

Was ist damit gewonnen und verloren, sich zuerst den Beziehungsaspekten (der Mutter-Tochter-Beziehung und der Patientin-Therapeutin-Beziehung) zuzuwenden? Bedeutet diese Vorgehensweise eine Perpetuierung oder Verstärkung bestimmter Gefühle und Wünsche der Tochter? Schnitt ich ihr, ebenso wie ihre Mutter, den Zugang zu ihrem Wissen und ihren Erfahrungen um ihre Sexualität ab, um unsere dyadische Beziehung nicht zu gefährden? Sollte ich sie nicht auch ermutigen, selbstbestimmt ihrer Sexualität und Aggression Ausdruck zu verleihen? Bestärke ich sie in ihrer Identität als tadellose und gebundene Tochter? Nähre ich nicht all die unrealistischen und schädlichen Phantasien eines alles verstehenden und einfühlsamen Partners, wenn ich so schnell und bereitwillig die Rolle der guten Mutter übernehme? Wieviel Frustration ist notwendig, um Selbstreflexivität zu fördern und ein realistisches Gefühl der „Urheberschaft" der eigenen Handlungen entstehen zu lassen?

Rückblickend betrachtet, stelle ich mir außerdem die Frage, ob ich der Patientin nicht einen schlechten Dienst erwiesen habe, meine Fragen über ihr ambivalentes Verhältnis zu Sexualität, Ehrgeiz, Aggression und Macht zurückzuhalten. Ein offenes (feministisches) Ohr für Hinweise auf sexuelle Nötigung ist sicherlich berechtigt. Der Mann hatte Zugang zu Personen, deren Kontakte für die berufliche Stellung der Patientin von großer Bedeutung waren. Aber läßt die Tatsache, das Bett mit einem Mann zu teilen, nicht notwendigerweise eine ausgesprochen mehrdeutige Situation entstehen? Haben Frauen nicht manchmal den Wunsch, das Verführerische einer Situation oder eine gewisse erotische Spannung für ihre eigenen Zwecke zu mißbrauchen, obwohl oder gerade weil es von Männern gegen sie verwendet werden kann? Auch wenn Frauen nach wie vor unter männlicher Vorherrschaft zu leiden haben, können nicht beide Geschlechter sexuell manipulierend sein?

Mein feministisches Anliegen, die Patientin möge Verständnis für ihre Mutter und die soziohistorischen Zwänge haben, die die Mutter veranlaßten, die Verheiratung der Tochter zu wünschen und ihrer Sorge um die sexuelle Verletzbarkeit der Tochter Ausdruck zu verleihen, scheint vernünftig. Aber habe ich dadurch vermieden, ein anderes, weniger bewundernswertes Verhalten näher zu beleuchten, oder gar zu einer Neuinszenierung beigetragen? Sollten wir nicht stärker auf die Rolle der Mütter in der Steuerung töchterlicher Sexualität achten? Wie steht es um den Neid der Mütter in unserer an Jugendlichkeit ausgerichteten, heterosexistischen Gesellschaft, dem Neid um die sexuellen Möglichkeiten der Tochter, ihre Attraktivität für Männer, ihre beruflichen Möglichkeiten, von denen Frauen noch vor 25 Jahren nur träumen konnten? Wie steht es um den Neid der Tochter um die Sexualität der Mutter, um deren mächtige und vereinnahmende Bindung an ihren Ehemann und das offensichtliche Vergnügen, das ihr dies bereitet? Wie steht es um ihre Wut, daß der Vater, und nicht sie, den wichtigsten Platz in der Zuneigung ihrer Mutter einnimmt? Warum wendet sich die Tochter noch immer an die Mutter, um mit ihrer Hilfe ihre Beziehungen zu Männern und ihre Probleme mit Sexualität, Schuld, Aggression und Autonomie zu lösen? Warum hofft sie noch immer, ihre Mutter möge sich ändern und ein befriedigenderer Partner für sie werden?

Um wessen Körper handelt es sich?

Die Erzählung meiner Patientin ist ein ausgezeichnetes Beispiel für die Verstrikkung von Müttern und Töchtern, wenn es um Probleme wie Subjektivität, Körperlichkeit und Sexualität geht. Mütter - so Kristeva (1985b) und Young (1990) - sind die Repräsentantinnen der unmöglichen Grenzen und der dualistischen Verwirrung westlicher Kulturen. Eine schwangere Frau ist Natur und Kultur zugleich, Selbst und Andere. Eine stillende Mutter ist Nahrung (Biologie) und Pflege (Erziehung); ihre Bedeutung liegt innen und außen. „I'm in the milk and the milk's in me", lautet die Zeile eines Kinderliedes. Die Brust der stillenden Mutter überschreitet die Grenze zwischen Sexualität und Mutterschaft, zwischen der Frau als dem Objekt der Lust für Männer und der Frau als Mutter (seiner Kinder).

Die Arbeiten Melanie Kleins unterstreichen den zentralen Stellenwert, den der Körper der Mutter in der kindlichen Phantasie und Entwicklung einnimmt (Benjamin 1988; Dinnerstein 1976; Klein 1975; Winnicott 1976). Ihr Körper ist im wahrsten Sinne unser erstes Heim und oftmals auch die erste Nahrungsquelle. Ihr Geruch, die Art, wie sie sich anfühlt, ihre Stimme und ihre Berührung durchdringen unsere Sinne und lassen ein Gefühl für einen Raum entstehen, innerhalb dessen Sicherheit und Kontinuität möglich werden. Und gleichzeitig ist dieses Wesen unser Folterer. Sie ist die Quelle sowohl von Versagung und Frustration als auch von Befriedigung. Unerträglich getrennt von uns, verfügt sie über all das, wonach es uns verlangt, und es obliegt ihrer Entscheidung, uns davon zu geben oder nicht. Die nährende Brust kommt und geht, ohne immer mit den Rhythmen kindlichen Hungers und kindlicher Bedürftigkeit übereinzustimmen. Wir alle bewohnen unseren eigenen Körper, und das, was der Körper der Mutter enthält, muß nicht unbedingt dem Zugriff des Kindes unterliegen. Somit ist die Verbindung zur Mutter für Sohn oder Tochter voller Verlangen, Aggression und Ambivalenz. Der Zustand der Verschmelzung, wie er vor der Geburt bestand, kann nie wieder hergestellt werden. Mit jedem Ausdruck unseres Begehrens oder unserer Bedürfnisse laufen wir Gefahr, frustriert oder zurückgewiesen zu werden oder dem Gegenüber Schaden zuzufügen. Die Frage, wem die mütterliche Brust gehört, bleibt ebenso unbeantwortet wie die Frage, wem der Mund des Säuglings gehört? Er erlebt und signalisiert ein Bedürfnis, das jedoch zum Teil im Körper einer Anderen gestillt werden muß. Hier liegt der Ursprung der altbekannten Überschneidung von Essen und Liebe, Füttern und Kontrolle, die mannigfachen Variationen von Eßstörungen und die Disziplinierung des Körpers und seines Lustempfindens (Bordo 1988; Bruch 1978; Chernin 1985; Moran 1991; Orbach 1986).

Eine dieser Lustempfindungen nennen wir „Sexualität" (Foucault 1980; 1988a; 1988b). Im Gegensatz zu Freud würde Foucault argumentieren, daß diese

Lustempfindungen niemals außerhalb von Macht (oder Kultur) angesiedelt sein können; es ist die Macht, die sie zur „Natur" macht und sie als solche benennt (Butler 1990; Martin 1988). Was als Sexualität zutage treten darf, ist abhängig von komplexen Netzwerken disziplinierender Praktiken und von Machtverhältnisse zwischen Müttern und Kindern, Männern und Frauen. Ein Teil des schmerzhaften Zusammenspiels zwischen Müttern und Töchtern besteht darin, daß Wünsche ausgelöst werden, die dann einem Verbot anheimfallen. Mütter haben oft daran teil, ihre Töchter zu Objekten männlichen Begehrens zu machen, nicht ihres eigenen Begehrens, nicht das anderer Frauen oder ihrer Kinder. Wie der Reaktion der Mutter meiner Patientin (sowie deren eigener Überzeugung) zu entnehmen war, kann etwas nicht in Ordnung sein mit einer erwachsenen Frau, die keinen Ehemann hat, ein Mann, der im Besitz ihrer Person/Sexualität ist. Auf der anderen Seite wenden sich viele Töchter, so auch meine Patientin, an ihre Mütter um Erlaubnis, eine Sexualität zu haben, und um Aufklärung darüber, wie man damit umzugehen hat. Oft lernen sie, daß, um sich einen Mann zu „angeln", einiges (aber nicht zuviel) an sexuell-erotischem „Entgegenkommen" notwendig ist.

Die jungfräuliche Mutter

Wo sind die blinden Flecken in der Geschichte meiner Patientin (und meiner eigenen)? Feministinnen versorgen uns reichhaltig mit Material, das eindrücklich und überzeugend die psychische, politische und philosophische Relevanz der Mutter-Kind-Beziehungen belegt und auf ihren prägenden Einfluß für unser Leben aufmerksam macht. Feministische Forscherinnen haben es sich zur Aufgabe gemacht, die (unbewußten) patriarchalen Phantasien zu entlarven, auf denen die Zivilisation westlicher Kulturen gründet (Brown 1988; Harding & Hintikka 1983; Pitkin 1984; Spivack 1989). Wir achten heute mehr auf die - selbst innerhalb psychologischer Theoriebildung - häufig zu beobachtende Verschiebung von Phantasien von den Müttern zu den Vätern. Unser Wissen um weibliche Subjektivität und menschliche Entwicklung ist sehr viel reicher und komplexer.

Und doch beunruhigt mich die „mütterliche Wende", die seit einigen Jahren innerhalb feministischer Theoriebildung zu beobachten ist. Dekonstruktive Ansätze, die Funktion mütterlicher Phantasien in feministischen Diskursen aufzudecken, existieren bislang kaum (s. Abel 1990; Chodorow & Contratto 1989; Klein 1989; Stanton 1989; Suleiman 1985). Eine ganze Reihe von Vorschlägen in dieser Richtung stammt von Dinnerstein (1976). In einer brillanten Analyse deckt sie auf, wie unsere Phantasien über Mütter dafür sorgen, uns vom Gefühl der Verantwortung und Fehlbarkeit zu entbinden, die Grenzen unserer Einflußmöglichkeiten zu verschleiern und über den fehlenden Zufall zwischen unserer Intention und den Folgen unserer Handlung hinwegzutäuschen. Allerdings unterschätzt auch sie die Macht und Hartnäckigkeit dieser Phantasien, die nach wie vor ihren prägenden Einfluß innerhalb feministischer Diskurse hinterlassen.

Während der 80er Jahre kam es in feministischen Diskursen zu einer seltsamen Dynamik: Je mehr die mütterliche Dimension von Weiblichkeit eine Aufwertung erfährt (und somit vereinheitlicht wird), desto stärker fällt Sexualität als etwas Eigenes einer Verleugnung anheim, wird dekonstruiert, nach außen projiziert oder als Folge der Handlungen anderer betrachtet. Diese Aspekte weiblicher Subjektivität kommen jedoch, wie im Falle jeder Verleugnung, an anderer Stelle wieder zum Vorschein; etwa in den jüngsten „Diskussionen zur Sexualität" unter Feministinnen (Freccero 1990; de Lauretis 1990; Valverde 1989). Sexualität wird zum Zeichen der Schikanierung von Frauen (MacKinnon 1982; 1983; 1987) oder verströmt sich in symbiotischer Verschmelzung (Irigaray 1977a; 1977b); Urheberschaft wird parallel gesetzt zu Mutterschaft (Ruddick 1980; 1984; s. auch Ruddick 1987 zu einer ansatzweisen Revision ihrer Gedanken). Patriarchale Macht und Heterosexualität führen zu Mißbrauch, Verzerrung und Verunstaltung von Sexualität; Mutterschaft gilt jedoch als relativ freier Raum, weibliche Potentiale zu verwirklichen.

Ich bin der Überzeugung, daß diese „Wende" weder zufällig noch unbeabsichtigt ist. Mich beschäftigen hierzu eine ganze Reihe von Fragen. Aus welchem Grund wurde aus der Geschichte der „Frau" die Geschichte von Müttern und Töchtern? Warum haben die Konflikte, Opfer und Beschränkungen einer Aufwertung weiblicher Verbundenheit Platz gemacht? Warum wurden aus den Müttern die zentralen Agentinnen von Subjektivität? Welchen Sinn und Zweck hat dieser neue Interpretationsrahmen? Welche Aspekte weiblicher Subjektivität fallen in dieser neuen Version der Geschichte der Verdrängung oder Verleugnung anheim? Wo sind die Beispiele väterlicher Macht und wo die Beispiele für Herrschaftsbeziehungen unter Frauen? Welche Bestimmungsfaktoren der Geschlechtsidentität gibt es noch? Welche Beziehung besteht zwischen Geschlecht und weiblicher Subjektivität? Machen uns Geschlechterbeziehungen zu dem, was wir sind?

Der Versuch, Weiblichkeit innerhalb des Rahmens der Mutter-Tochter-Beziehung zu konstruieren, führt zu einer Reihe von Nebeneffekten. Das Privileg der Heterosexualität bleibt unangetastet, die kulturelle Ächtung weiblicher Aggression und Trennungswünsche wird bestärkt ebenso wie die Spaltung zwischen Sexualität und Mutterschaft, rassistische Anteile innerhalb „weißer" feministischer Diskurse zu diesen Themen bleiben unaufgedeckt.

Trotz Richs (1980) Bemühungen wird das Primat der Heterosexualität geschützt und bestärkt. Bestehende Phantasien zur Mutterschaft werden desexualisiert. Sexualität zieht sich diskret zurück, bis nichts mehr von ihr übrig bleibt, wie etwa in Ruddicks (1980) Beschreibung mütterlicher Erziehungspraktiken. Die Gleichsetzung von Frau und Mutter führt jedoch notwendigerweise zur Frage der Heterosexualität (die aber nicht gestellt wird): Wie wurde Mutter schwanger? Gibt es irgendwo einen Mann/Ehemann/Vater? In den gegenwärtigen Diskursen unterstellt Frau/Mutter die Simultaneität zweier verwandter Dyaden: Kind/Mutter und Vater/Mutter. Nehmen wir etwa die seltsame Bezeichnung der „alleinstehenden" Mutter („single" mother). Wie kann eine Mutter alleinstehend - „Single" - sein, wenn sie doch per definitionem in Beziehung zu einem/r Anderen steht? Offensichtlich ist sie alleinstehend, weil ihr ein Ehemann „fehlt"; sie bewegt sich außerhalb der Norm des Namens des Vaters. Mutterschaft ohne Vaterschaft ist eine abweichende Variante.

Wird Mutterschaft desexualisiert, so impliziert dies auch, daß kein auf das Kind gerichtetes Begehren existiert. Die Psychoanalyse mißt dem kindlichen Begehren für die Mutter große Bedeutung bei; es ist die Rede vom Objektwechsel des kleinen Mädchens vom mütterlichen zum väterlichen Liebesobjekt. Aber wie steht es um das Begehren der Mutter? Auf welche Art und Weise vollzieht sie den Objektwechsel vom kindlichen Liebesobjekt zum (erwachsenen) Geliebten? Führt unsere berechtigte Sorge, was den Mißbrauch von Kindern angeht, zu einer Verleugnung der mit Mutterschaft verbundenen Erotik, der körperlichen Intimität und der sinnlichen Lust, die es bedeutet, in dieser Form Kenntnis von einer/einem Anderen zu besitzen? Erträgt das Kind den Gedanken nicht, mütterliches Objekt zu sein, ebenso wie die Mutter Objekt seiner Begierde ist? Wie erlebt die Tochter den Vater als Rivalen um die Liebe der Mutter (und nicht nur die Mutter als Rivalin um den Vater)? Welche Vorstellungen haben Töchter von ihren Müttern als sexuelle Wesen, von deren Leidenschaften, die vor ihnen existierten und zu denen sie keinen Zugang besitzen? Wie erleben Mütter das Erwachen erotischer Interessen ihrer Töchter außerhalb des Kreislaufs von Fortpflanzung und Mutterschaft?

Weibliche Sexualität jenseits von Fortpflanzung (und somit Bezogenheit) scheint für viele Frauen und Männer bedrohlich. Können Männer oder Frauen einfach „nur" Objekt weiblichen Begehrens sein - Sexualität um der Sexualität willen, ohne die extrinsische „Entschädigung" in Form eines Babys oder Sich-Nah-Seins? Wenn Frauen keine Babys brauchen, brauchen sie dann Männer? Das Thema Abtreibung rührt an Fragen dieser Art und der Tatsache, daß es zwischen Sexualität und Mutterschaft keine zwingende intrinsische Verbindung geben muß. „Was, wenn deine Mutter dich abgetrieben hätte" - diese Frage offenbart unser ganzes Grauen angesichts mütterlicher Macht über Leben und Tod, aber auch angesichts der (potentiellen) Macht von Frauen, Mutterschaft oder ständiges Bezogensein auf andere abzulehnen.

Was, wenn Mutter den Blick verweigert oder ihre Aufmerksamkeit etwas/jemand anderem zuwendet? Wenn sie nicht als Spiegel oder Ernährerin dient, als „Grund" unseres Seins oder fruchtbarer Ursprung einer Ästhetik, die nicht den Gesetzen des Vaters unterliegt? Was, wenn sie nicht mehr nur „außen", sondern auch „innen" ist? Was ist mit dieser Macht, die sich nicht als fürsorglich nährende und schützende Liebe offenbart, sondern als Macht in Form von Selbstbehauptung, Bedürftigkeit und eigenem Begehren? Was, wenn sie nicht da ist, sondern mit anderen zusammen? Oder bei sich? Können es Töchter ertragen, abgeschnitten und außerhalb des dyadischen Kreislaufes zu sein? Wenn ihre Mütter sie nicht brauchen, brauchen sie dann ihre Mütter?

Mütter ohne Ende: Über die politische Bedeutung mütterlicher Phantasien

Töcher wie Söhne haben Schwierigkeiten im Umgang mit den bedrohlichen Inhalten und unvorhersehbaren Grenzen von Körperlichkeit, Mutterschaft, Aggression und weiblicher Sexualität. Konflikthaftes Erleben, Ablehnung und Ambivalenz der Tochter angesichts mütterlicher Individualität, Sexualität und Macht werden ebenso oft abgespalten oder verdrängt wie die feindseligen Gefühle, die Mutter und Tochter füreinander empfinden. Gefühle wie Neid und Wut, der Wunsch nach Kontrolle und Manipulation von Unterschieden werden verleugnet - ober aber ausschließlich der psychodynamischen Konstituierung männlicher Identität zugebilligt.

Verleugnung und Verschiebung dieser Art führen zu der simplen Vorstellung, die Tatsache, dem gleichen Geschlecht anzugehören, sei für Mutter und Tochter relativ unproblematisch und wirke sich überwiegend positiv auf die Entstehung weiblicher Subjektivität aus. Diese postulierte „problemlose" Kontinuität weiblicher Identität infolge gleicher Geschlechtszugehörigkeit ist nicht unwesentlich, da ihr unterstellt wird, Motiv oder Grundlage der angeblich größeren Beziehungsfähigkeit von Frauen zu sein. Die mächtigen Verbindungen, die aus Haß oder Neid entstehen, gelten somit als „nicht genuine" Formen der Bezogenheit. Gefährlichkeit, Aggression und potentielle Möglichkeiten des Mißbrauchs werden selten anerkannt. Nur mit Hilfe solcher Verdrängungen ist die Vorstellung einer relativ problemlosen und positiv konnotierten Form der Bezogenheit möglich, die implizit von einer überlegenen weiblichen Subjekthaftigkeit ausgeht (Gilligan 1982; Kittay & Meyers 1987; Miller 1976). Frauen werden nun für ihre größere Immunität gegenüber „schlechten" Ausprägungen der Individualität gerühmt, in denen nicht auf Bezogenheit gegründeten Aspekten des Selbst Vorrang eingeräumt wird. Der Preis und die Deformierung gegenwärtiger Weiblichkeit, so eindrücklich benannt von frühen Radikalfeministinnen wie Rubin (1975), werden zu einer Zelebrierung „weiblicher" Tugenden in Form (mittlerweile keimfreier) Verbundenheit und Fürsorge (Phelan 1991).

Die Entstehungsbedingungen von Macht- und Herrschaftsbeziehungen, außer in Verbindung mit Männern und Männlichkeit, werden ebenso selten diskutiert. Feministinnen haben bislang kaum Überlegungen dazu angestellt, in welcher Interdependenz Mutterschaft, Sexualität und weibliche Subjektivität mit ethnischen und schichtspezifischen Identitäten stehen (Abel 1990; Smith 1983; Williams 1991). Der Frage, inwieweit ethnische und schichtspezifische Zugehörigkeit unsere Diskurse und sprachlichen Setzungen prägen und dabei bestimmte Vorstellungen von Weiblichkeit unter Ausgrenzung anderer Formen bevorzugen, ist von feministischer Seite bisher zu wenig Aufmerksamkeit geschenkt worden. Die Vorherrschaft abstrakter und dem jeweiligen soziohistorischen Kontext enthobener Vorstellungen von Mutterschaft trägt zur Perpetuierung politischer Naivität und Beliebigkeit weißer Frauen bei. Wir (die weißen Frauen) werden so zu Mittäterinnen rassistischer und sexistischer Ausgrenzung, wenn wir uns nicht auch mit der Situation farbiger Mütter auseinandersetzen und dafür sorgen, unsere Konzepte von Mutterschaft von unseren „rein(en)" weißen Vorstellungen zu befreien (die Mutter als nährend-fürsorgliche, unterstützende, moralische etc. Instanz); (King 1990; Spelman 1988).

Durch Verleugnung unserer eigenen Lust und Aggression, unseres Bedürfnisses nach Selbstbehauptung und Kontrolle präsentieren wir uns als unschuldige Opfer, die außerhalb der bestehenden Machstrukturen stehen. Als Mütter erhalten wir offensichtlich eine Art „übernationalen" Status, der uns von unserer eigenen Verantwortung für Macht- und Herrschaftsstrukturen freispricht; somit bleibt auch nicht mehr erkennbar, inwieweit wir selbst an rassistischen Ausgrenzungsprozessen beteiligt sind. Desexualisiert, politisch „sauber" - kurzum „lieb und gut" - ist die moralische Basis unseres Beitrags zum öffentlichen Leben. Desexualisierte weiße Frauen haben die Möglichkeit der „reinen" Mutterschaft, ein Status, der schwarzen Frauen verweigert und dann später gegen sie verwendet wird (das schwarze „Matriarchat"; Collins 1991; Davis 1981; Dill 1990; Lewis 1990). Es mutet seltsam an, daß die gleiche Beziehung (die fast alleinige Verantwortung für die emotionale Versorgung ihrer Kinder), für die weiße Frauen Wertschätzung erfahren, als Ursache verschiedenster Pathologien innerhalb der schwarzen Bevölkerungsgruppe gilt.

Diese Art der Konzeptualisierung mütterlicher Praktiken bestärkt bestimmte Einstellungen zu Sexualität und Sterblichkeit; sie schürt Ängste, die mit Körperlichkeit und Leidenschaft verbunden sind und die zu den zweifelhaftesten

Aspekten unserer westlichen Kultur gehören (Braidotti 1989; Jagger & Bordo 1989). Aufgrund sexueller Schamhaftigkeit und Zurückhaltung gelten weiße Frauen - im Gegensatz zu schwarzen Frauen - als rein und überlegen (Carby 1985, Hall 1983; Omolade 1983; Simson 1983). Der Rassismus kommt hier weißen Männern und Frauen zugute, indem er aktive Sexualität als Fremdkörper in der Welt weißer Frauen betrachtet (das gilt insbesondere für höhere Gesellschaftsschichten; die Klassengesellschaft selbst funktioniert nach dem gleichen Prinzip: die reine Ehefrau und die zügellose Dienerin). Wie oft wird anerkannt, daß weiße Mittelstandsfrauen aktiv an der Entstehung und Entwicklung von Sexualität teilhaben; daß es uns (zumindest manchmal) gefällt, auch außerhalb einer „festen" Beziehung und ohne die notwendige Bestätigung eines bedeutsamen (männlichen oder weiblichen) Gegenübers, Sexualität zu haben? Das Fehlen aggressiver, selbstbestimmter und nicht objektgebundener Sexualität ist ein Hinweis auf „ihre" Rasse/Klasse. Im Gegensatz zur wilderen und gefährlicheren Sexualität schwarzer Männer und Frauen kann die Sexualität weißer Frauen effektiver kontrolliert und befriedigt werden. Weiße Männer können Anspruch erheben auf den Schutz „ihrer" Reinheit, und dies legitimiert wiederum ihre Kontrolle über andere Männer (potentielle Schänder).

Weibliche Sexualität gilt als der Besitz (oder als umkämpftes Terrain) des Mannes. Männliche Identität definiert sich zum Teil über die Kontrolle weiblicher Sexualität. Frau/en zu besitzen ist ein intrinsischer Aspekt moderner Männlichkeitsbestimmung, d.h., zu je mehr Frauen „Man/n" Zugang hat, desto besser ist „Man/n" (Pateman 1988). Leider besitzt dieses Männlichkeitsideal einen regulatorischen Effekt. Wie im Film *Jungle Fever* von Spike Lee heißt „Befreiung" für den schwarzen Mann, neben seinen „eigenen Frauen" nun auch Zugang zum Besitz weißer Frauen zu haben (s. auch Clever 1968; Hooks 1990; Walker 1983; Wallace 1978). Unglücklicherweise wurde diese Sichtweise auch von einigen Feministinnen unkritisch übernommen. Feministische VertreterInnen wie MacKinnon behandeln dieses Thema als reine Tatsachenbeschreibung anstatt als komplexe Mischung von Wunsch und Macht, der auf unterschiedliche Art und Weise und aus zahlreichen bewußten und unbewußten Motiven heraus von Männern und Frauen Ausdruck verliehen wird.

Gott ist tot, lang lebe die Mutter?

Wenn es zutrifft, daß die Ethik des Zeitalters der Moderne nicht mehr mit Moralität gleichgesetzt werden kann, und wenn die Auseinandersetzung um das Problem der Ethik bedeutet, das ärgerliche und unvermeidliche Problem des Gesetzes nicht zu vermeiden, sondern im Gegenteil das Fleisch, die Sprache und den sexuellen Genuß zum Gesetz zu machen, dann verlangt eine Neuformulierung sittlicher Traditionen die Teilnahme von Frauen. Frauen, die vom Wunsch erfüllt sind, Kinder zu gebären (und Stabilität aufrechtzuerhalten); Frauen, die bereit sind, unserer sprechenden Spezies zu helfen, die betroffen sind wie wir vom Wissen um unsere Sterblichkeit, die den Tod mit Fassung tragen; Mütter.

(Kristeva 1985b, S. 117-118)

Mütterliche Phantasien dienen ontologischen wie auch politischen Zwecken. Frau und Mutter, Fortpflanzung und Unsterblichkeit; das sind die Verknüpfungen, die Kristeva herstellt; die Flucht vor menschlicher Endlichkeit. Wenn es den Feministinnen gelingt, den Namen des Vaters oder Gottvater und seine väterlichen Funktionen zu ersetzen, in wessen Namen wird das geschehen? Werden wir eine herrschende Heilige Mutter auf den Thron heben und uns somit ein weiteres Mal unsere Unschuld bewahren?

Wenn Frauen dem Ausdruck verleihen, was sie vom Reich des Mütterlichen erhoffen, dann könnte dies heißen, ihre Grenzen und Ambiguitäten nicht wahrhaben zu wollen. Mütter und Töchter sind gleichermaßen daran beteiligt, das ganze Ausmaß unserer gegenseitigen Enttäuschung zu verleugnen. Mutterschaft ist ein zutiefst heterogenes und konfliktreiches Bündel an Erfahrungen, Wünschen, Phantasien - von denen einige nichts mit dem Kind zu tun haben. Mütter mögen zuweilen ein Interesse daran haben, Leben zu bewahren (Ruddick 1984), aber sie können weder die menschliche Spezies noch die Welt retten. Mutterschaft ist keine Wesenheit, noch sind mit Mutterschaft die Potentiale einer Frau oder des Weiblichen erschöpft. Gegenwärtige westliche Kulturen glorifizieren, entwerten und isolieren diesen Status.

Möglicherweise sind Vorstellungen dieser Art Ausdruck bestimmter kindlicher Phantasien: Nur ich kann die Mutter befriedigen, sie braucht mich (das Kind), um die Einzigartigkeit ihres Seins zu erreichen. Mutterschaft ist jedoch kein ausschließlicher Zustand, getrennt und klar abgegrenzt von allen anderen Lebensbereichen (Suleiman 1985). Mutter zu sein verlangt und evoziert eine ganze Reihe von Fähigkeiten und Gefühlen innerhalb einer vielfältig geprägten Subjekthaftigkeit. Wenn dies auch zu Konflikten oder der zeitweiligen Aufhebung anderer Kompetenzen führen mag (wie in vielen anderen Situationen auch), so bedeutet Mutterschaft sicherlich keine einzigartige Form des Seins. Wir hassen, denken, etc. genauso wie vorher, ob als Mütter oder nicht.

Genausowenig ist Tochterschaft der Königsweg zum Verständnis von Weiblichkeit, weiblicher Subjektivität oder Geschlechtsidentität, da diese von vielfältigen Einflußfaktoren bestimmt und geformt werden, deren relative Macht in individuellen Fällen untrennbar miteinander verwoben ist. Auch hier kommt es zu einer Überdeterminierung infolge von ethnischer und gesellschaftlicher Schichtzugehörigkeit, geo-politischen Bedingungen, etc. (Lorde 1984; Marshall 1981). Töchter sind nicht der Spiegel ihrer Mütter; wir werden ihnen nicht gerecht, wenn wir sie über Mutterschaft zu erklären versuchen; ebensowenig ist Mutterschaft Schicksal oder notwendiges Ziel töchterlicher Lebensentwürfe. Weder entspringt das Begehren der Töchter ihrer Beziehung zur Mutter, noch endet es mit ihr.

Erzählungen über die Beziehungen zwischen Müttern und ihren Töchtern enthüllen eine nie endende Sehnsucht: nach einer guten Macht in der Welt, die sich unserer und der Erfüllung unserer Bedürfnisse annimmt. Auf diesem Verlangen - und den Phantasien über (mütterliche) Potentiale - gründet die Gemeinschaft von Männern und Frauen. Bestimmte Phantasien dienen zur Abwehr tiefsitzender Ängste und Frustrationen, unter denen Menschen gegenwärtig leiden. Phantasien und Inhalte dieser Art sind nur wirksam mit Hilfe von Verleugnung, Flucht oder Ausgrenzung anderer Inhalte und machen es schier unmöglich, die bestehenden widersprüchlichen Aspekte von Mutterschaft angemessenen zu benennen. Die Existenz unserer Wünsche und die Wiederkehr des Verdrängten - mit seinen unerwünschten Wahrheiten, die dennoch zur Grundlage unseres Handelns werden - sorgen dafür, daß wir uns immer wieder mit dem Thema Mutterschaft auseinanderzusetzen haben.

Wir sehnen uns nach der sicheren Erkenntnis von Ursache und Wirkung (die „gute Absicht" unserer Ziele und Handlungen eingeschlossen), nach einem liebenden Heim (Martin & Mohany 1986), nach einem sinnvollen, geordneten und erklärbaren Universum, das stabil, nährend und uns freundlich gesonnen ist, nach Wurzeln; nach Schutz gegen alle Eventualitäten, die uns aus der Bahn zu werfen drohen, uns aber andererseits ermöglichen, die Endlichkeit unseres Seins und der Welt zu leben. Wir wollen im idealisierten Blick der Mutter aufgehoben sein; wünschen uns, daß sie uns versichert, daß wir nicht allein sind, daß es jemanden gibt, der uns schützt und uns auffängt, wenn wir fallen. In der Wiedergeburt der Unschuld und Heiligkeit von Mutter und Kind kann alles transzendiert werden: die Endlichkeit, das Böse, der Tod. Wir versprechen, eine gute Tochter zu sein, wenn uns Mutter nur nicht verläßt. Aber wessen Stimme können wir wirklich hören? Ein Echo, eine Täuschung, eine Phantasie unserer Kindheit, die immer schon Vergangenheit ist und uns doch am Leben hindert.

Literatur:

Abel, E. (1990): Race, class and psychoanalysis? Opening questions. In: M. Hirsch und E. F. Keller (Hg.): Conflicts in feminism. New York (Routledge).

Benjamin, J. (1988): Die Fesseln der Liebe. Psychoanalyse, Feminismus und das Problem der Macht. Frankfurt a. M. (Stroemfeld/Roter Stern) 1990.

Bordo, S. (1988): Anorexia nervosa: psychopathology as the crystallization of culture. In: I. Diamond und L. Quinby (Hg.): Feminism & Foucault: reflections on resistance. Boston (Northeastern University Press).

Braidotti, R. (1989): The politics of ontological difference. In: T. Brennan (Hg.): Between feminism & psychoanalysis. New York (Routledge).

Brown, W. (1988): Manhood and politics: a feminist reading in political theory. Totowa, NJ (Rowman & Littlefield).

Bruch, H. (1978): The golden cage: the enigma of anorexia nervosa. New York (Vintage).

Butler, J. (1990): Gender trouble: feminism and the subversion of identity. New York (Harper).

Chernin, K. (1985): The hungry self: women, eating and identity. New York (Harper).

Chodorow, N. und S. Contratto (1989): The fantasy of the perfect mother. In: N. Chodorow: Feminism and psychoanalytic theory. New Haven (Yale Universitäy Press).

Cleaver, D. (1968): Soul on ice. New York (Dell).

Collins, P. H. (1991): Black feminist thought. New York (Routledge).

Davis, A. Y. (1981): Women, race & class. New York (Random House).

de Laurentis, T. (1990): Upping the anti (sic) feminist theory. In: M. Hirsch und E. F. Keller (Hg.): Conflicts in feminism. New York (Routledge).

Dill, B. T. (1990): The dialectics of black womanhood. In: M. R. Malson et al. (Hg.): Black women in America: social science perspectives. Chicago (University of Chicago Press).

Dinnerstein, D. (1976): Das Arrangement der Geschlechter. Stuttgart (Deutsche Verlagsanstalt) 1979.

Flax, J. (1978): The conflict between nurturance and autonomy in mother-daughter relationships and in feminism. Feminist Studies, 4, 171-89.

Flax, J. (1990): Thinking fragments: Psychoanalysis, feminism and postmodernism in the contemporary West. Berkeley (University of California Press).

Foucault, M. (1976): Der Wille zum Wissen. Sexualität und Wahrheit 1. Frankfurt a. M. (Suhrkamp) 1977.

Foucault, M. (1988a): The minimalist self. In: L. D. Kritzman (Hg.): Michel Foucault: politics, philosophy, culture. New York (Routledge).

Foucault, M. (1988b): Power and sex. L. D. Kritzman (Hg.): Michel Foucault: politics, philosophy, culture. New York (Routledge).

Freccero, C. (1990): Notes of a post-sex wars theorizer. In: M. Hirsch und E. F. Keller (Hg.): Conflicts in feminism. New York (Routledge).

Gilligan, C. (1982): Die andere Stimme. Lebenskonflikte und Moral der Frau. München (Piper) 1984.

Hall, J. D. (1983): „The mind that burns in each body": women, rape, and racial violence. In: A. Snitow et al. (Hg.): Powers of desire. New York (Monthly Review Press).

Harding, S. und M. Hintikka (Hg.) (1983): Discovering reality: feminist perspectives on epistemology, metaphysics, methodology, and philosophy of science. Boston (D. Reidel).

Hooks, B. (1990): Yearning: race, gender, and cultural politics. Boston (South End Press).

Irigaray, L. (1977a): Das Geschlecht, das nicht eins ist. In L. Irigaray: Das Geschlecht, das nicht eins ist. Berlin (Merve) 1977.

Irigaray, L. (1977b): Wenn unsere Lippen sich sprechen. In L. Irigaray: Das Geschlecht, das nicht eins ist. Berlin (Merve) 1979.

Jagger, A. M. und S. R. Bordo (Hg.) (1989): Gender/Body/Knowledge: feminist reconstructions of being and knowing. Rutgers (Rutgers University Press).

Kahn, C. (1985): The hand that rocks the cradle: recent gender theories and their implications. In: S. N. Garner et al. (Hg.): The (m)other tongue: essays in feminist psychoanalytic interpretation. Ithaca (Cornell University Press).

King, D. K. (1990): Multiple jeopardy, multiple consciousness: the context of a black feminist ideology. In: M. R. Malson et al. (Hg.): Black women in America: social science perspectives. Chicago (University of Chicago Press).

Kittay, E. F. und Meyers, D. T. (Hg.) (1987): Women and moral theory. Totowa (Rowman & Littlefield).

Klein, H. H. (1989): Marxism, psychoanalysis, and mother nature. Feminist studies, 15, 255-78.
Klein, M. (1975): Liebe, Schuld und Wiedergutmachung. In: J. Rivière (Hg.): Seelische Urkonflikte. Liebe, Haß und Schuldgefühl. Frankfurt a. M. (Fischer) 1983.
Kristeva, J. (1985a): Desire in language: a semiotic approach to literature and art. New York (Columbia University Press).
Kristeva, J. (1985b): Stabat Mater. In S. R. Suleiman (Hg.): The female body in Western culture: contemporary perspectives. Cambridge, Mass. (Harvard University Press).
Lewis, D. (1990): A response to inequality: black women, racism and sexism. In M. R. Malson et al. (Hg.): Black women in America: social science perspectives. Chicago (University of Chicago Press).
Lorde, A. (1984): Sister outsider. Trumansburg, NY (Crossing Press).
MacKinnon, C. (1982): Feminism, marxism, method and the state: an agenda for theory. Signs, 7, 515-44.
MacKinnon, C. (1983): Feminism, marxism, method and the state: toward feminist jurisprudence. Signs, 8, 635-58.
MacKinnon, C. (1987): Feminism unmodified: discourse on life and law. Cambridge, Mass. (Harvard University Press).
Marshall, P. (1981): Brown girl, brownstones. Old Westbury (Feminist Press).
Martin, B. (1988): Feminism, criticism, and Foucault. In I. Diamond und L. Quinby (Hg.): Feminism and Foucault: reflections on resistance. Boston (Northeastern University Press).
Martin, B. und Mohany, C. T. (1986): Feminist politics: what's home got to do with it? In T. de Laurentis (Hg.): Feminist studies/critical studies. Bloomington (Indiana University Press).
Miller, J. B. (1976): Toward a new psychology of women. Boston (Beacon).
Moran, P. (1991): Unholy meanings: maternity, creativity and orality in Katherine Mansfield. Feminist studies, 17, 105-26.
Omolade, B. (1983): Hearts of darkness. In A. Snitow et al. (Hg.): Powers of desire: the politics of sexuality. New York (Monthly Review Press).
Orbach, S. (1986): Hunger strike: the anorectic's struggle as a metaphor for our age. New York (Avon).
Pateman, C. (1988): The sexual contract. Stanford (Stanford University Press).
Phelan, S. (1991): Feminism and indivdualism. Women and politics, 10, 1-18.
Pitkin, H. F. (1984): Fortune is a woman: gender & politics in the thought of Niccolo Macchiavelli. Berkeley (University of California Press).
Rich, A. (1980): Compulsory heterosexuality and lesbian existence. Signs, 5, 515-44.
Rubin, G. (1975): The traffic in women: notes on the „political economy" of sex. In R. R. Reiter (Hg.): Toward an anthropology of women. New York (Monthly Review Press).
Ruddick, S. (1980): Maternal thinking. Feminist Studies, 6, 342-67.
Ruddick, S. (1984): Preservative love and military destruction: some reflections on mothering and peace. In J. Treblicot (Hg.): Mothering: essays in feminist theory. Totowa (Rowman and Allanheld).
Ruddick, S. (1987): Remarks on the sexual politics of reson. In E. F. Kittay und D. T. Meyers (Hg.): Women and moral theory. Totowa (Rowman and Allanheld).
Simson, R. (1983): The Afro-American female: historical context of the construction of sexual identity. In A. Snitow et al. (Hg.): Powers of desire: the politics of sexuality. New York (Monthly Review Press).
Smith, B. (1983): Introduction. In B. Smith (Hg.): Home girls: a black feminist anthology. New York (Kitchen Table Press).
Spelman, E. (1988): Inessential woman: problems of exclusion in feminist thought. Boston (Beacon Press).
Spivack, G. C. (1989): Feminism and deconstruction again: negotiating with unacknowledged masculinism. T. Brennan (Hg.): Between feminism & psychoanalysis. New York (Routledge).

Stanton, D. C. (1989): Difference on trial: a critique of the maternal metaphor in Cixous, Iriga-ray, and Kristeva. In J. Allen und I. M. Young (Hg.): The thinking muse: feminism and mo-dern French philosphy. Bloomington (Indiana University Press).

Suleiman, S. R. (1985): Writing and motherhood. In S. N. Garner et al. (Hg.): The (m)other tongue: essays in feminist psychoanalytic interpretation. Ithaca (Cornell University Press).

Valverde, M. (1989): Beyond gender dangers and private pleasures: theory and ethics in the sex debates. Feminist Studies, 15, 237-54.

Walker, A. (1983): In search of ours mother's gardens: womanist prose. New York (Harcourt Brace Jovanovich).

Wallace, M. (1978): Black macho & the myth of the super-woman. New York (Dial).

Williams, P. J. (1991): The alchemy of race and rights. Cambridge (Harvard University Press).

Winnicott, D. W. (1976): Von der Kinderheilkunde zur Psychoanalyse. München (Kindler).

Young, I. M. (1990): Breasted experience: the look and the feeling. In I. M. Young: Throwing like a girl and other essays in feminist philosophy and social theory. Indianapolis (Indiana University Press).

TEIL IV
Rückblick und Ausblick

Mütter und Töchter: Was kommt danach?

Janneke van Mens-Verhulst

Das Ziel der hier zusammengestellten Beiträge ist es, den theoretischen Diskurs über Mütter und Töchter zu vertiefen und um eine bislang vernachlässigte „mütterliche" Betrachtungsweise zu ergänzen. Ohne definitive Lösungen anbieten zu wollen (und zu können), ist es den Autorinnen gelungen, das Tabu, mit dem weibliche Subjektivität behaftet ist, infrage zu stellen und aufzuheben. Somit konnten neue und wesentliche Gesichtspunkte in die theoretische Diskussion um die Entwicklung weiblicher Subjekthaftigkeit eingeführt werden, was wiederum neue Wege der Theoriebildung - eine Neubewertung der Mutter-Tochter-Beziehung und ihrer gesellschaftlichen Verortung eingeschlossen - ermöglicht.

Weibliche Subjektivität

Der Beginn weiblicher Subjektivität liegt in einer Position kindlicher Abhängigkeit verankert. Frühe Bezugspersonen, in der Regel Mütter, haben demnach großen Einfluß auf die Entwicklung der Subjekthaftigkeit ihrer Töchter. Diese Tatsache soll jedoch nicht übersehen lassen - Flaake, de Waal und Gilligan weisen in ihren Beiträgen darauf hin -, daß auch der Zeitraum der Adoleszenz von zentraler Bedeutung für das Entstehen weiblicher Subjektivität ist. Sie weisen auf die disziplinierenden und zugleich tragenden Funktionen hin, die erwachsene Frauen in ihrer Rolle als Mütter oder anderer Sozialisationsagentinnen übernehmen.

Der Vorstellung, daß weibliche Körperlichkeit und Sexualität von der Person des Vaters „erweckt" werden müssen, wird von allen Autorinnen eine Absage erteilt. Flax etwa postuliert einen weiblichen Sexualtrieb, der unabhängig von „Objekten" wie Vater oder Mutter wirsam sei. Autorinnen wie Flaake und Lykke richten ihr Hauptaugenmerk auf die Person der Mutter und deren Aufgabe, erste sinnlich-erotische Wahrnehmungen und Körperbilder des Mädchens zu kanalisieren. Die Subjekthaftigkeit einer Frau umfaßt neben ihrem Körper - ihrer Körperlichkeit - ihr sexuelles Begehren und ihre erotischen Empfindungen. Töchter werden als aktive Agentinnen (und nicht als passive Rezipientinnen) ihrer weiblichen Identität betrachtet, die sie in Interaktion mit älteren und mächtigeren Bezugspersonen ausbilden.

„Mütter" - ob als reale Person oder symbolisches Konstrukt - kämpfen ihren eigenen Kampf um Anerkennung ihrer Subjekthaftigkeit als Frauen. Die Problematik dieses Kampfes kommt auf mehreren Ebenen zum Tragen, wie Leira in ihrem Beitrag aufzeigt: Mütter finden sich in einer symbolischen Position verankert, die zum einen mit bestimmten kulturellen Mythen über Autorität und Liebe behaftet, zum anderen in den Kontext gesellschaftlicher Regeln und Arrangements eingebettet ist, wie etwa die Institution der Ehe. Mütter müssen ihre eigene Position innerhalb der Gesellschaft definieren, die sich am Grad ihrer Mitbestimmung an gesellschaftlichen Prozessen mißt. Darüber hinaus treffen sie auf die realen Bedürfnisse ihrer Kinder, für deren Ernährung im weitesten Sinne und Erziehung sie zuständig sind. Dies bedeutet die direkte Konfrontation mit kindlichen Phantasien der Omnipotenz und Machtlosigkeit (siehe den Aufsatz von Sayers). Mutterschaft würde somit nicht nur in der Versorgung anderer bestehen, sondern auch die Aufgabe umfassen, Raum für die Entwicklung einer selbstbestimmten Weiblichkeit offenzulassen. Die Überlegungen von Krips, Orbach und Eichenbaum zeigen, daß sehr viel an therapeutischer Arbeit nötig sein wird, um die Tabuisierung mütterlicher Subjektivität zu überwinden.

In ihrem Bestreben, eine eigene weibliche Subjektivität zu entwickeln, haben Töchter doppelte Arbeit zu leisten. Neben ihrer Loslösung von der Mutter als einer „Anderen", muß diese „Andere" auch in ihrer eigenen Subjekthaftigkeit anerkannt werden. Die Ablösung der Tochter von der Mutter - aber auch ihrer beider Verbundenheit (so die Sichtweise des Beziehungsparadigmas) - findet auf drei Ebenen statt: der symbolischen oder kulturellen Ebene, der Ebene gesellschaftlicher Strukturen und der persönlichen Ebene. Die damit einhergehende Heterogenität und Komplexität an Empfindungen ist nicht verwunderlich.

Mit der Möglichkeit psychotherapeutischer Intervention auf dem Weg zur weiblichen Selbstbestimmung beschäftigt sich unter anderem der Aufsatz von Orbach und Eichenbaum. Die beiden Autorinnen sprechen von der Notwendigkeit des „Nachreifens" ihrer Patientinnen; ihren eigenen Beitrag sehen sie im allmählichen Übergang von einer mütterlichen „Objektposition" zu einer mütterlichen „Subjektposition"; die Patientinnen verfügen somit in ihrem Kampf um Selbstbestimmung über den jeweils angemessenen „Gegner". Surrey hingegen beschreibt ihre Patientinnen als Frauen, deren Beziehungserleben von Diskontinuitäten und Entfremdung geprägt ist; ihre Entwicklungsaufgabe besteht darin, ein Gefühl der Verbundenheit und Kontinuität in all ihren Beziehungen entstehen zu lassen, insbesondere jedoch in Beziehung zu ihren Müttern. Als Therapeutin bietet sie ihnen Einblick in die soziokulturellen Hintergründe ihrer Entfremdung und ermutigt sie, die Grenzen ihrer Beziehung zu ihren Müttern zu akzeptieren, ohne damit jedoch ihre Bedürfnisse nach gesunden Bindungen preiszugeben.

Mutter-Tochter-Beziehungen

In den meisten psychologischen Theorien, vor allem aber in psychoanalytischen Theoriekonzepten, wird die Beziehung zwischen Mutter und Tochter als symbiotisch beschrieben. Demzufolge muß an einem bestimmten Punkt in der Entwicklung diese Verbindung gelöst werden, um es dem Kind (der Tochter) zu ermöglichen, eine Beziehung mit der Welt „draußen" einzugehen und dadurch ein autonomes Subjekt zu werden. In der Vergangenheit galt der Vater - ob als reale Person oder als symbolische Repräsentanz - als idealer Kandidat, diese „intervenierende" (triangulierende) Funktion zu erfüllen. Sein Vorteil bestand in seiner anatomischen Verschiedenartigkeit und „weltlichen" Stellung. Die ödipale Phase, d.h. das dritte oder vierte Lebensjahr, galt als der Zeitpunkt, an dem die „äußere" Realität „hereingeholt" wurde.

Im Gegensatz dazu wird in den hier vorgestellten theoretischen Überlegungen, z. B. von Groen, die symbiotische Beziehung weniger als biologische Grundgegebenheit interpretiert, sondern als (soziales) Konstrukt entlarvt. Die Alternativen, die angeboten werden, unterscheiden sich nach ihrer jeweiligen politischen Tragweite. De Kanter spricht vom sozialen Kontext als intervenierender und spaltender Kraft an sich und weist darauf hin, daß Mütter durchaus „Vermittlungsagentinnen" äußerer Realitäten sind, da sie selbst eine gesellschaftliche Position einnehmen. Andererseits führen Anhängerinnen des Beziehungsparadigmas (Surrey, Jordan, Gilligan und Rogers) ein alternatives Modell ein, das von dynamischen Grenzen ausgeht, die bis zu einem gewissen Grad flexibel und durchlässig sind (im Gegensatz zu den „von Natur aus" geschlossenen Grenzen symbiotischer Verbundenheit, die durch äußere Kräfte aufgebrochen werden müssen).

Die Beziehung zwischen Mutter und Tochter wird im allgemeinen als Raum konzipiert, in dem beide, Mutter wie Tochter, um ihre Subjekthaftigkeit zu kämpfen haben; dies schließt Fragen körperlicher Weiblichkeit und sexueller Entwicklung mit ein. Dieser Kampf bedeutet Loslösung und Bindung, Differenzierung und Anerkennung, gegenseitige Regulierung, Abhängigkeit und Interdependenz. Kurzum, es geht nicht nur um das Errichten von Grenzen, sondern auch um ihre Öffnung und Schließung. Dieser Prozeß umfaßt die gesamte Bandbreite menschlicher Empfindungen, positiv wie negativ. Mutter oder Tochter zu sein bedeutet, die Entwicklung einer eigenen selbstbestimmten Weiblichkeit nie abgeschlossen zu haben. Die Phasen der frühen Kindheit und Adoleszenz sind zentrale Abschnitte auf diesem Weg, aber es sprechen keine logischen oder praktischen Gründe dafür, daß dieser Wachstumsprozeß hier aufhört. Ebensowenig besteht Grund zu der Annahme, daß dieser Entwicklungsprozeß immer auch mit Fortschritt gleichzusetzen ist.

Die meisten Theorien zur Mutter-Tochter-Beziehung zollen dem Generationenaspekt keine Aufmerksamkeit. Die hier zugrunde gelegte Prämisse scheint zu lauten, daß jede Beziehung als Wiederholung vorhergehender Mutter-Tochter-Beziehungen gesehen werden kann. Diese ahistorische Herangehensweise kann dazu verführen, wesentliche Unterschiede zwischen den einzelnen Generationen und die daraus resultierenden Veränderungen zu übersehen. Bjerrum Nielsen und Rudberg stellen ein Modell vor, daß dieser Gefahr vorbeugen soll. Sie unterscheiden zwischen geschlechtsbedingter Subjektivität (gendered subjectivity), Geschlechtsidentität (gender identity) und den jeweils bestehenden soziokulturellen Möglichkeiten einer Gesellschaft. Veränderung - so diese Autorinnen - ist die Folge fehlender Gleichzeitigkeit zwischen den drei genannten Komponenten und der damit einhergehenden Spannungen (Formen der Ungleichzeitigkeit), die das Erleben nachfolgender Generationen prägen. Konzeptualisierungen wie diese machen weitere empirische Untersuchungen soziokultureller Rahmenbedingungen notwendig.

Soziokulturelle Rahmenbedingungen

Das „Patriarchat" als konzeptionelle Kategorie dient in unserem theoretischen Diskurs über Mütter und Töchter als möglicher Erklärungsansatz. Als phänomenologische Kategorie bleibt das „Patriarchat" jedoch in allen Aufsätzen relativ unbestimmt. Die Rede ist von klassischen psychoanalytischen Weiblichkeitskonzepten, Märchen, Repräsentationen von Frauen als „braven Mädchen", Weiblichkeitsentwürfen, die von der Exklusivität von Heterosexualität und Mutterschaft bestimmt sind. Als negative Folgen werden die Objektivierung von Frauen und Diskontinuitäten in der Beziehung zwischen Müttern und Töchtern genannt. Das Patriarchat ist vor allem in Form individueller Sozialisationsagenten repräsentiert, durch Väter, Lehrer und Therapeuten; Brüder, Söhne, männliche oder weibliche Partner, Schwestern und Großmütter finden kaum Erwähnung. Ethnische Herkunft oder Schichtzugehörigkeit spielen eine untergeordnete Rolle; rechtliche oder religiöse Gemeinschaften tauchen als Einflußfaktoren überhaupt nicht auf. Es stellt sich die Frage, ob diese ausgesprochen selektive Betrachtungsweise sowohl vom wissenschaftlichen als auch vom praxisrelevanten Standpunkt aus gerechtfertigt oder vernünftig ist. Die theoretische Diskussion patriarchaler Strukturen und Rahmenbedingungen setzt eine sehr viel profundere Analyse voraus (Walby 1990), um vor allem eindimensionale Reduktionismen zu vermeiden.

Es gibt allerdings kritische Analysen darüber, welche Rolle Frauen in der Reproduktion und Perpetuierung „patriarchaler" Verhältnisse spielen. So regulieren Mütter etwa die konkrete und intellektuelle Abhängigkeit und Unabhängigkeit ihrer Töchter in Übereinstimmung mit den jeweiligen Normen ihrer Gesellschaftsschicht (Walkerdine 1985). Lehrerinnen ermutigen ihre weiblichen Schüler zu Passivität, harter Arbeit, Hilfsbereitschaft und Gehorsam, um dann genau diese Verhaltensweisen zu pathologisieren und sie der Aktivität und Neugier „richtiger" Kinder gegenüberzustellen (Walkerdine 1986). Wie Gilligan (1991) und Gilligan und Rogers (s. ihren Beitrag im vorliegenden Band) aufzeigen, haben erwachsene Frauen (Mütter und „Ersatzmütter", z. B. Lehrerinnen) teil am „Verstummen" adoleszenter Mädchen. Dem Bild der „Unschuld", mit dem Frauen der weißen Mittelschicht in westlichen Gesellschaften behaftet sind, steht die Vorstellung der untergeordneten und abweichenden Stellung schwarzer Frauen und Frauen aus Arbeiterklassen gegenüber (s. die Beiträge von Flax und Groen in vorliegenden Band; Walkerdine 1985). Wie Flax beobachtet, tragen Frauen selbst dazu bei, „patriarchale Mythen" zur Mutterschaft und Mutter-Tochter-Beziehung zu zementieren; sie tun dies - so die Autorin - um sich zum einen die desillusionierende Erfahrung zu ersparen, daß Mutterschaft eine ganze Reihe von konflikthaften und ambivalenten Empfindungen, Wünschen und Phantasien freisetzt - von denen einige nichts mit den Kindern zu tun haben; zum anderen, um die omnipotente Phantasie aufrechtzuerhalten, die Männer und Frauen brauchen, um „ihre Ängste und Frustrationen zu überwinden, die den Menschen heutzutage so zu schaffen machen".

Weibliche Subjektivität ist jedoch nicht alles, und sie hat ihre Wurzeln mit Sicherheit nicht nur in der Beziehung zwischen Mutter und Tochter. Weibliche Subjektivität kann als mehr oder weniger bedeutsamer Teil einer vielschichtigen Subjekthaftigkeit betrachtet werden, die Frauen (und Männer) entwickeln. Der „weibliche" Teil dieser „multiplen" Subjektivität wird nicht nur in Beziehungen zwischen Müttern und ihren Töchtern konstruiert, sondern auch in Beziehungen zwischen Frauen und zwischen Männern und Frauen. Die alleinige Verortung weiblicher Subjektivität im Rahmen der Mutter-Tochter-Beziehung muß deshalb auf lange Sicht zu kurz greifen.

Wir brauchen einen differenzierteren und systematischeren Ansatz, um den jeweils herrschenden (auch geschlechterideologischen) Rahmenbedingungen in all ihrer Komplexität gerecht zu werden. Es wird allerdings nicht ausreichen, einzelne kontextuelle Dimensionen zu unterscheiden. Wesentlich ist ihre Verknüpfung und die Definiton entsprechender historischer, wirtschaftlicher, pädagogischer, rechtlicher, geographischer und ethnischer Kategorien. Diese Kategorien werden sich von Land zu Land unterscheiden, so daß wir von unserem Anspruch auf universelle Gültigkeit unserer hypothetischen Konstrukte Abstand nehmen müssen.

Mütter und Töchter im Wandel

Auch wenn die alten sterotypen Ansichten über Mütter und Töchter nicht mehr gültig sind (wenn das je der Fall war), so besteht die Gefahr, daß sie das Nachdenken über mögliche Veränderungen mütterlicher und töchterlicher Verhaltensmuster behindern und die Realität, wie sie von Frauen erlebt wird, negativ beeinflussen.

Die beliebteste Option „befreiter Frauen" bestand darin, den Mutter-Tochter-Archetyp hinter sich zu lassen und sich an die Gestaltung neuer, auf dem Prinzip der Chancengleichheit basierender Lebensentwürfe zu machen. Im Versuch, gesellschaftliche Arrangements zu ignorieren oder sie zu verändern, zeigt sich jedoch Realität selbst. Nicht nur die „Patriarchalität" in den Bereichen Sexualität, Gewaltbereitschaft, Ehe und Familie, Arbeitsmarkt, Staat und Kultur scheint den Bemühungen um Veränderung ihren Widerstand entgegenzusetzen, sondern auch „patriarchale" intrapsychische Repräsentationen von Männern und Frauen. Patriarchale Muster dieser Art scheinen sich gegenseitig zu verstärken und für die Perpetuierung von Ungleichheiten zwischen ethnischen Gruppen und gesellschaftlichen Schichten zu sorgen. Die Frage lautet nach wie vor, wie diese Muster aufgebrochen werden können. Die von den Autorinnen vorgenommenen Analysen zeigen auf, welche Mythen, Phantasien und Wünsche in unsere patriarchalen Muster einfließen, wie sie auf Mütter projiziert und für diese somit zur unerträglichen Last werden; sie vermitteln eine Vorstellung von der gesellschaftlichen Notwendigkeit bestimmter Werte, für deren Einhaltung Mütter verantwortlich gemacht werden. Diese Problematik kommt nicht nur im Rahmen von Elternschaft zum Tragen, sie offenbart sich auch im Erziehungswesen und im Kontext arbeitsmarktpolitischer Gestaltung.

Neben der Möglichkeit einer Neugestaltung individueller Lebensentwürfe gab es den Versuch, gängige Rollenmuster in bezug auf Versorgen und Versorgtwerden einer Neuformulierung zu unterziehen. Bemühungen dieser Art erfordern eine Menge an persönlichem Einsatz und Bereitschaft sich auseinanderzusetzen; in den meisten Fällen findet diese Auseinandersetzung hinter verschlossenen Türen statt und endet im frustrierenden Eingeständnis des Gescheitertseins. Das Bemühen, die eigene psychische Flexibilät auszutesten und sich auf neue Rollenerfahrungen einzulassen, kann bald zu der frustrierenden Erkenntnis führen, daß es nicht nur an den nötigen zeitlichen und ökonomischen Voraussetzungen fehlt, sondern auch an einer allgemeinen Bereitschaft, Neuerungen in der Verteilung sozialer Rollen zu akzeptieren. Die Möglichkeiten, einen auf Chancengleichheit und Gleichberechtigung gegründeten Wandel der Verhaltensnormen herbeizuführen, sind somit begrenzt; das heißt jedoch nicht, daß die Erkenntnis der omnipotenten und magischen „Anreicherung" von Mutterschaft nicht in die Diskussion um die Verantwortung für Pflege- und Erziehungsleistungen als strategisches Argument eingebracht werden kann.

Die Neuformulierung eben dieser Verantwortung ist das zentrale Anliegen. Infolge der immer weiter zunehmenden geschlechtsspezifischen Arbeitsteilung wurde die Verantwortung für Pflege und Versorgung einer offensichtlich zu rigiden Trennung unterworfen, was die Biologie als einzig gültige Richtschnur erscheinen ließ. Da sich die abendländische Zivilisation jedoch mehr als fünf Jahrhunderte lang durch ihren Ehrgeiz auszeichnete, Natur und Biologie zu überwinden, scheint unser Vorhaben soziokultureller Veränderung nicht allzu unrealistisch. Das Verschwinden allgemeingültiger sinnstiftender Bezugssysteme in unserer Kultur schafft den Raum für kleinangelegte „Versuchsanordnungen", wenn auch mehr für Männer als für Frauen. Die Existenz dieser Vielzahl von individuellen Lebensentwürfen wurde bereits angesprochen; allerdings sind sie innerhalb der gängigen (Geschlechter)Arrangements nach wie vor kaum auszumachen. Gemäß der Chaostheorie (Gleick 1987; Prigogine & Stengers 1984; van Dijkum & de Tombe 1992) kann die zunehmende quantitative Verstärkung all dieser individuellen Bemühungen und Anstrengungen, Bewegungen und Transformationen zu einer qualitativen Veränderung führen und auf diese Weise herrschende Strukturen durchbrechen und neuartige gesellschaftliche Konstellationen und Konfigurationen schaffen. Wesentliche Bedeutung kommt in diesem „chaotischen" Szenario dem eher im Verborgenen wirksamen Faktor „Zeit" zu. Ein grundlegender Wandel dieser Art würde aber mindestens mehrere Generationen in Anspruch nehmen.

Zur gleichen Zeit befinden wir uns in einer Auseinandersetzung um die Grenzen westlicher Kultur und Zivilisation; infrage gestellt werden Rationalität und Objektivität, technische Machbarkeit und die sozioökonomischen Prinzipien des Kapitalismus. „Mütter" scheinen die Begrenzungen dieser Zivilisation zu verkörpern und zugleich zu transzendieren. Ihre bloße Existenz untergräbt den modernen Mythos einer individuellen Freiheit und symbolisiert die menschliche Anfälligkeit für soziale und psychologische „Bewertung". Aus diesem Grund haben Frauen - als Insiderinnen - vielleicht einen besonderen (töchterlichen und mütterlichen) Zugang zu den daran beteiligten Prozessen und Auseinandersetzungen. Wie etwa zu der Frage, was das Leben lebenswert macht - ein Thema, das ausschließlich und ohne einsichtigen Grund in den privaten Bereich verlagert wird (van Asperen 1992). Frauen können sich entscheiden, vor allem in Verbindung mit ihren beruflichen Qualitäten, diese Prozesse genauer zu beleuchten, und somit die gegenwärtig stattfindende kulturelle Selbstreflexion um zentrale Aspekte bereichern. Ein Beispiel dieser selbstreflexiven Aufklärungsarbeit liegt nun in Form der hier zusammengetragenen Betrachtungen über Mütter und Töchter sowie der Möglichkeiten und Unmöglichkeiten, traditionelle Muster zu überwinden, vor.

Literatur:

Asperen, T. van (1992): De mythe van het onbegrendse zelf. Humanist, 14-19.

Brown, L. S. (1990): The meaning of a multicultural perspective for theory-building in feminist therapy. Women & Therapy, 1-21.

Dijkum, C. van und D. de Tombe (1992): Gamma chaos. Bloemendal (Aramith).

Gilligan, C. (1991): Joining the resistance: psychology, politics, girls and women. Michigan Quarterly Review, XXIX: 501-36.

Gleick, J. (1987): Chaos: Making a New Science. New York (Viking).

Phoenix, A. und A. Woollett (1991): Motherhood: social construction, politics and psychology. In A. Phoenix, A. Woollett und E. Lloyd (Hg.): Motherhood: meanings, practices and ideologies. London (Sage).

Prigogine, I. und I. Stengers (1984): Order out of chaos. New York (Random House).

Walby, S. (1990): Theorizing patriarchy. Oxford (Blackwell).

Walkerdine, V. (1985): On the regulation of speaking and silence: subjectivity, class and gender in contemporary schooling. In C. Steedman, C. Urwin und V. Walkerdine (Hg.): Language, gender and childhood. London (Routledge).

Walkerdine, V. (1986): Post-structuralist theory and everyday social practices: the family and the school. In S. Wilkinson (Hg.): Feminist social psychology: developing theory and practice. Milton Keynes (Open University Press).

Woollett, A. und A. Phoenix (1991): Psychological views of mothering. In A. Phoenix, A. Woollett und E. Lloyd (Hg.): Motherhood: meanings, practices and ideologies. London (Sage).

Die Autorinnen

Harriet Bjerrum Nielsen (Norwegen), Linguistin, lehrt am Institut für Erziehungsforschung der Universität Oslo. Arbeitsschwerpunkte: Fragen der Geschlechtersozialisation von Kindern und Jugendlichen in Schule und Freizeit. Sie hat mehrere Artikel und Bücher veröffentlicht. „The story of boys and girls. Gender socialization in the perspective of developmental psychology" ist ihre neueste Publikation.

Luise Eichenbaum (USA), Psychotherapeutin und Supervisorin in eigener Praxis. Mitbegründerin des 1976 in London entstandenen Women's Therapy Centre und des Women's Therapy Center Institute in New York (1981). Arbeitsschwerpunkte: Frauenpsychologie, Geschlechterdifferenz, Fragen psychotherapeutischer Behandlungstechnik. Ihre Lehrtätigkeit führt sie immer wieder nach Europa, vor allem nach London, wo sie mit Susie Orbach zusammenarbeitet. Zu den zahlreichen gemeinsamen Veröffentlichungen der beiden Autorinnen gehören unter anderem „Understanding women: a feminist psychoanalytic approach" sowie „What do women want?". Luise Eichenbaum lebt in New York.

Karin Flaake (Deutschland), Soziologin und Hochschullehrerin am Psychologischen Institut der Freien Universität Berlin im Arbeitsbereich Feministische Wissenschaft. Arbeitsschwerpunkte: Geschlechterbeziehung im Bildungsbereich sowie psychoanalytische Erklärungsansätze zu Problemen weiblicher Identität.

Jane Flax (USA), Professorin für Politische Wissenschaften an der Howard University/Washington DC sowie Psychotherapeutin in eigener Praxis. In ihren zahlreichen Veröffentlichungen behandelt sie vor allem Fragen zur Politischen Theorie, Philosophie, Psychoanalyse und Feministischen Theorie. Autorin von „Thinking fragments: Psychoanalysis, feminism and postmodernism in the contemporary west".

Carol Gilligan (USA), Professorin für Entwicklungspsychologie an der Harvard Graduate School of Education. Bekannt wurde sie durch ihr Werk „In a different voice" (Dt.: „Die andere Stimme. Lebenskonflikte und Moral der Frau"), in dem sie den Zusammenhang zwischen psychologischer Theorie und der Entwicklung von Frauen untersucht. Ihre neueste Veröffentlichung (in Zusammenarbeit mit Lyn Mikel Brown): „Meeting at the crossroads: women's psychology and girls' development".

Martine Groen (Niederlande), Sozialwissenschaftlerin und feministische Psychotherapeutin. Mitbegründerin der Moon Foundation, dem ersten niederländischen Frauentherapiezentrum; therapeutische Erfahrung mit Prostituierten. Inhaltliche

Schwerpunkte ihrer Veröffentlichungen: Prostitution, langjährige Beziehungen, Feministische Therapie.

Judith Jordan (USA), Leiterin der Abteilung für Frauenstudien und stellvertretende Ausbildungsleiterin für Psychologie am McLean Hospital, Belmont, Mass.; Hochschullehrerin für Psychologie an der Harvard Medical School; Gastdozentin am Stone Center, Wellesley College. Autorin mehrerer Stone Center Publikationen.

Ruth de Kanter (Niederlande), wissenschaftliche Mitarbeiterin der Abteilung für Entwicklungspsychologie der Universität Utrecht. Langjährige Erfahrung als Feministische Therapeutin in eigener Praxis. Veröffentlichungen zu folgenden Themen: Entwicklung der Geschlechtsidentität in unterschiedlichen Familienarrangements; lesbische Mütter; Befruchtung durch Samenspender und die Rolle des Vaters.

Madelien Krips (Niederlande), Sozialarbeiterin und Mitbegründerin der Moon Foundation, dem ersten niederländischen Frauentherapiezentrum. Engagiert sich in verschiedenen Projekten für die Einbindung feministischer Therapie in die allgemeine Gesundheitsversorgung. Unterrichtet am Institut für Courses on Women's Mental Health Care in Utrecht. Von Madelien Krips liegen mehrere Veröffentlichungen in holländischer Sprache vor.

Halldis Leira (Norwegen), Psychologin und Psychotherapeutin an einer Kinder- und Jugendpsychiatrischen Poliklinik. Lehrt an der Abteilung für Psychologie der Universität Oslo. Ihr Essay „Can conception of the impossible become recognition of the possible?" wurde vom Journal of the Norwegian Psychological Association als bester Beitrag des Jahres ausgezeichnet.

Nina Lykke (Dänemark), Linguistin, Privatdozentin und Leiterin der Abteilung für Feministische Studien der Universität Odense. Mehrere Veröffentlichungen zum Thema Feminismus und Psychoanalyse. Forschungsarbeiten zur Semiotik von Geschlecht, Natur und Technologie.

Janneke van Mens-Verhulst (Niederlande), Sozialwissenschaftlerin. Lehrt an der Abteilung für Klinische Psychologie und Gesundheitspsychologie sowie der Abteilung für Frauenstudien der Universität Utrecht. Interessens- und Forschungsschwerpunkte: Nutzung neuer wissenschaftstheoretischer Erkenntnisse aus Chaostheorie und Kybernetik für die Gesundheitsversorgung, insbesondere von Frauen. Initiatorin der Loosdrecht Conference on „Daughtering and Mothering". Ihre Veröffentlichungen liegen hauptsächlich in holländischer Sprache vor.

Susie Orbach (Großbritannien), Mitbegründerin des Women's Therapy Centre in London und des Women's Therapy Center Institute in New York. Psychotherapeutin und Supervisorin in eigener Praxis. Autorin von „Fat is a feminist issue". Susie Orbach arbeitet eng mit Luise Eichenbaum zusammen.

Annie Rogers (USA), Privatdozentin für Entwicklungspsychologie an der Harvard Graduate School of Education. Gründungsmitglied des Projektstudienganges für Frauenstudien und Tutorin am Adams House / Harvard. „Two playing: a feminist poetics of psychotherapy" ist ihre neueste Publikation.

Monica Rudberg (Norwegen), Psychologin und Dozentin am Institut für Erziehungsforschung der Universität Oslo. Forschungsschwerpunkte: Geschichte der Kindheit, Geschlechtersozialisation von Jugendlichen. Mehrere Veröffentlichungen.

Janet Sayers (Großbritannien), psychoanalytische Psychotherapeutin in eigener Praxis; lehrt Psychologie, Sozialarbeit und Frauenstudien an der Universität von Kent. Veröffentlichungen: „Biological politics, sexual contradictions", „Mothering psychoanalysis" (Dt.:"Mütterlichkeit in der Psychoanalyse", erschienen 1994 im Kohlhammer Verlag). Derzeit arbeitet sie an einer Sammlung feministisch-psychoanalytischer Fallstudien unter dem Arbeitstitel „The man who never was".

Karlein Schreurs (Niederlande), Psychologin; lehrt an der Abteilung für Klinische Psychologie und Gesundheitspsychologie der Universität Utrecht. Forschungsschwerpunkte: Entwicklung lesbischer Identität, Sexualität und Liebesbeziehungen. Von Karlein Schreurs liegen mehrere Veröffentlichungen in holländischer Sprache vor.

Janet Surrey (USA), wissenschaftliche Mitarbeiterin am Stone Center, Wellesley College. Sie ist Dozentin für Psychiatrie an der Harvard Medical School und Leiterin der Psychologischen Abteilung der Ambulanz am McLean Hospital, Belmont, Mass.. Sie hat mehrere Artikel für die Stone Center Working Papers Collection veröffentlicht.

Mieke de Waal (Niederlande), Kulturanthropologin. Arbeitsschwerpunkte: Sexualität, ethnische Minderheiten, nonverbale Kommunikation, Photographie. Ihre Dissertation wurde 1990 mit dem „J. C. Ruigrok-Preis" der Dutch Scientific Society ausgezeichnet.

Liesbeth Woertman (Niederlande), Psychologin. Lehrt an der Abteilung für Klinische Psychologie und Gesundheitspsychologie der Universität Utrecht. Arbeitsschwerpunkte: Geschlechtersozialisation und Sexualität, Körperschema und

Selbstbild von Frauen. In ihrer psychotherapeutischen Praxis arbeitet sie vor allem mit Frauen, die Opfer von Inzest und Vergewaltigung wurden.

Sach- und Personenregister

Abgrenzung 27; 28; 29; 51; 117; 136; 196

Abhängigkeitswünsche 108

Ablösung
  der Tochter 26; 30; 53; 54; 55; 78; 156;
    159; 160; 172; 222

Abstillen 96

Abtreibung 143; 210

Abwehrstruktur 104

Adaptation 191

Adoleszenz 13; 26; 30; 31; 59; 66; 71; 77;
    135; 166; 171; 176; 177; 178; 183; 185;
    221; 223

Aggression 48; 55; 56; 57; 76; 126; 134;
    205; 206

Akkomodation 191

Allen, Woody 127

Ambiguitäten
  der Freudschen Weiblichkeitstheorie
    34; 214

Ambivalenz 34; 37; 55; 75; 81; 88; 90;
    155; 156; 157; 205; 207; 211

Anerkennung 25; 28; 29; 44; 54; 56; 57;
    81; 107; 108; 109; 111; 113; 114; 115;
    135; 136; 142; 143; 147; 189; 222; 223

Antigone-Phase 19; 34; 35; 37; 38; 40; 41;
    43; 44; 45

Aristoteles 192

Assimilation 191

Atwood, G. E. 112; 118; 119

Ausschlußmechanismen 140; 141; 143

Authentizität 162; 166; 167; 168; 171;
    173; 177

autoerotische Aktivitäten der Tochter 28

Autonomie 12; 25; 29; 52; 53; 54; 81; 134;
    145; 154; 157; 175; 193; 206

Badinter, E. 89; 92

Bateson, G. 131

Beauvoir, S. de 88; 89

Befehlshaushalt 59

being with the other 191

Bell, K. 28; 30; 141; 149

Benjamin, J. 29; 30; 207; 215

Beziehungsgeschehen 103; 113; 168; 193;
    199

Beziehungsparadigma 153; 154; 155; 156;
    157; 171; 193

Beziehungsselbst 189; 193; 198

Bezogenheit 17; 18; 52; 106; 112; 154;
    155; 156; 168; 170; 191; 194; 196; 198;
    199; 210; 211

Bjerrum Nielsen, H. 13; 21; 71; 74; 75; 77;
    82; 224

Bordo, S. 73; 82; 207; 213; 215; 216

Braidotti, R. 142

Brinkgreve, C. 60; 68

Bryld, M. 38; 45

Caplan, P. 161; 173

Chaostheorie 227

Chodorow, N. 12; 18; 22; 24; 29; 30; 44;
    51; 57; 73; 75; 82; 93; 94; 102; 106;
    119; 192; 196; 200; 208; 216

Cixous, H. 44; 45; 218

Co-Abhängigkeit 160; 162

Container 109
  Konzept des 118

Containment 93

Daly, M. 140

Daughter-blaming 163

Daughtering 12

de Swaan, A. 64

de-gendered subject 105

Deleuze, G. 140; 142; 149

Demeter *91; 125; 126; 128*

Deutsch, H. *91; 93; 94; 95; 102; 176; 187*

Deutung *104; 111; 116*

Differenzierung *47; 78; 111; 112; 117; 142; 143; 165; 171; 191; 223*

Dogon *146; 148*

Double-bind *121; 129; 130; 131*

Eichenbaum, L. *13; 27; 73; 82; 91; 92; 103; 106; 107; 108; 109; 119; 222*

emotionale Bedürftigkeit *111*

Emotionalisierung *60*

Empathie *52; 68; 88; 93; 146; 154; 156; 157; 163; 166; 167; 168; 169; 171; 172; 173; 193; 196*

Empfängnisverhütung *26*

Ent-Identifizierung *172*

Entwertung *175; 177*

Essentialismus *72*

Ethnizität *144; 147; 148*

Ethnozentrismus *143*

Fairbairn, W.R.D. 107

Feminismus *30; 100; 215*

feministische Psychoanalyse *34; 93*

Finkelkraut, A. *143; 149*

Flaake, K. *13; 20; 21;* 221

Flax, J. *13; 14; 76; 133; 155; 158; 216; 221; 225*

Fortpflanzung *20; 142; 210; 214*

Foucault, M. *130; 207; 215; 216; 217*

Fox, G.L. *63; 68*

Fox Keller, E. *197*

Frauenbewegung *11; 81; 87; 88; 102*

Freud, S. *23; 30; 34; 35; 36; 37; 38; 39; 40; 41; 44; 45; 94; 95; 96; 101; 102; 123; 127; 132; 159; 175; 176; 186; 187; 190; 191; 200; 207*

Freudsches Paradigma *190*

Fürsorge *55; 92; 126; 134; 135; 162; 163; 195; 212*

Gegenseitigkeit *154; 165; 166; 168; 170; 173; 193; 195; 199*

Gegenübertragung *103; 104; 109; 110; 112; 113; 114; 116; 117; 118*

Gegenübertragungsreaktionen *105; 106; 107; 112; 113; 116*

gender identity *76; 224*

gendered subjectivity *76; 224*

Genitalien *19; 25; 31; 43; 44; 95; 96*

  äußere 25

  Benennung weiblicher 25

  inneres Bild 25

Geschlechtercode *130*

Geschlechterdifferenz *18; 43; 71; 72; 73; 74; 77; 105; 118; 130; 140; 142; 143; 144*

Geschlechterverhältnis *17; 31*

geschlechtsbedingte Subjektivität *80*

geschlechtsgebundene Subjektivität *21; 76; 77; 80; 111*

Geschlechtsidentität *21; 30; 42; 44; 47; 48; 51; 54; 73; 76; 77; 78; 79; 80; 81; 82; 111; 160; 209; 214; 224*

Geschlechtsrollendefinitionen *18*

geschlechtsungebundenes Subjekt *105*

Getrenntheit *117; 154; 156; 167; 175; 193; 195; 196*

Gilligan, C. *13; 14; 154; 158; 175; 176; 177; 186; 187; 192; 193; 196; 200; 201; 211; 216; 221; 223; 225*

good-enough-mothering *13*

Grenzsetzung *63; 134*

Groen, M. *14; 91; 139; 223; 225*

Größenphantasien *101; 109*

Hall, S. 140; *143;* 144; 147; *148;* 173; 216

Hare-Mustin, R.T. *156; 158*

Heigl-Evers, A. *25; 29; 30*

Heterosexualität

  Primat der *209*

Hettlage-Varjas, A. *27*; *29*; *30*

Holding *93*

Homophobie *37*

Horney, K. *91*; *94*; *95*; *98*; *102*; *176*; *187*; *190*; *200*

Ich-Grenzen *18*; *154*

Ideale Mutter *126*

Idealisierung *97*; *100*; *102*; *171*; *175*; *177*

Identifikationsprozeß *154*; *196*

Identität

    ethnische *148*

    geschlechtsgebundene *21*

    multikulturelle *91*

    pluralistische *148*

    soziale *53*

    weibliche *26*; *51*; *147*; *222*

Identitätskonfusion *160*

In-Beziehung-Sein *105*; *106*; *166*; *192*; *194*; *195*

Individualisierung *60*; *63*; *78*; *79*; *80*; *143*; *146*; *147*

Individualisierungsprozeß *139*; *145*

Individuation *47*; *53*; *55*; *56*; *145*; *157*; *160*; *175*

Individuation-Separation *141*

Internalisierung *105*; *118*

Intersubjektivität *106*; *112*; *157*; *191*

Irigaray, L. *44*; *93*; *102*; *142*; *143*; *147*; *149*; *209*; *216*; *218*

Jiddische Mama *124*; *127*; *128*; *136*

Jokaste *31*

Jordan, J. *13*; *154*; *165*; *168*; *173*; *175*; *187*; *189*; *190*; *193*; *194*; *196*; *198*; *199*; *200*; *223*

Jung, C.G. *121*; *136*

Kanter, R. de *223*

Kanter, R.de *13*

Kastrationskomplex *40*; *41*; *43*; *45*

Klein, M. *55*; *57*; *91*; *94*; *95*; *96*; *97*; *98*; *101*; *102*; *207*; *208*; *217*

Kleinkindforschung *19*

klitoral-genitale Phase *40*

Klitoris *25*

Klytämnestra *91*; *125*; *126*; *128*

Kohut, H. *93*; *102*; *191*; *200*

Kollektives Unbewußtes *121*; *124*; *130*; *136*

Kollusion *107*

Körperbild *20*

Körperlichkeit *19*; *21*; *24*; *25*; *28*; *29*; *59*; *76*; *143*; *146*; *207*; *211*; *212*; *221*

Krips, M. *14*; *91*; *121*; *132*; *222*

Kristeva, J. *44*; *48*; *50*; *51*; *57*; *142*; *203*; *207*; *214*; *217*; *218*

kulturelle Mythen

    Aufdeckung *121*

kultureller Relativismus *143*

Lacan, J. *49*; *57*; *98*; *142*

Lampl-de-Groot, J. *36*; *37*; *38*; *40*; *41*; *42*; *45*; *100*; *101*; *102*

Laufer, M. u. E. *27*; *29*; *30*

Lawrenz, C. *29*; *30*

Lebensentwürfe

    lesbische Lebensentwürfe 12

Lerner, H.E. *25*; *31*

Levenson, E. *114*; *115*; *119*

Lorde, A. *139*; *141*; *149*; *214*; *217*

Loslösungs- und Individuationsphase *25*

Loslösungs- und Individuationsprozeß *190*

Lucey, H. *57*; *74*; *75*; *83*

Lykke, N. *13*; *19*; *21*; *33*; *34*; *38*; *44*; *45*; *221*

Lynn, *196*; *200*

magisches Denken *123*; *124*; *126*; *127*

Marcek, J. *158*

Masturbieren *94*

Matriarchat *41*; *122*; *212*

McCorquodale, H. *161*; *173*

Menstruation *20*; *26*; *30*; *62*; *67*

Moratorium *77*; *79*; *80*

Mother-blaming *128*; *159*; *161*; *163*; *169*;
   172; *173*

mothering *12*

multikulturelle Zukunft *91*; *139*

multimodales Subjektivitätsparadigma *153*

multiple subjectivity paradigm *153*

Mutter
   Individualität *123*
   Mythos der Idealen Mutter *124*
   subjektlose *117*
   Wahlmütter *11*

Mütter
   dominante *133*
   in Gastarbeiterfamilien *132*
   in Inzestfamilien *132*
   ohne Autorität *132; 134*
   symbolische *11*
   untergeordnete *133*

Mutter-Kind-Dyade *52*; *128*; *129*

Mütterlichkeit
   Idealisierung *100*

Muttern *18*; *52*; *140*

Mutterschaft *13*
   als biologisches Phänomen *90*
   als Institution *90*
   als Option *88*
   als soziales Phänomen *90*
   alternative Organisationen der *129*
   kollektive Formen der *128*
   kollektive Modelle *122*
   Phantasien und Vorstellungen *13*
   symbolische *87*
   universelle *90*

Mutter-Tochter-Beziehung *23*
   Dekontextualisierung der *49*
   erotische Wünsche in der *33*

   Kontextualisierung der *21*
   körperliche Weiblichkeit in der *23*
   körperliches Erleben in der *19*
   Körperlichkeit in der *21*
   Mangel in der *24*
   Metapher der *12*
   Passivität in der *12*
   patriarchalisch geformte *109*
   präödipale *34*
   sinnlich-erotisches Erleben *20*
   symbiotische *37*
   theoretische Darstellung der *12*
   traditionelle Muster *29*
   Unterwürfigkeit in der *12*

Mutter-Tochter-Übertragung *100*; *116*

Mythen
   Wirksamkeit von *132*

Nähren *135*; *147*

Neid *26*; *57*; *97*; *98*; *111*; *155*; *206*

Objektbeziehungsparadigma *19*

Objektbeziehungstheoretiker *19*

Objektbeziehungstheorien *19*; *20*; *21*; *24*;
   55; *73*; *74*; *91*; *92*; *153*; *157*; *192*

Objekthaftigkeit
   der Frau *109*

Objektrepräsentanzen *111*

Objektwahl
   aktiv-erotische *26*

Ödipus *45*

Ödipuskomplex *33*; *34*; *36*; *37*; *40*; *41*
   negativer *36*; *37*; *38*; *40*; *42*
   passiver *34*

Orbach, S. *13*; *27*; *73*; *82*; *91*; *92*; *103*;
   106; *108*; *109*; *111*; *119*; *207*; *217*; *222*

Orzegowski, P. *29*; *30*

Paradigmenwechsel *175*; *191*; *199*

Parentifizierung *133*

Parin, P. *146*

patriarchale Gesellschaft *39*; *40*; *41*; *74*; *98*

patriarchale Strukturen 39
Patriarchat 39; 122; 130; 224
penis-genitale Phase 40
phallische Illusion 38
phallische Phase 36; 37; 40
Phallofetischismus 38; 39; 40; 41
Phallus 39; 40; 41; 49; 93; 98; 101
Piaget, J. 191
Präadoleszenz 177; 178; 185
präödipale Mutterbindung 142
präödipale Phase 19; 34; 35; 37; 44; 51
Präödipalität 34; 42
Primäridentifikation 51
Primärobjektbeziehung 51
projektive Identifizierung 107
psychosexuelle Entwicklung 34; 35; 39;
    40; 43; 44
Regt, A. de 60
relational being 191
relational paradigm 153; 154
relational self 187; 193; 199
Rich, A. 88; 89; 92; 98; 102; 143; 147;
    149; 217
Rivalität
    um den Vater 26
Rogers, A. 13; 154; 175; 176; 177; 186;
    187; 223; 225
Rotkäppchen 33; 35; 43; 44; 45
Rudberg, M. 13; 21; 71; 74; 75; 77; 82;
    224
Ruddick, S. 210
Sauberkeitserziehung 96
Säuglingsbeobachtung 19
Säuglingsforschung 112
Säuglingspflege 19
Sayers, J. 13; 14; 55; 57; 76; 91; 94; 95;
    102; 222
schizoide Spaltung 107
Schizophrenie 131

Schmauch, U. 25; 26; 31
Schmidt-Honsberg, L. 30; 31
Schuldgefühle 142; 143; 146; 180
Sein-in-Beziehung 191; 198; 199
Selbst 44; 50; 51; 52; 64; 68; 77; 87; 92;
    102; 105; 106; 107; 108; 110; 112; 114;
    153; 154; 157; 160; 165; 171; 176; 186;
    189; 190; 199
    als separate und hierarchische Einheit
        195
    autonomes 189
    Entwicklung des 190
    falsches 114
    getrenntes 112; 171; 190; 193; 194;
        195; 196; 198; 199
    individuiertes 189
    intersubjektives 154
    reifes 189
    Selbstkontrolle 189
    Selbstkonzept 157
    Verdinglichung des 189
    weibliches 50; 191; 199
Selbst mit dem Anderen 166
Selbst und der Andere 166
Selbstbestimmung 108; 110; 111; 116;
    117; 118; 157; 222
Selbstempfinden 106; 144; 193; 194; 198
Selbst-in-Beziehung 193; 198
Selbstkonzept 106; 195
Selbstmodell 191
Selbstwertgefühl 169; 204
self-in-relation 173; 193; 200
Separation 47; 53; 55; 56; 74; 109; 119;
    145; 153; 157; 159; 160; 165; 169; 175;
    196
Sexualität
    passive 33
    phallische 100
sexuelle Identität 13

soziale Arrangements *21*; *157*
Sozialisation
   nachholende *29*
Stern, D. *25*; *30*; *112*; *165*; *173*; *191*; *201*;
   215
Stiver, I. *160*; *173*; *200*
Stolorow, R. D. *112*; *118*; *119*
Stone Center Modell *165*
Subjekt außerhalb einer Beziehung (non-
   relational subject) *105*
Subjekte
   "geschlossene" *143*
Subjektivität
   geschlechtsbedingte *224*
   multimodale *156*
   weibliche *212*; *214*; *225*
Surinam *141*; *146*
Swaan, A. de *59*
Symbolische Ordnung *49*; *141*; *142*; *147*
Tabu
   kulturelles *112*
   politisches *112*
Transformation *93*; *114*; *118*; *185*
Trennungsschmerz *164*
Übertragungs-
   Gegenübertragungsgeschehen *108*; *111*;
   114; *117*
Übertragungs-
   Gegenübertragungskonfiguration *109*;
   110; *116*

Übertragungs-Gegenübertragungsmatrix
   109
Übertragungsproblematik *100*
Vagina *25*
Vater
   als bedeutsamer Dritter *38*
   als gefürchteter Rivale *38*
   ödipaler *36*
   privilegierte sexuelle Postition des *37*
Verhaltensdisziplinierung *21*
Verhandlungshaushalt *59*
Verschmelzungswünsche *109*
Vries, M. de *68*
Waal, M. de *9*; *13*; *21*; *59*; *69*; *221*; *231*
wahres Selbst 107
Waldeck, R. *26*; *31*
Walkerdine, V. *52*; *53*; *55*; *57*; *74*; *75*; *78*;
   83; *225*
Weiblichkeit *18*
   als Quelle von Lust und Kreativität *28*
   Bestimmung der *18*; *47*
Weiblichkeitstheorie
   klassisch psychoanalytische *33*; *39*
Weidenhammer, B. *25*; *29*; *30*
Wiedergutmachung *96*; *115*; *217*
Winnicott, D. *107*; *114*
Young, I.M. *207*; *218*